岩 波 文 庫

33-621-3

精選　神学大全 1

徳　論

トマス・アクィナス著
稲垣良典・山本芳久編
稲 垣 良 典 訳

岩 波 書 店

Thomas Aquinas

SUMMA THEOLOGIAE

1266-1273

凡例

一　トマス・アクィナスの『神学大全』から稲垣良典と山本芳久が重要と思われる部分を選び、『精選 神学大全』(全四巻、稲垣良典・山本芳久編)として編纂《へんさん》した。全体の構成は以下の通りである。

第1巻　第二部の第一部「徳論」　稲垣良典訳

第2巻　第二部の第一部「法論」　稲垣良典訳

第3巻　第二部の第一部と第二部の第二部「人間論」　山本芳久訳

第4巻　第一部「神論」、第三部「キリスト論」　山本芳久訳

なお、各巻の目次の末尾には全巻目次(予定)も掲げる。

二　稲垣良典訳の第1巻と第2巻は、創文社版『神学大全』第十一冊(一九八〇年十二月刊)、第十三冊(一九七七年六月刊)、第十四冊(一九八九年二月刊)からの転載である。文庫化にあたっては稲垣が一部改訂を行った。

三　第3巻と第4巻は山本芳久による新訳である。

四　解説は全巻、山本芳久が本文庫のために書き下ろした。

五　第2巻と第4巻に索引(上遠野翔編)を付す。

創文社版(第十一冊)のまえがき

『神学大全』の批判版としては、レオ版全集 Sancti Thomae De Aquino OPERA OMNIA Iussu Leonis XIII P. M. Edita の第四―十二巻(1888-1906)と、オッタワ中世研究所によって刊行された、十六世紀のピオ版全集の校訂版(全五巻 1941-1945)を挙げることができる。翻訳にあたっては、完全な批判版ではないとされながらも、現在のところ標準版として広く用いられているレオ版を基本とし、オッタワ版をたえず参照するようにつとめた。

『神学大全』については、部分的なものまで加えると七百を超える註解が公けにされているが、手許《てもと》において参考にしたのは、前記レオ版に収載されているカエタヌス Thomas de Vio Cajetanus のものの他、次の三つである。

Joannes A Sancto Thoma, Cursus Theologicus. De Habitibus, Quebec, 1949.

Reginaldus Garrigou-Lagrange, De Beatitudine. De Actibus Humanis et Habitibus.

Commentarius in Summam Theologicam S. Thomae I^{a} II^{ae} qq. 1-54, Marietti, Torino, 1951.

Jacobus M. Ramirez, De Habitibus in Communi. In I-II Summae Theologiae Divi Thomae Expositio (QQ. XLIX-LIV), Instituto De Filosofia, Madrid, 1973.

参考にした現代語訳は次の三つである。

Die Deutsche Thomasausgabe, Bd. 11. Grundlagen der Menschlichen Handlung, Verlag Anton Pustet, Salzburg, 1940.

St. Thomas Aquinas, Summa Theologiae, Latin Text and English Translation, Introduction, Notes, Appendices and Glossaries, Vol. 22 Dispositions for Human Acts, Vol. 23 Virtue. Vol. 24 The Gifts of the Spirit, Eyre & Spottiswoode, London, 1964-1974.

Saint Thomas D'Aquin, Somme Théologique, La Vertu, 2 vols., Desclée & Cie, Paris, 1953.

聖書の引用の訳については、共同訳、聖書協会訳、聖書刊行会訳、ラゲ訳を参考にした。アリストテレス、アウグスティヌスをはじめとする教父からの引用、およびこれら著作家への引照に関しては、それぞれベッカー版およびミーニュ教父全集により、標準的な表記法に従って本文中にその箇所を記した。

トマスの著作形式に不慣れな読者は次の入門書を参考にされたい。

山田晶『トマス・アクィナス　神学大全』世界の名著、中央公論社、昭和五十年。

稲垣良典『トマス・アクィナス』人類の知的遺産、講談社、昭和五十四年。

稲垣良典『トマス・アクィナス』思想学説全書、勁草書房、昭和五十四年。

最後に、久保井理津男社長をはじめとする創文社の関係の方々のいつも変らぬ好意と協力にたいして、心から感謝の意を表したい。

昭和五十五年八月

訳　者

目次

全巻目次

精選　神学大全1

徳　論

第二部の第一部

第四十九問題（全四項）

習慣一般について——その本質に関して

諸々の行為 actus と情念（受動）passiones に続いて、人間的行為の諸根源 principia について考察しなくてはならない[1]。そして第一に内的な諸根源について、第二に外的な諸根源について考察しなければならない（第九十問題以下）。内的な諸根源は能力・可能態[2] potentia と習慣・能力態 habitus であるが、諸々の能力については第一部においてのべたので（第七十七—八十三問題）、残るは諸々の習慣についての考察である。ところで、習慣については第一に一般的に、第二に人間的行為の根源たるところの諸々の徳 virtutes と悪徳 vitia、ならびにこうしたその他の習慣について（第五十五問題以下）考察する。

ところで、一般的に諸々の習慣それ自体をめぐっては、四つのことを考察すべきである。㈠諸々の習慣の本質そのもの ipsa substantia について、㈡それら習慣の基体 subjectum について（第五十問題）、㈢それらの生成 generatio、増強 augmentum および消滅 corruptio の原因について（第五十一—五十三問題）、㈣諸々の習慣の区別について（第五十四問題）。

第一の点をめぐって四つのことがらが論究される。

第一　習慣は質であるか

第二　それは質のうちの特定の種であるか

第三　習慣は行為への秩序・関連をふくんでいるか

第四　習慣の必要性について

第一項　習慣は質であるか

第一については次のように進められる。(3) ——習慣は質 qualitas ではないと思われる。

なぜなら

(一)　アウグスティヌスは『八十三問題の書』(第七十三問題、PL40, 84)において「この《習慣》habitusという名詞は《もつ》habereという動詞から来たものである」とのべているからである。しかるに、「もつ」ということはたんに質にのみでなく、他の諸々の類にもかかわるものである。なぜなら、われわれはお金とか、その他のこの種のものなど、量quantitasをもっているとも言われるからである。それゆえ、習慣は質ではない。

(二)　アリストテレスの『カテゴリー論』(1b27, 2a3, 11b12-13)にあきらかなように、所有・所持habitusは範疇《はんちゅう》praedicamentumの一つであるとされている。しかるに一つの範疇が他の範疇のもとにふくまれることはない。それゆえ、習慣habitusは質ではない④。

(三)　『カテゴリー論』(9a10)において言われているように、すべて習慣habitusは状態dispositioである。しかるに『形而上学』第五巻において言われているように、状態とは「諸部分を有するものの秩序」(1022b1)である。しかるに、このことは「態位」situsの範疇に属することである。それゆえ、習慣は質ではない⑤。

しかし、その反対に、アリストテレスは、『カテゴリー論』において習慣とは「変化し難い質」(8b27-28; 9a3; 9a10-13)である、とのべている。

私は答える――。

この「習慣」habitus という名詞は（動詞）「もつ」habere から派生したものと言うべきである。ところで「もつ」habere から「習慣」habitus という名詞は二つの仕方で導出される。その第一は、人間、もしくは他の何らかの事物が何ものかをもつ aliquid habere と言われるかぎりにおいてであり、もう一つの仕方は、何らかのものが自分自身、もしくは他の何ものかにたいして、何らかの状態にある aliquo modo se habere かぎりにおいてである。

しかるに、「もつ」habere ということは、もたれるものに関して言われるかぎり、種々なる類にたいして共通であることを見てとらなくてはならない。このゆえをもって、アリストテレスは「もつ」habere を、事物の種々なる類にともなうところのポストプラエディカメンタ⑥ postpraedicamenta のうちに数えているのであって、「対立するものども」opposita、「より先およびより後」prius et posterius、ならびに他のこの種のことがらも同様である（『カテゴリー論』15b17 以下）。

しかしながら、もたれることどもの間にあって、次のような区別が見出されるように思われる。すなわち、何らかのものにあってはもつものともたれるものとの間に何らの中間者 medium も見出されないのであって、基体 subjectum と質 qualitas ないしは量 quantitas との間には何らの中間者もないのがその例である。ところが或るもののうちにあっては両者の間に何か中間者が見出されるが、[*a] それはたんなる関係 relatio であるにすぎない。或る人が同僚あるいは友人をもつ、と言われる場合がそれにあたる。さらに或るものにあってはそれら二者の間に見出される中間者は、たしかに能動 actio もしくは受動 passio ではないが、何か能動もしくは受動のような在り方をするものであって、たとえばその一方が飾るものあるいは覆うものであり、他方が飾られもしくは覆われるもの[*b]である場合がそうである。ここからしてアリストテレスは『形而上学』第五巻において、「所有 habitus とは、いわば、所有しているものと所有されているものとの間の一種の能動 actio を言う」(1022b4-5)とのべているのであって、それはわれわれが身につけているものにおいて見出されるごとくである。このようなわけで、これらのものにおいて事物の一つの特定の類が確立されるのであって、それが所持 habitus の範疇と呼ばれるものである。これについてアリストテレスは『形而上学』第五巻において「衣服を所有している者と所有されている衣服との間に中間的な所有(状態) habitus medius がある」(1022b6-8)とのべている。

しかし、「もつ」habere が(もう一つの意味で、つまり)或るものが自分自身もしくは他のものにたいして何らかの状態にある quodammodo se habere と言われるところに従って理解される場合には、自らを或る状態におくこうした仕方 iste modus se habendi というものは何らかの質にもとづくものであるから、この場合には習慣 habitus は質の一種であることになる。これについてアリストテレスは『形而上学』第五巻において「習慣とは、それによって、或る状態づけられたもの dispositum が、それ自体においてにせよあるいは他のものにたいしてにせよ、善くもしくは悪《あ》しく bene aut male 状態づけられるところの、その状態 dispositio を言うものであって、たとえば健康 sanitas は一種の習慣である」(1022b10-12)とのべている。そしてわれわれがここで語っているのはこの意味での習慣 habitus である。したがって、習慣は質であると言わなくてはならない。

㈠については、それゆえ、こう言うべきである。この反対論は広い意味に解された「もつ」について提起されたものであって、すでにのべたように、その場合には多くの類に共通なのである。

㈡についてはこう言うべきである。この議論は、所有するものと所有されているものとの中間の何ものかとして理解されたかぎりでの所有 habitus にかかわるものである。ところで、その場合にはすでにのべたように所有 habitus は範疇の一つなのである。

(三)についてはこう言うべきである。たしかに、状態 dispositio はいつでも諸部分を有するところの或るものに見出される秩序 ordo を含意している。しかしこのことは、その箇所でアリストテレスがただちに付言しているように、三つの仕方で起るものである。すなわち「場所にもとづいて secundum locum か、能力にもとづいて secundum potentiam か、あるいは種にもとづいて secundum speciem」である。シンプリキウスがのべているように、「アリストテレスはここにすべての種類の状態をふくませている。すなわち、《場所にもとづいて》と言うことによって形体的なる諸状態 dispositiones corporales を指示しているが、これは態位 situs の範疇に属するものであって、それは諸部分が場所において有する秩序にほかならない。ところで、《能力にもとづいて》と言うのは、たとえば未熟な学知 scientia や徳 virtus のように、準備段階にあって未だ完全に有効なものとなっていない諸状態をふくむものである。さらに《種にもとづいて》と言うのは、たとえば完成の域に達した学知や徳のように、完全な状態をふくむものであって、それらが習慣 habitus と呼ばれるのである」⑦。

*a　ピオ版では「見出されない」となっている。

*b　ピオ版では「覆うもの」tegens「覆われるもの」tectum ではなく、「支配するもの」regens「支配されるもの」rectum となっている。

第二項　習慣は質の特定の種であるか

第二については次のように進められる。[8]——習慣は質の特定の種 determinata species なのではないと思われる。なぜなら

(一)　さきに言われたように(第一項)、質 qualitas たるかぎりでの習慣とは「秩序づけられたところのものが、それによって善く、あるいは悪しく bene aut male 秩序づけられるところの秩序・状態 dispositio」であると言われるからである。しかるに、このことはどのような質に関しても起こることである。というのは、形状 figura に関しても或るものが善く、あるいは悪しく秩序づけられることが起こるのであり、同様に熱 calor と寒冷 frigus ならびにこうしたすべてのことに関してもそのようなことが起こるであろう。それゆえ、習慣は質の特定の種なのではない。

(二)　アリストテレスは『カテゴリー論』(8b35-37)において、病気や健康がそうであるように、熱さ caliditas や冷たさ frigiditas は状態 dispositio あるいは習慣であるとのべ

ている。しかるに熱と寒冷は質の第三の種に属するものである。それゆえ、習慣もしくは状態は質の他の諸々の種から区別されているのではない。

㊂「変化し難い」difficile mobile ということは質という類に属するところの種差なのではなく、むしろ所動 motus もしくは受動 passio に属するものである。しかるに、いかなる類も、他の類に属するところの種差によって種へと確定されることはない。そうではなくて、アリストテレスが『形而上学』第七巻（1038a9–18; Thomas, 12, 1551–1554）でのべているように、諸々の種差は本来的・自体的なる仕方で per se 類に到来するのでなくてはならない。それゆえ、習慣とは「変化し難い質」であると言われるのであってみれば、それは質の特定の種であるとは考えられない。

しかし、その反対に、アリストテレスは『カテゴリー論』（8b26–27）において、質の一つの種は習慣と状態である、とのべている。

私は答える――。

アリストテレスは『カテゴリー論』（8b26–27）において、質の四つの種の中にあって、第一のものとして状態および習慣 dispositio et habitus を挙げている。ところでそれらの種の差異をシンプリキウスは次のように説明している。(9) すなわち、かれの言うところによると、「諸々の質のうち或るものは自然本性的 naturales であり、それらは自然本性にもとづいて secundum naturam 内在し、いつまでも存続する。これにたいして或るものは外来的 adventitiae であり、それらは外的なるものによって生ぜしめられるものであって、喪失されることが可能である。ところで、この後者――すなわち到来的なる質――が習慣 habitus ならびに状態 dispositio であって、それらの差異は喪失されることの容易なるか困難なるかにもとづく。しかるに諸々の自然本性的なる質のうち或るものは、何らかのものが可能態にあることにもとづいて成立するものであって、これが質の第二の種である。これにたいして、或るものに、何らかのものが現実態にあることにもとづいて成立するものであって、これは深層に達するか in profundum、あるいは表層において secundum superficiem 成立する。もし深層に達するものであるなら、質の第三の種であって、表層におけるものは、形状 figura ならびに形姿 forma――これは生物の形状である――のような、質の第四の種である。

だが質の諸々の種をこのように区別することは適切を欠くように思われる。というのも、多くの形状ならびに受動的なる質は自然本性的ではなく、外来的だからである。そして(身体の)健康ならびに美、およびその種のものに見られるように、多くの状態が外来的ではなく、自然本性的である。さらに、こうした区別は諸々の種の順序に適合するものではない。なぜなら、より自然本性的なるものが常により先なるものだからである。

したがって諸々の状態および習慣を、他の諸性質から区別するには、これとは違った仕方によらなければならない。というのも、本来的に言って proprie 質とは実体の何らかの様相 modus substantiae を意味する。しかるに、様相とは、アウグスティヌスが『創世記逐語註解』(IV, 3, PL34, 299)でのべているように、「規準があらかじめそれを定めるところのもの」[10]であり、したがって、或る規準にもとづくところの何らかの確定 determinatio を意味する。それゆえに、実体的存在 esse substantiale を規準として質料の可能性 potentia materiae を確定するところのものが、実体の種差 differentia substantiae たるところの質であるように[11]、付帯的存在 esse accidentale を規準として基体の可能性 potentia subjecti を確定するところのものは付帯的なる質 qualitas accidentalis と呼ばれるのであって、これもまた、アリストテレスが『形而上学』第五巻(1020a33–b25; Thomas, 16, 987–1000)においてのべているところからあきらかなように、或る意味での種差 quaedam differentia[12]である。

しかるに、付帯的存在を規準とするところの、基体の様相 modus あるいは確定 determinatio は、基体の本性そのもの ipsa natura への関連においてか、本性の諸原理(すなわち質料と形相）にともなうところの能動 actio と受動 passio にもとづいてか、あるいは量 quantitas にもとづいて理解することが可能である。

ところでもし、基体の様相もしくは確定が量にもとづいて理解されたならば、そこに成立するのが質の第四の種である。そして、量なるものはその本質からして運動をふくまず、また善および悪という側面 ratio boni et mali ともかかわりがないものであるから、質の第四の種については、何かが善く、もしくは悪しくあるとか、或ることが変り易い、もしくは変りにくい、といったことは言われないのである。

これにたいして、能動および受動ということにもとづくところの基体の様相あるいは確定にあたるものが、質の第二および第三の種である。したがって、これらのいずれにおいても或ることが容易に、あるいは困難をもって起こるとか、もしくはすぐに変るか、それとも永続的であるか、ということが考察に入る。だが、これらのものにおいては、善あるいは悪という側面にかかわるところの何らかのことが考察されるということはない。なぜなら、諸々の所動 motus とか受動 passiones は終極目的 finis という側面をふくまないのにたいして、善とか悪は終極・目的への関連において語られるものだからである。

しかるに、事物の本性 natura rei への関連における基体の様相ならびに確定が質の第一の種に属するものなのであって、それがすなわち習慣 habitus と状態 dispositio である。なぜなら、アリストテレスは『自然学』第七巻において、[13]霊魂 anima と身体 corpus の習慣について語るにさいして、（習慣とは）「最善なるものに向けての、完全なるものの[14]或る秩序づけ・状態 dispositio である。ところで私が完全なるものと呼ぶのは、本性に即して秩序づけられたものである」(246b23–24; Thomas, 5, 918) とのべているからである。また『自然学』第二巻で言われているように、「事物の形相そのものならびに本性は終極・目的であり、それのゆえに何ごとかが為《な》されるところのものである」(198b3–4) から、（質の）第一の種においては何らかの本性が生成ならびに運動の終極・目的たるかぎりにおいて、善ならびに悪ということも、また、変化の難・易ということも考察に入っている。このゆえにアリストテレスは『形而上学』第五巻において、習慣を「それによって或る者が善く、もしくは悪しく状態づけられるところの状態である」(1022b10–11; Thomas, 20, 1064) と定義している。なぜなら、（基体の）様相が事物の本性に適合的であれば、そのときには善いものという側面を有するし、これにたいして適合しない場合には、悪しきものという側面を有するのである。そして、本性は事物において第一に考察されるものであるところから、習慣が質の第一の種であるとされるのである。

㈠については、それゆえ、こう言わなくてはならぬ。前述のように（第一項第三異論解答）、状態は何らかの秩序を意味している。したがって、或るものへの秩序・関連においてでなければ、或る者が質によって状態づけられる、と言われることはない。そして、もしも「善く・もしくは悪しく」――これは習慣の本質に属するところの規定である――ということが付加されるとしたら、そこでは目的・終極たるところの自然本性への秩序のことが考えられているとしなければならない。したがって、なんびとも形状、もしくは（体温の）熱・冷のゆえをもって、善く・もしくは悪しく状態づけられていると言われることはない――そうしたことが事物の自然本性への秩序という観点から、それに適合的であるとか適合的ではないと言われるのでないかぎり。ここからして、諸々の形状や受動的なる質といえども、それらが事物の自然本性に適合的なるもの、あるいは適合的ではないものとして捉えられるかぎり、習慣ないし状態に属するものとなるのである。というのも、事物の自然本性に適合するかぎりでの形状、および色は（そのものの）美に属するものであり、これにたいして（体温の）熱・冷は、それらが事物の自然本性に適合するものであるかぎりにおいて、健康に属するものだからである。そして、アリストテレスが熱さや冷たさを質の第一の種にふりあてているのは、このような意味においてなのである。

㈡にたいする解決は右にのべたところからあきらかである。ただし、シンプリキウスがのべているように、(15)或る人々はそれを別の仕方で解決しているのではあるが。

㈢についてはこう言わなくてはならぬ。「変化し難い」という差異は、習慣を質の諸々の種から区別するものではなく、状態から区別するものである。しかるに、状態は二つの意味に解される。その一つは習慣にとっての類であるかぎりにおいてであって、それというのも『形而上学』第五巻(1022b10-11)において、習慣を定義するのに状態が用いられているからである。もう一つは習慣(と同じ類に属しつつ、習慣)から区別された或るものたるかぎりにおいてである。さらに、厳密な意味での状態は、二つの仕方で習慣から区別される、というふうに理解することが可能である。その一つは、それらが同一の種に属するところの完全なるもの perfectum と不完全なるもの imperfectum というふうに理解される場合である。つまり、或る状態が容易に失われるような仕方で、不完全に内存しているときには、共通の名称をそのままとって「状態」と呼ばれるのであり、これにたいして容易には失われないような仕方で、完全に内存するようになったあかつきには、習慣と呼ばれるのである。このように解した場合、少年が成人男子となるのと同じ仕方で、状態は習慣となるのである。もう一つの場合、それらは一つの下位の類 genus subalternum (16)に属するところの互いに異なる種として区別されることが可能である。すなわち、(質の)第一の種に属するところの病気とか健康などといった諸々の質は、可変的なる原因を有するところからして、その固有の本質からして容易に失われるようなものであり、それらが状態と呼ばれるのである。これにたいして、諸々の学知scientiaeとか徳virtutesのように、不可変的なる原因を有するところからして、その固有の本質から言って容易には変化しないようなかの諸々の質は習慣と呼ばれる。そしてこのように解した場合、状態が習慣になるということはない。そしてこの(後者の)見方がアリストテレスの真意とよりよく一致するものであるように思われる。このようなわけで、かれはこの区別を正当化するために語り方の通常の慣習に訴えているのであって、この慣習によると、その本質からすれば容易に可変的であるところの諸々の質が、もし何らかの偶発的な事情からして変化し難いものに転化せしめられた場合には、習慣と呼ばれるのである。そして、その本質からすれば変化し難いものであるような諸々の質についてはこれと逆のことが起こるのである。というのも、もし或る人が学知を不完全な仕方で有していて、それを容易に失うことが可能だという場合には、その者は学知(という習慣)を有するというよりは、むしろ学知へと状態づけられている、と言われるからである。ここからして習慣という名称は何らかの恒久性diuturnitasという意味をふくんでいるのにたいして、状態という名称はそうではない。

また、「変化し易い、変化し難い」ということは、受動や運動に属するものであって、質の類に属するものではないとの理由からして、それらが(質という類における)種差たることが妨げられるわけではない。というのも、こうした差異は付帯的なる仕方で per accidens 質に関連づけられているように見えるとはいえ、やはり諸々の質にとっての固有的にして自体的なる per se 差異を指示するものだからである。実体の類においてもやはり、しばしば実体的なる差異のかわりに付帯的なる差異が、それらによって本質的なる根源が指示されているかぎりにおいて、とりあげられているのである。(17)

第三項　習慣は働きへの秩序・関連をふくんでいるか

第三については次のように進められる。――習慣は働き actus への秩序・関連 ordo をふくんではいない、と思われる。なぜなら

(一)　およそいかなるものも、それが現実態 actus においてあるかぎりで働きを為す。しかるにアリストテレスは『霊魂論』(18)第三巻(429b5-9)において「或る者が習慣・能力態 habitus に即して知る者となるとき、かれはなおそのときにおいても可能態 potentia に

おいてある――学ぶ前と同じ仕方においてあるのではないが」とのべている。それゆえに、習慣は(働きの)根源が働きにたいして有するような関連性 habitudo を含意してはいない。

(二)　或るものの定義において措定されていることは、そのものに自体的に属することである。しかるに、行為 actio の根源たることは能力(可能態 potentia)の定義のうちに措定されていることであって、この点『形而上学』第五巻(1019a15–20)にあきらかなごとくである。それゆえに、働きの根源たることは自体的に能力に属することである。しかるに、自体的なることはいかなる類にあっても第一に来るものである。それゆえに、もし習慣もまた働きの根源であるというのであれば、能力よりもより後なるものたることが帰結するであろう。こうして習慣もしくは状態は質の第一の種ではないことになるであろう。

(三)　健康はときとして習慣であるとされ、これと同様のことが痩身とか(身体の)美についても見出される。しかるにこれらのことは働きへの関連において言われることがらではない。それゆえに、働きの根源たることは習慣の本質 ratio に属することではない。

しかしその反対に、アウグスティヌスは『結婚の善』(21, 25, PL40, 390)において「習慣とはそれによって或ることが必要があるときに為されるところのものである」とのべている。そして註釈家アヴェロエスは「習慣とは、それによって人が欲するままに働きを為しうるところのものである」[19]とのべている。

私は答える――。

働きへの秩序・関連を有するということは、習慣の本質 ratio にもとづいても、また習慣がそこにおいてあるところの基体の本質 ratio subjecti にもとづいても、習慣に属するものと見ることができる。すなわち、習慣の本質にもとづいて言うならば、何らかの仕方で働きへの秩序・関連を有することがすべての習慣に適合する。なぜなら、事物の本性へ向かっての何らかの関連性をふくむということ――当の本性に適合するか、もしくは適合しないかぎりにおいて――は、習慣の本質に属することなのである。しかるに、生成の終極・目的 finis generationis たるところの事物の本性は、さらに別の終極・目的へと秩序づけられているのであって、それは作用 operatio であるか、あるいは人が作用を通じて到達するところの何らかの成果 operatum である。ここからして、習慣はたんに事物の本性そのもの ipsa natura rei への秩序・関連をふくむのみでなく、さらにその帰結として、本性の終極・目的 finis naturae たるかぎりでの作用・働き、もしくは終極・目的へと導くところのものへの秩序・関連をも有するのである。このゆえに習慣の定義においては、「(習慣とは)それによって秩序・状態づけられるところのものがそれ自身において(すなわち自らの本性に関して)か、あるいは他のものとの関連で(すなわち終極・目的への関連において)、善く・あるいは悪しく秩序づけられるところの状態 dispositio である(1022b10–12)」と言われているのである。

しかし、習慣がそこにおいてあるところの基体の側から見ても、第一かつ主要的に primo et principaliter 働きへの秩序・関連をふくむところの若干の習慣がある。なぜなら、前述のように、習慣は第一かつ自体的に primo et per se 事物の本性への関連性をふくむものである⑳。それゆえに、そのうちに習慣があるところの事物の本性が働きへの秩序・関連そのものに存するものであったならば、当の習慣は主要的に働きへの秩序・関連をふくむものであることになろう。しかるに、能力の本性および本質が働きの根源たることにある、ということは明白である。ここからして、何らかの能力をその基体とするような習慣はすべて、主要的に働きへの秩序・関連をふくむものである。

㈠については、それゆえ、こう言うべきである。習慣はそれが質であるかぎりにおいて何らかの現実態 actus である。そしてこのようなものとして、それは作用 operatio の根源たることができる。しかし、それは作用との関係において言えば可能態においてある。それゆえに、習慣は第一の現実態 actus primus、作用は第二の現実態 actus secundus と言われるのであって、この点『霊魂論』第二巻(412a22-23; cf. 412a10-11)にあきらかなごとくである。

㈡についてはこう言うべきである。能力に関係づけられることではなくて、本性に関係づけられることが習慣の本質に属することである。そして本性は働き――それにたいして能力が関係づけられる――よりも先に来るものであるから、習慣は能力よりも質のより先なる種として措定されているのである。

㈢についてはこう言うべきである。前述のように(第二項第一異論解答)、健康は本性への秩序・関連において習慣、もしくは習慣的状態 dispositio habitualis と言われる。しかし、本性が働きの根源たるかぎりにおいて、そのことの帰結として健康は働きへの秩序・関連をふくむ。このゆえにアリストテレスは『動物誌』第十巻(633b23)において人間もしくはいずれかの肢体は「それが健康なる者の作用を為しうるときに[21]」健康である*と言われる、とのべているのである。そして他のことがらについてもこれと同様のことが言える。

* ピオ版では「健康である」esse sanus とあるが、レオ版では esse が落ちている。

第四項　習慣があることは必要であるか

第四については次㉒のように進められる。――習慣があることは必要ではない、と思われる。なぜなら

㈠　諸々の習慣とは、前述のように（第二項）、それらによって或るものが何らかのものへ善く、もしくは悪《あ》しく秩序・状態づけられるところのものである。しかるに或るものはその形相によって善く・もしくは悪しく秩序・状態づけられる。なぜなら或るものはその形相にもとづいて有 ens であるように、同じく形相にもとづいて善 bonum だからである。それゆえに、諸々の習慣は何ら必要とされない。

㈡　習慣は働きへの秩序・関連をふくむ。しかるに能力は充分なる仕方で働きの根源をふくんでいる。なぜなら、自然本性的なる諸能力も、習慣なしに、働きの根源だからである。それゆえに、習慣があることは必要ではなかった。

㈢　能力が善および悪へと関係づけられているように、習慣もまた同様である。そし

て、能力が常に働きを為すのではないように、習慣もまた常に働きを為すのではない。それゆえに、諸々の能力が存在しているのであったら、習慣があることは余計なことであった。

しかし、その反対に、『自然学』第七巻（246a11-13）で言われているように、諸々の習慣は何らかの完全性 perfectio である。しかるに、完全性は終極・目的という本質・側面 ratio finis を有するものであるところから、事物にとって最高度に必要なものである。それゆえに、習慣があることは必要であった。

私は答える――。

さきに言われたように（第二、三項）、習慣は事物の本性、さらにそのものの作用もしくは目的・終極への何らかの秩序づけ・状態を含意する――それにもとづいて或るものはこうしたことへと善く・もしくは悪しく秩序・状態づけられるのである。しかるに或るものが他のものへと秩序・状態づけられることを要するのは、次の三つの条件が存在する場合である。第一に、秩序・状態づけられる当のものは、それへと向かって秩序・状態づけられるところのものとは別のものであり、また後者にたいしては可能態が現実態にたいするような関係にあることが必要とされる。ここからして、もしそれの本性が可能態と現実態とから複合されているのでなく、それの実体はすなわちそれの作用であり、そしてそのものはそのもの自身のためにあるような、そうした何ものかが存在するとしたら、そこにおいては習慣や状態が成立する余地はないのであって、この点、神について見ればあきらかなごとくである。

第二に、別のものにたいして可能態においてあるところのものが、複数の仕方で、かつ様々のものへと確定される determinari ことが可能でなければならない。ここからして、もし或るものが別のものにたいして可能態においてあったとしても、そのものにたいしてだけ可能態にあるというのであれば、そこには状態や習慣がはいりこむ余地はない。なぜならこのような基体は自らの本性からして、かかる現実態への適合・対応的関係 debita habitudo を有するからである。ここからして、もし天体 corpus caeleste が質料と形相とから複合されているとしても、第一部で言われたように(第六十六問題第二項)、そこでの質料は他の形相にたいして可能態にあるのではないから、そこにおいては形相との関連における状態もしくは習慣がはいりこむ余地はない。さらにまた作用との関連においても状態もしくは習慣が成立する余地はない。なぜなら、天体の本性は一つの確定された運動にたいしての他は可能態にあるのではないからである。

第三に基体を、それらにたいして(当の基体が)可能態にあるところのいくつかのものの一つへと秩序・状態づけるにさいして、複数の要素が同時に作用する concurro のでなければならない。しかもこれらの複数の要素は当の基体が形相もしくは作用へと善く・もしくは悪しく秩序づけられるように、様々なる仕方で相互に調節せしめられうる commensurari possunt のでなければならない。ここからして諸々の元素にそなわる単純なる質——それらは一つの確定された在り方でもってそれぞれの元素の本性に属するのである——は状態もしくは習慣とは呼ばれず、むしろ単純なる質 simplex qualitas と呼ばれる。これにたいして、健康、(身体の)美および他のこの種のもの——それらは様々なる仕方で相互に調節せしめられうるような複数の要素が、何らかの仕方で調節されていることを含意する——については、われわれはそれらを状態もしくは習慣と呼ぶのである。このことのゆえに、アリストテレスは『形而上学』第五巻(1022b10)において「習慣は状態である」とのべており、また前述のように(第一項第三異論解答)、状態とは「場所もしくは能力もしくは種に関して諸々の部分を有するものにおける秩序」(1022b1-2)である、とのべている。

このようなわけで、それの本性や作用(が実現・遂行されるため)に、様々の仕方で相互に調節されうるような複数の要素が、同時に作用することを必要とするようなものが多く存在するがゆえに、習慣なるものの存在が必要なのである。

㈠については、それゆえ、こう言うべきである。事物の本性は形相によって完成されるのではある。だが当の形相への秩序・関連において、(その形相を受けとるべき)基体は何らかの状態でもって秩序・状態づけられることを要するのである。しかるに、当の形相はそれ自体さらに作用へと秩序づけられているのであって、この作用は目的・終極であるか、あるいは目的・終極への道である。そして、もしも形相が確定された仕方でdeterminate、ただ一つの確定された作用 operatio determinata しか有していなかったならば、当の形相の他には、作用を為すために何ら他の状態を必要とすることはないであろう。しかし、形相が——たとえば霊魂がそうであるように——様々なる仕方で作用を為しうるような、そうした形相であったならば、何らかの習慣によってその諸々の作用へと秩序・状態づけられることを要するのである。

㈡についてはこう言うべきである。能力は時として多くのものへと関係づけられることがあり、したがってその場合には何か別のものによって確定されることを必要とする。しかし、もしも或る能力が多くのものへと関係づけられていないのであれば、前述のように(本項主文)確定するところの習慣を必要とすることはない。そしてこのゆえに自然本性的なる諸々の力 vires naturales は何らかの習慣を媒介としてその作用を為すのではない。なぜなら、それらは自分自身によって一つのものへと確定されているからである。

㈢についてはこう言うべきである。後であきらかにされるように（第五十四問題第三項）、同一の習慣が善ならびに悪へと関係づけられるのではない。これにたいして、同一の能力が善ならびに悪へと関係づけられる。それゆえに、諸々の能力が善へと確定されるためには習慣が必要とされるのである。

第五十問題（全六項）
習慣の基体について

次に諸々の習慣の基体 subjectum について考察しなくてはならない。この点をめぐって次の六つのことがらが探求される。

第一　身体 corpus のうちに何らかの習慣があるか
第二　霊魂はその本質に即して習慣の基体であるか、それともその能力に即してか
第三　感覚的部分の諸能力のうちに何らかの習慣がありうるか
第四　知性そのもののうちに何らかの習慣があるか
第五　意志のうちに何らかの習慣があるか
第六　諸々の分離的実体 substantiae separatae のうちに何らかの習慣があるか

第一項　身体のうちに何らかの習慣があるか

第一については次のように進められる。[23]――身体のうちにはいかなる習慣も見出されない、と思われる。なぜなら

㈠　アヴェロエスが『霊魂論註解』第三巻においてのべているように、「習慣とは、それによって人がその欲するときに働きを為すところのものである」[24]。しかるに身体的行為は自然本性的なものであるから、意志に服属してはいない。それゆえ、身体のうちにはいかなる習慣もありえない。*

㈡　身体的状態 dispositiones corporales はすべて容易に変化するものである。しかるに習慣とは変化し難い質 qualitas のことである。それゆえ、いかなる身体的状態も習慣ではありえない。

㈢　身体的状態はすべて変質[25] alteratio の下にさらされている。しかるに変質が起こりうるのは質の第三の種[26] species においてのみであるが、それは習慣とは異なるものとして区分されている。それゆえ、身体のうちにはいかなる習慣も見出されない。

しかし、その反対に、アリストテレスは『カテゴリー論』(9a1)において、身体の健康や治癒し難い病気は習慣と名づけられる、とのべている。

私は答える——。

さきに言われたように(第四十九問題第二—四項)、習慣とは、形相もしくは働き operatio にたいして可能態において在るところの、何らかの基体において見出される或る種の状態 dispositio である。それゆえ、習慣が働きへの状態・秩序づけ dispositio を意味するかぎりにおいては、いかなる習慣も主要的に principaliter 基体としての身体のうちに見出されることはない。なぜなら、身体のすべての働きは、身体の自然本性的な質か、あるいは身体を動かしている霊魂に由来するものである。ところで、自然本性に由来するところの働きに関して言えば、身体は何らかの習慣によって秩序づけられることはない。なぜなら自然本性的な力 virtus naturalis は一つのことへと確定されているからであり、これにたいして、すでに言われたように(第四十九問題第四項)、習慣的な状態・秩序づけ dispositio habitualis は、基体が多くのことにたいして可能態においてある場合に必要とされるものだからである。他方、身体を通じて霊魂によって為されるところの働きは、主要的には霊魂そのものの働きであって、第二次的には身体そのものに属するのである。しかるに諸々の習慣は諸々の働きに対応するものであって、ここからして『ニコマコス倫理学』第二巻(1103b21-22)に言われているように、「類似せる行為からして類似せる習慣が生ぜしめられるのである」。それゆえに、かかる働きへの状態・秩序づけは主要的には霊魂のうちに見出される。とはいえ、それらは第二次的には身体のうちに存在しうるのであって、それは身体が霊魂の諸々の働きにたいして素早く奉仕しうるように状態づけられ disponitur、また適応せしめられている habilitatur かぎりにおいてである。

これにたいして、われわれが形相にたいする基体の状態・秩序づけについて語るのであれば、その場合には、身体――それは霊魂にたいして、基体が形相にたいするような関係にある――のうちに習慣的な状態・秩序づけが存在しうるのである。そして健康 sanitas、(身体の)美しさ pulchritudo、およびこの種のことがらが習慣的状態・秩序づけと言われるのはこの意味においてである。しかし、それらは習慣たるの側面・本質 ratio を完全にそなえているのではない。なぜなら、それらを生ぜしめる原因は、その本性からして、容易に変動しうるようなものだからである。

しかるに、シンプリキウスが『カテゴリー論註解』[27]で言及しているように、アレクサンドロス(アフロディシアスの)[28]は(質の)第一の種に属する習慣ないし状態はいかなる仕方においても身体のうちには見出されない、と主張した。むしろかれは、質の第一の種はただ霊魂にのみ属する、とのべたのである。ところで、アリストテレスが『カテゴリー論』において健康や病気に言及している点については、（アレクサンドロスによると）かれはそれらが質の第一の種に属するものとして言及しているのではなくて、むしろ例として挙げているのである。すなわちその意味は、病気や健康が容易に変動しうるものであることも、変動し難いものであることも可能であるように、習慣ならびに状態と呼ばれるところの、（質の）第一の種に属する諸々の質もまた同様である、というものである。――だが、この説がアリストテレスの真意に反することはあきらかである。なぜなら、かれは健康と病気、および徳と学知 scientia を例として挙げるにさいして同一の語り方をしているからであり、さらに『自然学』第七巻（246b4-6）において、美しさや健康を明白に習慣のうちに数えているからである。

㈠については、それゆえ、こう言うべきである。この異論は働きへの状態・秩序づけであるかぎりでの習慣についてのべられており、自然本性に由来するところの身体的行為にかかわっているのであって、意志を根源とするところの、霊魂に発する諸行為にかかわっているのではない。

(二)についてはこう言うべきである。身体的状態は(その原因たる)物体的(身体的)原因causa corporalisが可変的であるところから、端的に言えばsimpliciter変動し難いものではない。しかし、それらは或る特定の基体との連関において変動し難いものでありうる。というのは、そうした基体が存続している間は、それらの状態をその基体から取り除くことはできないからである。あるいはまた、他の諸々の状態との連関において変動し難いということもありうる。これにたいして、霊魂の諸々の質は、基体の不可変性のゆえに端的に言って変動し難いものである。このようなわけで、アリストテレスは変動し難いところの健康について、それが端的な意味で習慣である、とのべているのではなくて、ギリシア語で言われている通りに引用すると、「習慣のようなもの」(29)(9a3)である、とのべているのである。これにたいして、霊魂の諸々の質は端的な意味で習慣と呼ばれている。

(三)についてはこう言うべきである。或る論者の主張するところによると、質の第一の種に属するところの諸々の身体的状態は次の点で第三の種に属する諸々の質から区別される。すなわち、第三の種に属する諸々の質は生成ないし運動のうちにあるのであって、そのゆえに受動passioもしくは受動的なる質qualitas passibilisと呼ばれるのである。しかしそれらが完成態、つまりいわば種speciesたるところまで到達したときには、その場合にはそれらはすでに質の第一の種になっている、というのである。——だがシンプリキウスは『カテゴリー論註解』(30)においてこの説を斥《しりぞ》けている。その理由は、この説に従うと加熱 calefactio は質の第三の種に属するのにたいして、熱 calor は第一の種に属することになろうが、アリストテレスは熱を第三の種に属するとしている、というものである。

ここからして、これもシンプリキウスが記録しているように、ポルピュリオス(31)は、受動ないし受動的な質と、状態ないし習慣とは、諸々の物体において強度の高低 intensio et remissio にもとづいて区別される、とのべている。つまり或るものが熱さ caliditas をただ自分が加熱されるという仕方で受けとり、自らも加熱しうるところまでいたらない場合は、その状態がすぐに過ぎ去るものであれば受動であるし、持続的ならば受動的なる質である。これにたいして、自らもまた他のものを加熱しうるところまでもたらされているならば、その場合には状態 dispositio が成立している。だがさらに変動し難いものになるところまでそれが確立・強化されるならば、その場合には習慣 habitus が見出されるであろう。このように、状態は受動もしくは受動的なる質が何らか強化ないし完成されたもの intensio seu perfectio であるのにたいして、習慣は状態がさらに強化・完成されたものだというのである。——しかしシンプリキウスは、こうした強度の高低は形相そのものの側における差異を意味するものではなくて、基体による（形相の）様々なる分有に由来する差異を意味するものであるとの理由から、右の説を斥けている。すなわち、このような強度の高低ということによっては質の諸々の種が区別されることはない、と言うのである。

したがって、右にのべられたものとは異なった説明を与えなければならない。すなわち、さきに言われたように（第四十九問題第二項第一異論解答）、受動的なる諸々の質そのものが自然本性との適合 convenientia という観点からして均衡 commensuratio を有する場合、この均衡は状態 dispositio としての側面・本質を有する。ここからして熱、冷、湿、乾など、諸々の受動的なる質そのものにおいて変質 alteratio が生じた場合には、その結果として健康や病気という観点からする変質が生ずるのである。しかし、第一義的かつそれ自体において見た場合 primo et per se、この種の諸々の習慣ならびに状態に関して変質なるものは存在しない。

＊ non est と読むテキストもあるが、ピオ版、レオ版に従って non potest esse と読む。

第二項　霊魂はその本質に即して習慣の基体であるか、それともその能力に即してか

第二については次のように進められる。㉜——習慣が霊魂のうちに見出されるのは、霊魂の能力 potentia に即してであるよりは、むしろ本質 essentia に即してである、と思われる。なぜなら

㈠　すでに言われたように（第四十九問題第二項）、諸々の状態や習慣は自然本性 natura への連関において言われるものである。しかるに自然本性は諸々の能力に即してよりは、むしろ霊魂の本質にもとづいて捉えられる。なぜなら、霊魂はその本質にもとづいてこのような身体の本性なのであり、またその形相なのだからである。それゆえ、習慣は霊魂のうちに後者の本質に即して存在するのであって、その能力に即してではない。

㈡　付帯有 accidens に付帯有が内属することはない。しかるに習慣は何らかの付帯有である。ところが、第一部（第七十七問題第一項第五異論解答）で言われたように、霊魂の諸能力は付帯有の類に属するものである。それゆえ、習慣は霊魂のうちに、霊魂の能力

にもとづいて存在するのではない。

(三)　基体は基体のうちに在るところのものよりもより先なるものである。しかるに、習慣は質の第一の種に属するものであるからして、第二の種[33]に属するところの能力 potentia よりもより先なるものである。それゆえ、習慣は霊魂の能力を基体としてそのうちに存在するのではない。

しかし、その反対に、アリストテレスは『ニコマコス倫理学』第一巻(1103a3-10)において、霊魂の様々なる部分のうちに様々なる習慣があるとしている。

私は答える――。

さきに言ったように(第四十九問題第二、三項)、習慣は自然本性 natura もしくは働き operatio への連関における何らかの状態・秩序づけを意味している。したがって、もし習慣を、自然本性への秩序づけを有するかぎりでの習慣という意味に解するならば、それが霊魂のうちに見出されることは不可能である――われわれが人間的な自然本性 natura humana について語っているのであるかぎり[34]。それというのも、霊魂そのものが人間本性を完成するところの形相だからである。したがって、こうした観点からすれば、何らかの習慣もしくは状態が霊魂のうちに・身体への連関において見出されるよりは、むしろ身体のうちに・霊魂への連関において見出されることが可能なのである。しかし、もしわれわれが、『ペトロ後書』第一章(第九節)に「われらが神的本性に参与する者とならんがために」と語られているところに従って、人間がそれを分有する者となりうるような何らかの高次の本性について語るのであれば、その場合には霊魂のうちにその本質に即して何らかの習慣が見出されることを妨げるものは何もない。そうした習慣とは、後にのべるように(第百十問題第四項)、すなわち、恩寵《おんちょう》 gratia のことである。

他方、もしも習慣を働きとの連関において解するならば、習慣は何よりも第一に霊魂のうちに見出される。それは霊魂が一つの働きへと確定されているのではなく、多くの働きへと関係づけられているかぎりにおいてであり、さきに言われたように(第四十九問題第四項)、こうした多くのものへの関係づけが習慣の成立にとっての必要条件なのである。そして、霊魂が諸々の働きの根源であるのはその諸能力を通じてであるから、そのことにもとづいて、習慣は霊魂のうちにその諸能力に即して見出されるのである。

㈠については、それゆえ、こう言うべきである。霊魂の本質が人間本性に属するものであるのは、何か他のものに秩序づけられるべき基体としてではなく、むしろそれへと或る者が秩序づけられるところの形相あるいは本性としてなのである。

㈡についてはこう言うべきである。付帯有はそれ自体としては付帯有の基体とはなりえない。しかしながら、諸々の付帯有それ自体のうちにも何らかの序列が見出されるものであるからして、一つの付帯有の下に在るかぎりにおいての基体が、さらに別の付帯有の基体であるというふうに理解される。そして、このような意味で一つの付帯有がもう一つの付帯有の基体であると言われるのであって、たとえば(物体の)表面は色の基体であると言われるのである。このような仕方で能力は習慣の基体となりうるのである。

㈢についてはこう言うべきである。習慣はそれが自然本性 natura への秩序づけを意味するものであるかぎりにおいて能力の前に位置づけられる。これにたいして、能力は常に働き operatio への連関をふくむものであるが、働きは(自然本性よりも)より後なるものである――なぜなら、自然本性は働きの根源であるから。しかしながら、能力がその基体であるような習慣について言えば、こうした習慣は自然本性よりもむしろ働きへの連関をふくむものである。したがって、そうした習慣は能力よりもより後なるものである。――あるいはむしろ次のようにも言えるであろう。習慣は、あたかも完成されたもの completum が未完成のもの incompletum よりも、また現実態が可能態よりも前に位置づけられるように、能力の前に位置づけられるものである。それというのも、

『形而上学』第七巻㉟(1029a5-6)および第九巻(1049b4-5)において言われているように、現実態は自然本性に即して naturaliter より先なるものだからである――生成ならびに時間の序列 ordo generationis et temporis* からすれば可能態のほうがより先なるものであるが。

＊ レオ版およびピオ版に従って「時間の」を入れて読む。

第三項　感覚的部分の諸能力のうちに何らかの習慣がありうるか

第三については次㊱のように進められる。――(霊魂の)感覚的部分 pars sensitiva の諸能力のうちには何らの習慣もありえない、と思われる。なぜなら

(一)　栄養(摂取)的能力㊲ potentia nutritiva が(霊魂の)非理性的部分 pars irrationalis であるように、感覚的能力も同じである。しかし栄養的部分の諸能力においては何らの習慣も見出されない。それゆえ、感覚的部分の諸能力についても、そこに何らかの習慣が

あるとすべきではない。

(二)　感覚的な諸部分はわれわれと非理性的動物とに共通的である。しかるに、非理性的動物においては何らの習慣も見出されない。なぜなら、かれらにおいては意志は見出されないのであるが、意志はさきにのべたように(第一項第一異論、第四十九問題第三項反対異論)、習慣の定義の一部をなすものである。それゆえ、感覚的諸能力のうちには何らの習慣もない。

(三)　諸々の学知 scientiae および徳 virtutes は霊魂の習慣である。そして、学知が認識能力に関係づけられるように、徳は欲求能力に関係づけられる。しかるに、感覚的諸能力のうちに何らかの学知*が見出されるということはない。なぜなら、学知は諸々の普遍的なるものにかかわるのであるが、感覚的諸能力はそれらを認識・把捉することはできないからである。それゆえ、諸々の徳という習慣が感覚的欲求の部分のうちに見出されることもありえない。

しかし、その反対に、アリストテレスは『ニコマコス倫理学』第三巻(1117b23)において、「徳の中の或るもの」すなわち節制 temperantia とか剛毅 fortitudo などは「(霊魂の)非理性的なる部分に属するものである」とのべている。

私は答える——。

諸々の感覚的能力は二つの仕方で考察されることが可能だと言うべきである。その一つは、それらが自然本性の誘発・衝動(38)からして ex instinctu naturae 働きを為すかぎりにおいてであり、もう一つは理性の命令からして ex imperio rationis 働きを為すかぎりにおいてである。ところで、それらが自然本性の誘発・衝動からして働きを為すかぎりにおいては、それらは自然本性と同様、一つのものに秩序づけられている。したがって、自然本性的なる諸能力 potentiae naturales のうちに何らの習慣も見出されないように、自然本性の誘発・衝動からして働きを為すかぎりにおいては、感覚的諸能力のうちにも何ら習慣は見出されない。他方しかし、理性の命令からして働きを為すかぎりにおいては、感覚的諸能力は多様なるものへと秩序づけられることが可能である。したがって、この場合には感覚的諸能力のうちに、それでもってそれらの能力が何らかのものへと善く・もしくは悪《あ》しく秩序づけられるような、何らかの習慣が存在しうるのである。

㈠については、それゆえ、こう言うべきである。栄養的部分の諸能力はもともと理性の命令に従うような本性をそなえてはいず、したがって、それらのうちには何らの習慣も存在しえない。しかるに感覚的諸能力はもともと理性の命令に従うような本性をそなえており、したがって、それらのうちには何らかの習慣が存在しうる。それというのも、『ニコマコス倫理学』第一巻(1102b13-14; 25-31)において言われているように、理性に従うものであるかぎりにおいて、それらの能力は何らかの意味で理性的なものと呼ばれているからである。

㈡についてはこう言うべきである。非理性的なる動物における感覚的諸能力は理性の命令からして働きを為すものではないのであって、放置しておいたならば非理性的動物は自然本性の誘発・衝動からして働きを為すのである。したがって、非理性的動物のうちには働きへと秩序づけられているところの何らかの習慣なるものは存在しない。しかし、かれらのうちには、自然本性との連関における何らかの状態・秩序づけ、たとえば健康や美しさのようなものが見出される。――しかしながら、非理性的動物は人間の理性によって一種の馴れ consuetudo を通じて、或ることをしかじかの仕方で為すように状態づけられるところから、そのかぎりでは非理性的動物のうちに何らかの意味で習慣がある、とすることが可能である。ここからして、アウグスティヌスは『八十三問題の書』(第三十六問題、PL40, 25)において「われわれは最も獰猛《どうもう》なる動物が苦痛への怖れからして最も大きな快楽から遠ざかるのを認めるのであって、それがこれらの動物たちにおいて習性 consuetudo となった場合、かれらは家畜あるいは温順な動物と呼ばれるのである」とのべている。しかしながら、この場合、意志の行使という点に関しては習慣としての側面・本質が欠如している。なぜなら、かれらは（習性を）行使するか・しないかについての支配権を有していないのであるが、このことは習慣の本質に属するように思われるからである。したがって、厳密に言えば、かれらのうちに習慣が見出されることは不可能である。

㈢についてはこう言うべきである。感覚的な欲求能力はほんらい理性的な欲求能力によって動かされる本性をそなえているのであって、この点『霊魂論』第三巻（434a12–15）に言われている通りである(39)。しかしながら、理性的な認識能力はほんらい（これとは反対に）、感覚的な認識能力から（感覚的表象を）受けとるような本性をそなえているのである。したがって、諸々の習慣が感覚的な認識能力のうちによりは、むしろ感覚的な欲求能力のうちに見出されることのほうが、より合理的である。なぜなら、感覚的な欲求能力のうちには、それらが理性の命令からして働きを為すかぎりにおいてでなければ、習慣は見出されないからである(40)。——ただし、内的な感覚的認識能力においても、たとえば人がよりよく記憶 memorativus、識別・思考 cogitativus あるいは表象・想像 imaginativus しうるようになるかぎりにおいて、やはり何らかの習慣をそこに認めることが可能である。ここからしてアリストテレスも『記憶と想起について』（452a27–28）の中で「慣れることは記憶をよくするのに大いに効力を発揮する」㊶とのべている。なぜなら、これらの能力もやはり理性の命令からして働きへと動かされるからである。これにたいして、視、聴およびこの種の外的な（感覚的）認識能力は何らかの習慣の担い手となることはできず、むしろ自らの自然本性の傾きに従って secundum dispositionem suae naturae 自らの確定された行為へと秩序づけられているのであって、それは身体の諸々の肢体の場合と同様である。すなわち、これら肢体（それ自身）のうちには習慣は存在せず、むしろ習慣はこれら肢体の運動を命令する諸々の力のうちに見出されるのである。

＊ この前に「何らかの習慣もしくは」aliqui habitus vel を入れている版もあるが、ピオ版、レオ版に従って省く。

第四項　知性そのもののうちに何らかの習慣があるか

第四については次㊷のように進められる。――知性のうちには何らの習慣もない、と思われる。なぜなら

㈠　前述のように（第一項）、習慣は働きに適合・対応せしめられている。しかるに人間の諸々の働きは、『霊魂論』第一巻（403a8; 408b13–15）にのべられているように、霊魂と身体とに共通的である。それゆえ習慣もまた然《しか》りである。しかるに『霊魂論』第三巻（429a24）で言われているように、知性は身体の現実態 actus corporis ではない㊸。それゆえ、知性は何らかの習慣の基体ではない。

㈡　何らかの基体のうちにあるところのものはすべて、その基体の在り方に従ってそこにある。しかるに、質料なき形相はただ純粋に現実態である。これにたいして、形相と質料から複合されているところのものは、可能態と現実態とを同時に有する。それゆえ、純粋に形相であるところの基体のうちに、可能態においてあると同時に現実態においてあるところの或るものが存在することは不可能である。むしろそうしたものは、質料と形相から複合されているところの基体のうちにのみ見出されるであろう。しかるに知性は質料なき形相である。それゆえ、いわば可能態と現実態との中間に存在するものとして㊹、現実態と同時に可能態を有するところの習慣が、知性のうちに存在することは不可能である。むしろそれは複合体、すなわち霊魂と身体から複合されたもののうちにのみ存在する。

㈢　習慣とは『形而上学』第五巻（1022b10–12）で言われているように「或る者がそれに

よって或るものへと善く・あるいは悪しく状態・秩序づけられるところの状態 dispositio である」。しかるに、或る者が知性の働きにたいして善く・あるいは悪しく状態・秩序づけられてあるということは、身体の何らかの状態に由来するものである。ここからして『霊魂論』第二巻(421a26)においても「われわれは柔らかい肉体をもっている者が精神の働きにおいても優れているのを認める㊺」と言われている。それゆえに、認識にかかわる諸々の習慣は、(質料から)分離されているところの知性のうちにはなく、むしろ身体の或る部分の現実態であるような、何らかの能力のうちに見出される。

しかし、その反対に、アリストテレスは『ニコマコス倫理学』第六巻(1139b16–17)において、学知 scientia と知恵 sapientia、および諸々の原理(認識)の習慣 habitus principiorum である直知 intellectus は、霊魂の知的部分そのもののうちにあるとしている。

私は答える――。

認識にかかわる諸々の習慣をめぐっては種々の異説がある、と言うべきである。たとえば、或る人々㊻は可能的知性 intellectus possibilis はすべての人間において単一であるとし、そこからして認識にかかわる習慣は知性そのもののうちにあるのではなく、内的感覚の諸能力のうちに見出される、と主張せざるをえないようにさせられた。なぜなら、人々がその有する習慣に関して多様化されていることは明白であってみれば、認識にかかわる習慣が、すべての人間に共通であるような、数的に単一なるものとして存在するところのもののうちに直接的に見出される、とすることは不可能なのである。ここからして、もし可能的知性がすべての人間において数的に単一であったならば、人々において多様化されて見出されるところの学知という習慣が、可能的知性を基体としてそのうちに見出されることは不可能であって、むしろ人々の異なれるに応じて多様であるところの内的な感覚能力において見出されたことであろう。

しかしながら、この立場は第一にアリストテレスの真意 intentio に反するものである。というのは、『ニコマコス倫理学』第一巻(1102b13)において言われているように、感覚的諸能力は本質的に per essentiam 理性的であるのではなく、たんに分有的に per participationem そうであるにすぎない。しかるにアリストテレスは諸々の知的な徳 virtutes intellectuales、すなわち知恵、学知および直知を、本質的に理性的なるもののうちに置いている。したがって、それらは感覚的な諸能力のうちにではなく、知性そのもののうちに見出される。——さらにまた、アリストテレスは『霊魂論』第三巻(429b6)において、明白に次のようにのべているのである。すなわち、可能的知性が「このように個々の対象 singula になった時には」、つまり可知的なる形象 species intelligibilis によって個々の対象の現実態へともたらされた時には、「その時には、学知ある者 sciens が現実態にある、と言われるのと同じ意味で現実態へともたらされるのである。ところがこうしたことは、或る人が自力で――つまり考察をめぐらすことによって――働きを為しうる場合に生起するのである」とのべている。「ところで、その時にもなお何らかの意味で quodammodo 可能態が見出されるのであるが、それは学習したり addiscere[*a] あるいは見出したり invenire する以前と同じ仕方において similiter[*b] ではない。」したがって、学知という習慣が見出されるのは可能的知性そのもののうちにおいてであって、それによって(学知ある者は)考察を(現実に)行っていない時においても、考察を行うことはできるのである。

さらに第二に、このような立場はことがらの真理 veritas rei に反するものである。というのは、働きの基体と能力の基体とが同一であるように、働きの基体と習慣の基体もまた同一である。しかるに、認識し intelligere 考察する considerare ことは知性に固有なる働きである。それゆえ、それによって考察が行われるところの習慣もまた、本来的に言って知性そのもののうちに見出される。

㈠については、それゆえ、こう言うべきである。シンプリキウスが『カテゴリー論註解㊼』において言及しているように、或る人々は、人間のすべての働きは何らかの意味で複合体の働きである——これはアリストテレスが『霊魂論』第一巻(403a5-10)においてのべているごとくである——ところから、いかなる習慣も霊魂のみではなくて、複合体を基体とする、との説を為した。ここからしていかなる習慣も知性のうちには見出されないことが帰結する。なぜなら、議論の続きにおいてのべられているように、知性は(質料から)分離されているからである。——だが、この議論はわれわれに承認を迫るものではない。なぜなら、習慣は能力にたいする対象の秩序づけ・状態なのではなく、むしろ対象にたいする能力の秩序づけ・状態なのだからである。したがって、習慣は働きの根源たる能力そのもののうちに見出されなくてはならないのであって、能力にたいして対象という関係に立つところのもののうちにではない。しかるに、アリストテレスが『霊魂論』第一巻(403a5-10)においてのべているように、知性的認識 intelligere そのものが霊魂と身体とに共通的であると言われるのは、ただ感覚的表象 phantasma にもとづいてのことにすぎない。しかるに、『霊魂論』第三巻(430a14-17)においてのべられているように、感覚的表象が可能的知性にたいして対象という関係に立つものであることはあきらかである。ここからして、知的な習慣は主要的に言って principaliter 知性そのものの側に見出されるものであって、霊魂と身体とに共通的であるところの感覚的表象の側においてではない、と考えざるをえない。それゆえに、可能的知性は習慣の基体である、と言うべきである。というのも、多くのものにたいして可能態にあるところのものであってはじめて習慣の基体となりうるのであるが、このことは可能的知性にたいして何よりも適中するからである。したがって、可能的知性は諸々の知的な習慣の基体である。

㈡についてはこう言うべきである。可感的なる存在 esse sensibile への可能態が形体的なる質料に属するように、可知的なる存在 esse intelligibile への可能態が可能的知性に属する。したがって、純粋なる可能態 pura potentia と完全な現実態 actus perfectus との中間である習慣が、可能的知性のうちに見出されることを妨げるものは何もない。

㈢についてはこう言うべきである。諸々の(感覚的なる)認識能力は内的に interius 可能的知性のためにその固有的対象を準備する。ここからして、これらの能力がよく秩序づけられる——それには身体のよい秩序づけも協力するのであるが——ことによって、人間は知性的認識にたいする適性を有する habilis ad intelligendum ようになる。(48) このようなわけで、知的な習慣 habitus intellectivus は第二次的にはこれらの能力のうちに見出されることが可能である。しかし、主要的な意味ではそれは可能的知性のうちに見出される。

＊a　この前に「認識したり」intelligere を入れている版もあるが、ピオ版、レオ版に従って省く。

＊b　ピオ版では simpliciter とあるが、レオ版の読み方に従う。

第五項　意志のうちに何らかの習慣があるか

第五については次㊾のように進められる。――意志のうちには何らの習慣も見出されない、と思われる。なぜなら

(一)　知性のうちに見出されるところの習慣とは、知性がそれらによって現実に知性的認識を行うところの可知的形象㊿ species intelligibiles である。しかるに意志は何らかの形象を通じて働きを為すのではない。それゆえ、意志は何らかの習慣の基体ではない。

(二)　能動知性 intellectus agens は能動的なる能力 potentia activa であるところから、可能的知性[51] intellectus possibilis におけるように、そこに何らかの習慣が見出されると

いうことはない。しかるに、意志は最高度に能動的なる能力である。なぜなら、さきに言われたように（第九問題第一項）、意志はすべての能力 potentia をそれらの働き actus へと動かすのだからである。それゆえ、意志のうちには何らの習慣もない。

(三)　自然本性的なる諸能力 potentiae naturales のうちには何らの習慣も見出されない、なぜなら、それらは自らの自然本性からして何らかのものへと確定されているからである。しかるに意志はその自然本性からして、理性によって方向づけられた善へと向かうように、定められている。それゆえ、意志のうちには何らの習慣も見出されない。

しかし、その反対に、正義は一種の習慣である。しかるに、正義は意志のうちに見出される。*なぜなら、『ニコマコス倫理学』第五巻（1129a6–9）で言われているように、正義とは「それによって或る人が正しいことどもを意志し、かつ行うところの習慣」だからである。それゆえ、意志は何らかの習慣の基体である。

私は答える——。

様々の仕方で働きへと秩序づけられうるすべての能力は、それによって自らの働きへと善く状態づけられるところの習慣を必要とすると言うべきである。しかるに、意志は理性的能力 potentia rationalis であるところから、様々なる仕方で働きへと秩序づけられることが可能である。それゆえ、意志のうちには、それによって意志が自らの働きへと善く秩序づけられるところの、何らかの習慣があるとしなければならない。――さらにまた、習慣の本性そのものからして、習慣が意志への何らかの主要的な結びつき ordo principalis を有していることがあきらかである。つまりそれは、さきに言われたように(第一項第一異論、第四十九問題第三項反対異論)、習慣とは「人がその欲するときに行使するところのもの」であるかぎりにおいてである。

㈠については、それゆえ、こう言うべきである。知性のうちには対象との類似たる何らかの形象が見出されるように、意志ならびにすべての欲求能力のうちにも、それによって当の能力が自らの対象へと傾かしめられるところの何らかのものがあるとしなければならない。それというのも、さきに言われたように(第六問題第四項、第二十三問題第二項)、欲求能力の働き actus appetitivae virtutis とは一種の傾向性 inclinatio[52] にほかならないからである。それゆえ、(欲求)能力それ自体の自然本性からしてそれらへと充分に傾かしめられているごときことがらに関しては、何らの傾かしめる質 qualitas inclinans も必要とされない。しかるに、人間的生の目的・終極 finis humanae vitae に到達するためには欲求能力が何らかの確定されたものへと傾かしめられることが不可欠であるが、(人間の欲求能力は)多くの・そして様々なるものへと関係づけられているところから、能力の自然本性によってはそうした確定されたものへと傾かしめられてはいない。それゆえに、意志ならびにその他の欲求能力のうちには、何らかの傾かしめる質――それらが習慣と呼ばれる――がなければならないのである。

(二)についてはこう言うべきである。能動知性はまったく能動者 agens であって、いかなる仕方においても受動者 patiens ではない。これにたいして意志ならびにすべての欲求能力は、『霊魂論』第三巻(433b16)で言われているように、動かされて動かすところのもの movens motum である。それゆえ、これら二者について同様の論拠はない。というのも、習慣の担い手たりうるということは何らかの仕方で可能態にあるところのものに適合することだからである。

(三)についてはこう言うべきである。意志は(意志)能力の自然本性そのものからして ipsa natura potentiae 理性の善 bonum rationis へと傾向づけられる。しかるに、こうした善は色々と多様化されるところから、より迅速に働きが為されるためには、意志が何らかの習慣によって或る確定された理性の善へと傾かしめられることがどうしても必要とされるのである。

＊多くの写本が「意志」の後に「理性のうちに」ratione を付け加えている。

第六項　天使たちのうちに何らかの習慣があるか

第六については次[53]のように進められる。――天使たちのうちには習慣は見出されない、と思われる。なぜなら

㈠ディオニシウス[54]の註釈家マクシムス[55]は『天上位階論』第七章について次のようにのべている。「諸々の神的な知的実体、すなわち天使たちにおいては知的、つまり霊的な諸能力が、われわれの場合のように、付帯的なる有 accidens という在り方で、つまり或るものが他のもののうちに基体におけるような仕方で在る、というふうに考えるのは適当ではない。[*a] なぜなら、すべて付帯的なる有はそれら実体とは相容れないものだからである。[56]」しかるに習慣はすべて付帯的なる有である。それゆえ天使たちのうちに習慣はない。

㈡ディオニシウスが『天上位階論』第四章（PG3, 180A）でのべているように、「天上

の諸本質に見出される聖なる状態は、他のすべてのものを超えて、神の善性を分有している」。しかるにそれ自体によってあるものは、他のものによってあるものよりも、つねにより先なるもの prius であり、より優れたもの potius である。したがって、天使たちの本質はそれ自体によって神に適合するよう完成されている。それゆえ、かれらは何らかの習慣によって完成されているのではない。――マクシムスの論拠もまたこのようなものであったと思われるのであって、かれは同じ箇所で次のように付け加えている。「なぜなら、もしそうであったならば、これらのものの本質はそれ自身のままにとどまることもなく、また可能なかぎりにおいて、それ自体によって神化される deificari こともできなかったであろう。」

㈢ 習慣は『形而上学』第五巻(1022b10)で言われているように、一種の状態 dispositio quaedam である。しかるに、状態とは、同じ箇所で言われているように「諸々の部分を有するものにおける秩序 ordo」である。ところで、天使たちは単純なのであってみれば、かれらのうちには諸々の状態も習慣も見出されないというふうに考えられる。

しかし、その反対に、ディオニシウスは『天上位階論』第七章(PG3, 205B)で次のようにのべている。第一位階の天使たちは「燃えたたしめる者 Calefacientes、玉座 Throni、知恵の流出 Effusio sapientiae と呼ばれ、それらはかれらの諸々の習慣が神に似たものたることの顕現 manifestatio deiformis ipsorum habituum である」。

私は答える――。

或る人々は、天使たちのうちには習慣は見出されないのであって、天使たちについて語られることがらはすべてその本質に属するものである、と主張した、と言うべきである。このゆえをもって、マクシムスはさきに引用した言葉につづいて次のようにのべている。「天使たちの諸々の性向 habitudines、ならびにかれらのうちに見出される諸々の能力 virtutes は、その非質料性のゆえに本質的なものである。[57]」またこのことはシンプリキウスが『カテゴリー論註解[58]』においてのべているところでもある。――「霊魂 anima のうちに見出される知恵は習慣であるが、これにたいして(純粋)知性 intellectus において見出されるところの知恵は実体である。なぜなら、すべて神的なるところのものは、それ自らで充足的なものであり、かつ自らにおいて存在するものだからである。[59]」

ところで、このような立場は真理の側面をふくむと同時に虚偽の側面をふくむものである。なぜなら、さきにのべたところからして(第四十九問題第四項)、習慣の基体、担い手たりうるものは可能態にあるところの有 ens in potentia のみであることはあきらかである。このゆえに前述の註釈家たちは、天使たちが非質料的なる実体であって、かれらのうちには質料という可能態が見出されないことを見てとり、このことにもとづいてかれらのうちには習慣ならびに一切の付帯的なる有は見出されない、としたのである。しかし、天使たちのうちには質料という可能態は見出されないとはいえ、何らかの可能態は見出されるのであって、それというのも純粋現実態 actus purus たることは神に固有的なことだからである。したがって、天使たちのうちに何らかの可能態が見出されるかぎりにおいて、かれらのうちに習慣の見出されることが可能なのである。しかしながら、質料について言われる可能態と(純粋)知性について言われる可能態とは同一の意味 ratio をもつものではないから、したがってこれら二者について言われる習慣も同一の意味を有するものではない[60]。ここからしてシンプリキウスは『カテゴリー論註解[61]』において次のようにのべている。「知的実体の有する習慣はここ(地上)で見出される諸習慣と同様のものではないのであって、むしろそれらは知的実体そのものにふくまれているところの諸々の単純にして非質料的なる形象と同様のものなのである。」

しかるにこのような習慣に関して、天使の知性と人間の知性とでは異なった事情が見出される。というのも、人間の知性は諸々の知性の階梯《かいてい》のうちで最低位にあるがゆえに、あたかも第一質料 materia prima がすべての可感的な形相にたいして可能態にあるがごとく、すべての可知的なるもの intelligibilia にたいして可能態にあり[62]、したがってあらゆることを認識するのに何らかの習慣を必要とするのである。これにたいして天使の知性は可知的なるものの類において純粋可能態 pura potentia という状態にあるのではなく、むしろ何らかの現実態という状態にある。ただし、純粋現実態なのではなく――なぜなら、これは神のみに属することであるから――何らかの可能態をふくんでいるのであって、可能性 potentialitas をふくむところが少ないほど、より上位のものなのである。このようなわけで、第一部においてのべたように（第五十五問題第一項）、（天使の知性は）可能態にあるかぎりにおいては、その固有の働きを営むのに何らかの可知的なる形象によって習慣という仕方で habitualiter 補完されることを要する。これにたいして、現実態にあるかぎりにおいては、自らの本質によって何らかのものを認識しうるのであって、『原因論[63]』にのべられているように、少なくとも自己自身を、そして自らの実体の在り方に応じて他のことがらを認識しうるのである。その際、天使の知性がより完全なものであるのに応じて、より完全な仕方で認識しうるのである。

しかるに、いかなる天使も神の完全性に手がとどいてはいず、無限に神からへだたっているがゆえに、知性と意志を通じて神自身にたどりつくためには、神の純粋現実態にたいして可能態の状態において存在するものとして、何らかの習慣を必要とするのである。このゆえにディオニシウスは、天使たちの習慣は「神のかたち」deiformes である、つまりそれによって天使たちは神と同じかたちのものとされる conformantur のであるとのべている[64]。

しかしながら、自然的存在[65] esse naturale への秩序づけ・状態 dispositio という意味での習慣は天使のうちには見出されない。なぜなら、天使たちは非質料的 immateriales だからである。

㈠については、それゆえ、こう言うべきである。マクシムスの言葉は質料的なる習慣ならびに付帯有に関するものと解すべきである。

㈡についてはこう言うべきである。天使たちはその自然本性からして自らに適合するものに関しては習慣を必要としない。しかし、天使たちは神的な知恵や善性を分有してはいないというほど、自らによってあるところの有 per seipsos entes ではない。それゆえに、自らの外からして何らかのものを分有することを必要とするかぎりにおいて、かれらのうちに習慣が見出されるとしなくてはならないのである。

㈢についてはこう言うべきである。天使たちのうちには本質を構成する諸部分 partes essentiae は見出されないが[66]、かれらの知性が多くの形象によって補完されるものであり、またその意志が多くのものへ関係づけられているかぎりにおいて、その可能態に即して secundum potentiam 諸々の部分[67]が見出されるのである。

＊a　ピオ版、レオ版に従って convenit と読む。contingit と読む写本もある。

＊b　ピオ版では「実体」substantiae の語が欠落している。

第五十一問題（全四項）
習慣生成の原因について

次に諸々の習慣の原因 causa について考察しなくてはならない。第一にそれらの生成 generatio に関するかぎりでの原因について、第二に増強 augmentum に関して、第三に減退 diminutio と消滅 corruptio に関して。

第一の点をめぐって次の四つのことがらが探求される。

第一　或る習慣は自然本性に由来するもの a natura であるか

第二　或る習慣は働き・行為 actus によって生ぜしめられるか

第三　一回の働き・行為によって習慣が生ぜしめられることが可能か

第四　神によって人間のうちに注入された infusus 何らかの習慣があるか

第一項　或る習慣は自然本性に由来するものであるか

第一については次のように進められる。⑱——自然本性に由来するところの習慣は一つもない、と思われる。なぜなら

㈠　自然本性に由来するところのものに関しては、その行使 usus は意志の下に属してはいない。しかるに註釈家アヴェロエスが『霊魂論註解』第三巻⑲においてのべているように、「習慣とは人がその欲する時に行使するところのものである」。それゆえ、習慣は自然本性に由来するものではない。

㈡　自然(本性)は一つのもので為しうることに二つのものを用いることはしない。しかるに霊魂の諸々の能力 potentiae は自然本性に由来するものである。それゆえ、もし諸能力(を基体とするところ)の習慣が自然本性に由来するのであったら、習慣と能力とは一つのものであることになろう。

㈢　自然(本性)は必要なることがらにおいて欠けているということはない。しかるに前述のように(第四十九問題第四項)、習慣はよく働きを為すために必要欠くべからざるも

のである。したがって、もし何らかの習慣が自然本性に由来するものであったならば、自然(本性)は何ら欠けるところなくすべての必要なる習慣を生ぜしめていたであろうと思われる。しかるに、事実はあきらかにそうではない。それゆえ、習慣は自然本性に由来するものではない。

しかし、その反対に『ニコマコス倫理学』第六巻(1141a5-8)において、他の諸々の習慣と並んで、自然本性に由来するところの諸原理の直知 intellectus principiorum も枚挙されている。このゆえに、第一の諸原理も自然本性的に認識された naturaliter cognita 原理と称せられるのである。

私は答える――。

或ることは二つの仕方で或るものにとって自然本性的 naturale であることができる、と言うべきである。その一つは種の自然本性 natura speciei にもとづくものであって、たとえば人間にとって笑う能力が、火にとって上昇することが自然本性的であるのがそれにあたる。もう一つの仕方は個体の自然本性 natura individui にもとづくものであって、ソクラテスもしくはプラトンにとって、それぞれ固有の体質 complexio にもとづいて、病弱もしくは健康的であることが自然本性的であるのがそれにあたる。——さらに、これらいずれの自然本性にもとづく場合にあっても、或ることは二つの仕方で自然本性的と言われることが可能である。その一つは全体 totum が自然本性に由来することによるものであり、もう一つの仕方は或る面では自然本性に由来するが、或る面では外的根源 principium exteriore に由来することによるものである。たとえば、或る人が自力で健康を回復した場合、健康の全体が自然本性に由来する。これにたいして、或る人が医薬の助けをかりて健康になった場合には、健康は部分的には partim 自然本性に、部分的には外的根源に由来するわけである。

したがって、形相もしくは自然本性への関係における基体の状態・秩序づけ dispositio たるかぎりでの習慣について言うならば、前述のいずれの仕方においても習慣は自然本性的なものでありうる。というのも、それなくしてはなんびとも人間とは認められないような、人間という種に帰属するところの自然本性的な状態 dispositio naturalis が存在するのであって、このようなものは種の自然本性にもとづいて自然本性的なのである。——しかるに、このような状態は何らかの広がり・ゆとり latitudo を有するものであるから、この種の状態の様々なる段階が様々なる人間にたいして、それぞれの個体の本性にもとづいて適合することが可能である。また、この種の状態は全体的に自然本性に由来することも、あるいは医術によって健康を回復するところの人々について言われたように、部分的には自然本性に由来するが、部分的には外的根源に由来する、ということも可能である。

しかるに働き operatio への秩序づけ・状態である習慣――その基体は、前述のように（第五十問題第二項）霊魂の能力である――について言えば、たしかに種の自然本性にもとづいても、個体の自然本性にもとづいても、自然本性的でありうる。種の自然本性にもとづいてというのは、習慣が霊魂――これは身体の形相であるところから、種的規定の根源 principium specificum である――そのものの側に属するかぎりにおいてである。これにたいして個体の自然本性にもとづいてというのは、質料的な根源である身体の側から見た場合のことを言う。しかしながら、これらいずれの仕方においても、人間のうちに、全体的に自然本性に由来するとの意味で自然本性的なる習慣が存在する、ということはありえない。たしかに、天使たちにおいては、かれらが自然本性的に賦与された naturaliter indita 可知的形象を有する[70]――これは第一部（第五十五問題第二項、第八十四問題第三項）において言われたように、人間霊魂*については言えないことである――ことにもとづいて、このようなことがありうるのであるが。

それゆえ、人間のうちには部分的には自然本性に由来し、部分的には外的根源に由来するとの意味で、自然本性的であるところの何らかの習慣が見出される。だがその在り方は認識能力においてと欲求能力においてとでは異なっている。というのは、諸々の認識能力にあっては、種の自然本性にもとづいても、また個体の自然本性にもとづいても、発端に関して secundum inchoationem 自然本性的なる習慣 habitus naturalis が見出されるからである。すなわち、種の自然本性にもとづいてというのは、その霊魂の側から見てということで、たとえば諸々の原理の直知 intellectus principiorum が自然本性的な習慣であると言われるのがそれにあたる。なぜなら、全体とは何であり、部分とは何であるかが認識されると、ただちに statim、すべて全体はその部分よりも大である、と認識するということは、知的霊魂の自然本性そのものからして ex ipsa natura animae intellctualis 人間に適合することだからであり、他のこうしたことがらについても同様である。だが、全体が何であり、部分が何であるかは、感覚的表象から受けとられたところの、可知的形象 species intelligibiles を通じてでなければ認識されえない。このゆえをもって、アリストテレスは『分析論後書』の末尾（100a3-b17）において、諸原理の認識は感覚からしてわれわれにもたらされることを示しているのである。(71)——これにたいして、個体の自然本性に即して言うならば、ひとりの人間がその感覚器官の状態からして、他の人間よりも、よく知的認識を行うのにより適応しているかぎりにおいて

――というのも、われわれは知性を働かせるために感覚能力を必要とするからである――認識にかかわる習慣の或るものは発端に関して自然本性的である。

しかるに、諸々の欲求能力においては、人間の霊魂そのものの側から言えば、発端に関して自然本性的であるところの習慣は、習慣の本質そのもの ipsa substantia に関するかぎり何ら見出されないのであって、たんに習慣の根源とも言うべきものに関してのみ自然本性的なるものが見出される。すなわち、共通的なる(自然)法の諸原理 principia juris communis が諸々の徳の種子 seminalia virtutum であると言われるのがそれにあたる。なぜ(自然本性的な習慣が見出されない)かと言えば、固有対象への傾向性――これが(欲求にかかわる)習慣の発端であると思われるのであるが――は習慣に属するものではなくて、むしろ諸々の能力の本質そのもの ipsa ratio potentiarum に属するものだからである[72]。――しかし、身体の側から、つまり個体の自然本性にもとづいて見るならば、欲求にかかわる習慣の或るものは発端に関して自然本性的である。なぜなら、或る人々はかれに固有の体質 complexio corporis からして貞潔ないし温順さ、もしくはこの種の何らかのことがらへの適性・秩序づけを有するからである。

(一)についていは、それゆえ、こう言うべきである。この異論は理性や意志に対立するものとして区分されたかぎりでの自然（本性）に関するものである。ところが理性や意志は（或る意味では）まさしく人間の自然本性に属するものなのである。

㈡についてはこう言うべきである。たとえ或ることが自然本性的な仕方で能力に付加されるとしても、そのことが能力そのものに属するものではない、ということが可能である、たとえば、天使たちの場合、すべてのものを自らによって認識しうる、ということは知的能力そのものに属することではありえない。なぜなら、そのためにはすべてのものの現実態でなければならないが、それはひとり神のみに属することだからである。というのも、それによって或るものが認識されるところのものは、認識されるものの現実的なる類似でなくてはならないから、もしも天使の能力がそれ自身によってすべてのものを認識するのであったならば、すべてのものの類似であり、かつ現実態であるとの帰結が生じたことであろうからである。（しかるに事実はこれに反する。）したがって、天使の知的能力にたいしては、認識される事物の類似たるところの、何らかの可知的形象が付加されることが必要である。なぜなら、天使たちの知性は、自らに固有なる本質によってではなく、神的なる知恵を分有することによって、現実にかれらが認識するところのものたりうるからである。このようなわけで、自然本性的なる習慣に属するところのすべてのものが、能力（そのもの）に属するものではありえない、ということがあきらかである。

㈢についてはこう言うべきである。自然本性は、多様なるすべての習慣を生ぜしめるにさいして、それらに等しい仕方でかかわるのではない。なぜなら、前述のように(本項、主文)、習慣のうちの或るものは自然本性によって生ぜしめられるが、或るものはそうではないからである。したがって、或る習慣が自然本性的であるからといって、すべての習慣が自然本性的であるとの帰結は生じないのである。

＊ ピオ版では「人間本性」natura humana とあるが、レオ版の読み方に従う。

第二項　或る習慣は働きによって生ぜしめられるか

第二についてはⓇ73次のように進められる。——いかなる習慣も働き actus によっては生ぜしめられえない、と思われる。なぜなら

㈠　前述のように(第四十九問題第一項)、習慣は何らかの質 qualitas である。しかるにすべての質は、或る基体のうちに、それが何かを受容しうるもの receptivum たるかぎ

りにおいて、生ぜしめられる。ところで働きを為すもの agens はそれが働きを為すことによって何かを受容するのではなく、むしろ自分から何かを放出する emittere のであってみれば、働きの主体のうちにその固有の働きを通じて何らかの習慣が生ぜしめられることは不可能であると考えられる。

(二) 加熱もしくは冷却されたものにおいてあきらかに認められるように、そのうちにおいて何らかの質が生ぜしめられるところのものは、その質へと向かって動かされるのである。これにたいして、質を生ぜしめる働きを為すところのものは、加熱もしくは冷却するものにおいてあきらかに認められるように、動かすのである。したがって、もし仮に或るものにおいて、それ自身の働きによって習慣が生ぜしめられるとしたならば、同一のものが動かし、かつ動かされるもの、働きを為し、かつ受容するものとなろう。だが、それは『自然学』第七巻(241b24-26)において言われているように不可能である(74)。

(三) 結果はその原因よりもより優れたもの nobilior であることはできない。しかるに習慣は、習慣に先立つ働きよりもより優れたものなのであって、そのことは働きをより優れたものたらしめる(75)ということからしてあきらかである。それゆえ習慣は、習慣に先立つところの働きによって生ぜしめられることはできない。

しかし、その反対に、アリストテレスは『ニコマコス倫理学』第二巻（1103a31–b2）において、諸々の徳ならびに悪徳の習慣は働きによって生ぜしめられる、と教えている。

私は答える――。

ときとして働きを為すもの agens のうちに、自らの働きの能動的根源 activum principium のみが見出される場合がある。たとえば、火のうちには加熱の能動的根源のみが見出されるのがその例である。そして、かような働きを為すものにおいては、その固有の働きよりして何らかの習慣が生ぜしめられることは不可能である。ここからして『ニコマコス倫理学』第二巻（1103a19–26）に言われているように、自然的事物 res naturales は何らかの習慣を獲得する consuescere とか、あるいは、喪失する dissuescere といったことはできないのである。――しかるに、自らの働きの能動的根源ならびに受動的根源 principium passivum を有するような何らかの働きを為すものも見出されるのであって、これは人間的行為 actus humanus においてあきらかに認められるところである。というのは、欲求能力の働きは、対象を提示する repraesentans 認識能力によって動かされるかぎりにおいて、欲求能力から発出するからである。さらに推論を行って諸々の結論に到達するかぎりにおいての知性能力の場合、それ自体によって知られるところの命題 propositio per se nota が能動的根源にあたるのである。したがって、このような働きによって、働きを為すもののうちに何らかの習慣が生ぜしめられることが可能なのであるが、それは第一の能動的根源に関してではなくて、動かされて、動かす movens motum ような働きの根源に関してのことなのである。というのも、すべて他のものによって働きかけられ、また動かされるところのものは、働きを為すものの働きによって秩序・状態づけられるからである。ここからして、多くの働きよりして、受動的・所動的なる能力のうちに何らかの質が生ぜしめられるのであって、それが習慣と呼ばれるのである。たとえば諸々の倫理徳 virtutes morales という習慣は、理性によって動かされるかぎりにおいて欲求能力のうちに生ぜしめられるのであり、また諸々の学知 scientiae という習慣は第一の諸命題によって動かされるかぎりにおいて、知性のうちに生ぜしめられるのである。

㈠については、それゆえ、こう言うべきである。働きを為すものは働きを為すものたるかぎりにおいては何ものをも受けとることはない。しかし、他のものによって動かされて働きを為すかぎりにおいては、動かすものから何ものかを受けとるのであって、このような仕方で習慣が生ぜしめられるのである。

㈡についてはこう言うべきである。同一のものが同一の観点からして動かすものであり、かつ動かされるものであることはできない。しかし、『自然学』第八巻(257a31-b13)において証明されているように、同一のものが、異なった観点からして、自らによって動かされることについては何ら問題はないのである。

㈢についてはこう言うべきである。習慣に先行するところの働きは、能動的なる根源から発出するかぎりにおいて、生ぜしめられた習慣よりもより優れた根源から発出するものである。たとえば、理性それ自身の方が、欲求能力のうちに働きの習慣づけ consuetudo を通じて生ぜしめられたところの倫理徳という習慣よりもより優れた根源であり、諸原理の直知 intellectus principiorum(という習慣)のほうが諸結論の学知 scientia conclusionum(という習慣)よりもより高貴な原理であるように。

第三項　一回の働きによって習慣が生ぜしめられることが可能か

第三については次のように進められる。[77]——習慣は一個の働きによって生ぜしめられうる、と思われる。なぜなら

㈠ 論証 demonstratio は理性の働きである。しかるに、一個の結論にかかわる習慣たるところの学知 scientia は一つの論証によって生ぜしめられる。それゆえ、習慣は一回の働きによって生ぜしめられうる。

㈡ 働き・行為 actus が数多《あまた》の繰返しによって発達し crescere うるように、働き・行為は強度の集中 intensio によっても発達しうるものである。しかるに、行為が数多く繰り返されることによって習慣が生ぜしめられる。それゆえ、一回の働き・行為も、もし非常に強い集中をもって為《な》されるならば、習慣を生ぜしめる原因となりうるであろう。

㈢ 健康と病弱とは何らかの習慣である。しかるに人間は一回の働き・行為によって健康を回復、もしくは喪失することがある。それゆえ、一回の働き・行為が習慣を生ぜ

しめることが可能である。

しかし、その反対に、アリストテレスは『ニコマコス倫理学』第一巻(1098a18–20)において「一羽の燕《つばめ》は春をもたらすことなく、一日の好日が春をもたらすのでもない。そのようにただの一日、あるいは短い期間で人間が至福なる者、幸せな者になるのではない」とのべている。しかるに至福とは『ニコマコス倫理学』第一巻(1098a16–17; 1101a14–16)で言われているように、完全なる徳という習慣にもとづくところの働き・活動 operatio である。それゆえ、徳という習慣は、そして同じ理由からして他の習慣も、一回の働き・行為によって生ぜしめられることはない。

私は答える——。

すでにのべたように(第二項)、習慣が働きによって生ぜしめられるのは、受動的な能力が、何らかの能動的な根源によって動かされるかぎりにおいてである。しかるに、受動的な根源において何らかの質が生ぜしめられるためには、能動的な根源が全面的に totaliter 受動的な根源を制し、それに打ちかつことが必要である。ここからしてわれわれは次のことを見てとる。すなわち、火は即座に可燃物を制し、それに打ちかつことができないところから、即座にそのものを燃え上がらせることはなく、むしろそれに全面的に打ちかかって、そのものに自らの類似性を印刻するために、段々と paulatim*(燃焼に)反対の状態を除去してゆくのである。

しかるに、能動的な根源、すなわち理性が一回の働きでもって欲求能力を制し、それに全面的に打ちかつことができないのはあきらかである。その理由は、欲求能力は多様な仕方で、また多くのものへと関係づけられているのにたいして、理性がその一回の働きにおいて判断することは、特定の根拠および状況に即して欲求されるべき何らかのことがらに限られている、ということである。ここからして、このこと(ただ一回の理性の働き)によっては欲求能力が全面的に制せられ・打ちかたれて、自然本性の在り方でもって、大多数の場合に同一のものへと傾かしめられる——これが徳という習慣に属することであるが——ことはないのである。したがって、徳という習慣は一回の働きによって生ぜしめられることは不可能であり、多くの働きによってはじめて生ぜしめられる。

これにたいして、諸々の認識能力においては受動的な根源に二つのものがあることに注意しなくてはならない。すなわち、その一つは可能的知性 intellectus possibilis そのものであり、もう一つはアリストテレスが『霊魂論』第三巻(430a24-25)において「受動的」passivum と呼んでいるところの知性だが、これは特殊的理性 ratio particularis、すなわち記憶能力 vis memorativa や想像能力 vis imaginativa(78)とならぶ思考能力 vis cogitativa である。ところで、この第一の受動的根源に関して言えば、一回の働きでもって、当の受動的な根源にふくまれている可能態を全面的に制し、それに打ちかつような何らかの能動的な根源が存在しうる。たとえば、一個の自明的命題 propositio per se nota が知性を動かして、確固不動なる仕方で結論に承認を与えさせる。ところが、蓋然的《がいぜんてき》な命題 propositio probabilis はこのようなことを為しえない。ここからして、臆見という習慣 habitus opinativus は理性の数多くの働きによって生ぜしめられなければならない——可能的知性の側に関してさえも。これにたいして、学知の習慣 habitus scientiae に関して言えば、可能的知性に関するかぎり、理性の一回の働きによって生ぜしめられることが可能である。——しかし、諸々のより低次の認識能力に関しては、何らかのことが確実に記憶に刻みつけられるためには、同一の働きを数多く反復することが必要である。このゆえにアリストテレスは『記憶と想起について』(451a12-14)において「熟考 meditatio は記憶を確実なものならしめる」とのべている。

他方、身体的な習慣は、もし能動的な根源が強力であれば、一回の働きでもって生ぜしめられることが可能であり、たとえば時として強力な医療は即座に健康を回復させる。

右にのべたところによって異論にたいする解答はあきらかである。

＊ 多くの写本において「おしつける」imponat とある。

第四項　神によって人間のうちに注入された何らかの習慣があるか

第四については⑲次のように進められる。——いかなる習慣も神によって人間のうちに注入されることはない、と思われる。なぜなら

㈠ 神は万人にたいして平等にふるまう。したがって、もし神が或る人々にたいして何らかの習慣を注入するのであれば、それらを万人にたいして注入したことであろうが、これはあきらかに事実に反する。

㈡ 神はすべての事物において当の事物の自然本性と合致する仕方でその業《わざ》を為す。なぜなら、ディオニシウスが『神名論』第四章(PG3, 733B)でのべているように、「自然本性を保全することは神的摂理に属する」からである。しかるに、さきに言われたように(第二項)、人間においては習慣が働きによって生ぜしめられるのが自然本性にかなう

仕方である。したがって、神は人間において（人間による）働きなしには何らかの習慣を生ぜしめることはない。

㈢　もし神によって或る習慣が注入されるとしたら、人間はその習慣によって多くの働き・行為を為すことができる。しかるに『ニコマコス倫理学』第二巻（1103b21-22）で言われているように、「しかじかの働きからはそれらと類似の習慣が生ぜしめられる」。かくして、同一種類の二つの習慣、すなわち獲得的習慣 habitus acquisitus と注入的習慣 habitus infusus が同一の基体のうちに存在する、という結果が生ずるであろう。だが、このことは不可能であると考えられる。というのも、同一基体のうちに同一種類の二つの形相が存在することは不可能だからである。それゆえ、いかなる習慣も神によって人間のうちに注入されることはない。

しかし、その反対に、『集会書』第十五章（第五節）において「神は知恵 sapientia と知解 intellectus の霊でもってかれを満たした[80]」と言われている。しかるに知恵や知解（直知）は何らかの習慣である。それゆえ、或る習慣は神によって人間のうちに注入される。

私は答える——。

二つの理由からして或る習慣が神によって人間のうちに注入される。第一の理由は、人間がそれによって人間本性の能力 facultas を超え出る目的――それは、前述のように(第五問題第五項)、人間の究極的 ultima にして完全な perfecta 至福にほかならない――へと善く秩序づけられるところの、何らかの習慣が存在する、ということである。ところで、習慣は、人間が当の習慣にもとづいてそれへと秩序づけられているところのものに対応する proportionatus のでなければならないがゆえに、こうした目的・終極へと秩序づけるところの習慣もまた人間本性の能力を超え出ているのでなければならない。ここからして、このような習慣は神によって注入されるのでなかったら、けっして人間のうちに見出されることはできないのであって、このことはすべての恩寵的《おんちょうてき》な徳 virtutes gratuiti について言えることである。

もう一つの理由は、第一部(第百五問題第六項)で言われたように、神は第二次的な諸原因の結果を、当の第二次的原因なしに生ぜしめうる、ということである。たとえば、神は時として自らの力 virtus を顕示するために、自然的な原因なしに健康を生ぜしめる――健康は自然本性によっても生ぜしめられうるのであるが。そのようにまた、神は時として自らの力を顕示するために、人間のうちに、自然的力によっても生ぜしめられうるような習慣をも注入するのである。たとえば、神は使徒たちにたいして聖書やすべての言語についての知識を授けたのであるが、このように完全な仕方においてではないとはいえ、こうした知識を人々は学習 studium もしくは習熟 consuetudo を通じて獲得することができるのである。

㈠については、それゆえ、こう言うべきである。神は自らの本性に関するかぎり、万人にたいして平等にふるまう。しかし、自らの知恵にもとづく秩序づけに関しては、明確な理由によって或る人々にたいして、他の人々には与えないような何らかのものを授けるのである。

㈡についてはこう言うべきである。神がすべての事物において、それらの在り方に即して働きを為すということからして、神が、自然本性が為しえないような何らかのことを為す、ということが排除されるのではない。そうではなく、むしろそのことからは、神は自然本性に適合するところのものに反しては何ごとも為さない、ということが帰結するのである。

㈢についてはこう言うべきである。注入的徳によって為されるところの働きは、何らかの習慣を生ぜしめるのではなくて、むしろあらかじめ存在するところの習慣を強化するのである。それはたとえば、自然本性によって健康であるところの人間に適用された医療手段が、何らかの健康を生ぜしめるのではなく、以前から有していた健康を強化するようなものである。

第五十二問題（全三項）
習慣の増強について

次に諸々の習慣の増強 augmentum について考察しなくてはならない。
この点をめぐって次の三つのことがらが探求される。
第一　習慣は増強せしめられるか
第二　付加という仕方で増強せしめられるか
第三　いずれの働きも習慣を増強せしめるか

第一項　習慣は増強させせられるか

第一については(81)次のように進められる。――習慣は増強せしめられえない、と思われる。なぜなら

(一)『自然学』第五巻(226a30)で言われているように、増強は量 quantitas にかかわるものである。しかるに習慣は量という類にではなく、質 qualitas という類に属する。それゆえ、習慣に関しては増強なるものは不可能である。

(二)『自然学』第七巻(246a13)で言われているように、習慣は何らかの完全性 perfectio である。しかるに、完全性は目的 finis ならびに終極 terminus を含意するものであるから、より多く・より少なく magis et minus といった規定は受けつけないように思われる。それゆえ、習慣は増強せしめられえない。

(三)より多く・より少なくといったことを受けいれるところの事物においては、変質 alteratio なるものが生ずることがある。なぜなら、変質するとは、たとえばより少なく熱いものがより多く熱いものになることをさして言うものだからである。しかるに、

『自然学』第七巻（246a10–11）で証明されているように、習慣においては変質なるものは見出されない。それゆえ、習慣は増強せしめられえない。

しかし、その反対に、信仰 fides は一種の習慣であるが、増強せしめられることが可能である。このゆえに、『ルカ福音書』第十七章（第五節）にあるように、弟子たちは主にこう呼びかけている。「主よ、私たちの信仰を増し・強めて下さい。」それゆえ、習慣は増強される。

私はこう答える――。

「増強」ということは、量に属するところの他のことがらと同様に、形体的なる量 quantitas corporalis の領域から可知的なる霊的事物 res spirituales intelligibiles[*a] へと転移せしめられる。これはわれわれの知性が、想像力の下に入るところの形体的なる事物にたいして親和性 connaturalitas を有することによるものである。しかるに、形体的なる量の領域においては、或るものは、それが当のものにふさわしい量的完全性に達しているということにもとづいて大きいと言われるのであって、このため、象について言えば大きいとは見なされない程度の量が、人間については大きいと見なされるのである。

ここからして、諸々の形相 forma においても、われわれは何らかのものを、それが完全なものであるということからして、大いなるものと呼ぶのである。ところで、善は完全なるものという側面を有するがゆえに、そのことにもとづいて、アウグスティヌスが『三位一体論』第六巻（第八章 PL42, 929）でのべているように、「量的に大きいとされるのではないような事物においては、より大いなるもの majus とはよりよい melius ことと同一である」。

しかるに、形相の完全性なるものは二重の仕方で考察されることが可能である。すなわち、その一つは形相そのものに即してであり、もう一つは基体 subjectum が形相を分有する度合に即してである。したがって、形相の完全性が形相そのものに即して考察されるかぎりにおいては、形相そのものが小さいとか大きい parva vel magna と言われる*b のであって、たとえば健康 sanitas もしくは学知 scientia が大きいとか小さいと言われるのがそれにあたる。これにたいして、形相の完全性が、基体がそれを分有する度合に即して吟味されるかぎりにおいては、より多く・より少なく magis et minus（しかじかである）と言われるのであって、たとえばより（多く）白い・健康である、とか、より白くない・健康でない（より少なく白い・健康である）などと言われるのがそれにあたる。しかし、こうした区別は形相が質料や基体から離れて存在 esse を有しうることを含意するものではなくて(82)、むしろ形相がその種的本質 ratio speciei に即して考察される場合と、それが基体において分有されるのに即して考察される場合とでは、考察(の視点)が違ったものであるという理由にもとづくものである。

このような次第で、シンプリキウスが『カテゴリー論註解(83)』において叙述しているように、諸々の習慣ならびに形相の強化 intensio と弱化 remissio という問題に関しては、哲学者たちの間で四つの見解が存在した。すなわち、プロティノス(84)ならびに他のプラトン派の人々は、諸々の質および習慣はそれらが質料的なものであるとのゆえをもってより多く・より少なくという規定を受容すること、またここからして、質料の未規定性 infinitas のゆえに何らかの不確定性を有することを主張した。――他の人々はこれに反対して、諸々の質や習慣そのものは、それ自身に即して言えば、より多く・より少なくという規定を受容しないのであって、そのことが言われるのは「かくかくの質を有するもの」qualia――それらが様々の程度に質を分有するのに応じて――についてであると主張した。たとえば、正義 justitia についてはより多く正しいとか、より少なく正しいといったことは言われないのであって、それが言われるのは正しいもの justum についてである。そして、アリストテレスは『カテゴリー論』(10a30-b11)においてこの見解にふれている。――第三の見解はストア派(85)のものであって、右の二つの中間に位置するものである。すなわち、かれらによると、或る習慣、たとえば諸々の技術 artes はそれ自身に即してより多く・より少なくという規定を受容するのにたいして、何らかの習慣、たとえば諸々の徳 virtutes はそのことを受容しないというのである。——第四の見解は、非質料的なる質や形相はより多く・より少なくという規定を受容しないが、質料的なる質や形相は受容する、と主張した人々のそれである。

したがって、この問題に関して真理をあきらかにするためには、それにもとづいて或るものが種 species を受けとるところのもの(規準)は不動 fixum かつ永続的 stans であり、いわば不可分なるもの indivisibile でなければならぬ、ということに注意しなければならない。というのも、その規準に達しているところのものは何にせよ当の種にふくまれるのであり、これにたいして——過度にせよ不足にせよ——その規準から離れているところのものはすべて、別の——より完全あるいはより不完全なる——種に属するということになるからである。このゆえにアリストテレスは『形而上学』第八巻(1043b33)において、諸々の事物の種は数のようなものであって、そこにおいては付加ないしは減少が為されると種が変化するのである、とのべている。したがって、もし或る形相もしくは何らかの事物が、それ自身あるいは自らに属する何らかのものに即して種的本質を受けとっている場合には、そうしたものは、それ自身において考察されるかぎり、確定された本質 ratio determinata を有するのであって、この本質は何かより以上のものへ高まることも・より以下のものへ欠落することもありえない、としなければならないのである。ところで、熱や白さ、およびこの種の、何か他のものとの関係において言われるのではない諸々の質がここで言うものにあたるのであり、それ自体における有 ens per se であるところの実体についてはなおさらのことである。——これにたいして、自らがそれへと秩序づけられているところの或るものから種を受けとるものどもにあっては、それ自身に即してより多く・あるいはより少なくというふうに多様化されつつ、しかもそれにもかかわらず同一の種においてあることが可能である——それらのものがそれへと秩序づけられ、またそれから種を受けとるところのものが一たることにもとづいて。たとえば運動がそれ自体に即してより強度なるもの、ないしは弱いものでありながら、運動を種別化するところの終極 terminus が一なることにもとづいて、同一の種でありつづけるのがそれにあたる。そして、同じ考察が健康に関しても為されうる。なぜなら、身体は動物の自然本性に適合するところの状態 dispositio を有するということにもとづいて健康という本質 ratio に達するのであるが、動物の自然本性には多様な状態が適合的でありうる。したがって、或る状態がより多く・もしくはより少なくというふうに変化しても、健康という本質 ratio sanitatis は常に存続することが可能である。

このゆえにアリストテレスは『ニコマコス倫理学』第十巻(1173a24-26)において次のようにのべている。「健康はそれ自体、より多く・あるいはより少なくという規定を受容する。というのも、すべての人において同一の均衡 commensuratio が見出されるわけではなく、また同じ人においても常に同一の均衡が見出されるのではなくて、それが弱まった場合においても、健康は何らかの程度において存続するからである。」しかるに、健康について言われるこの種の多様なる状態もしくは均衡は、(互いに)超過するもの excedens と超過されるもの excessum という(相関的な)関係にある。したがって、もし健康という名称がただ最も完全なる適合性にたいしてのみ付与されたとしたならば、健康そのものについてはより大・より小ということは語られなかったであろう。——このような次第で、どのような意味で或る質もしくは形相がそれ自体に即して増強もしくは弱減され、またどのような意味で増強・弱減されえないかがあきらかである。

他方、もしわれわれが質もしくは形相を基体による分有ということに即して考察するならば、その場合にもやはり或る質や形相はより多く・より少なくという規定を受容するのにたいして、或るものは受容しない、ということが見出される。シンプリキウスはこのような差異の生ずる根拠を、実体はそれ自体における有であるから、それ自体に即してより多く・より少なくという規定を受容することができない、というところにもとめている。(86) ここからして、基体によって実体的なる仕方で substantialiter 分有されている形相はすべて、強化・弱化 intensio et remissio といったことを欠いており、したがって実体の類においては何ものについてもより多く・より少なくという語り方は為されないのである。ところで、量は実体に近接するものであり、そして形状 figura は量にともなうものであるから、これらの領域においても何ものかについてより多く・より少なくという語られ方が為されることはないのである。ここからしてアリストテレスは『自然学』第七巻(246a1-4)において、或るものが形姿や形状 forma et figura を受けとる場合には、そのものは変化させられる alterari とは言われず、むしろ(何かに)なる fieri と言われる、とのべている。これにたいして、実体からより遠隔的であって、諸々の受動 passiones や能動 actiones と結びついているところの他の質は、基体による分有ということに即して、より多く・より少なくという規定を受容するのである。

しかし、こうした差異の根拠についてはさらに立ち入った解明が可能である。なぜなら、前述のように、そこからして或るものがその種 species を受けとるところのもの(規準)は、不可分なるものにおいて不動にして永続的なるものとしてとどまるのでなければならない。したがって、形相が(何らかの基体によって)より多く・より少なくというふうに分有されないことは、二様の仕方で可能である。その一つは、(形相を)分有すているものが当の形相に即して種を受けとる、ということによるものである。ここからして、いかなる実体的形相 forma substantialis もより多く・より少なくというふうに分有されることはない。そして、このゆえにアリストテレスは『形而上学』第八巻(1044a9-11)において次のようにのべている。「数についてより多く・より少なくということが言われないように、種 species に即して捉えられた実体」、つまり種的形相 forma specifica を分有するものたるかぎりでの実体についても同様である。「これにたいして、質料をともなう実体においては」質料的なる状態 dispositio materialis に即して、より多く・より少なくということが実体において見出されるのである。——もう一つは、形相がその本質からして不可分なるものであることによるものである。ここからして、もし或るものがそうした形相を分有するとしたら、当の形相を不可分性という本質 ratio indivisibilitatis に即して分有しなければならない。したがって、数の諸々の種についてはより多く・より少なくといった語り方は為されない。それというのも、それらにおいて各々の種は不可分なる「一性」unitas indivisibilis をもって確立されているからである。二尺とか三尺というふうに、数的に捉えられるところの連続量の諸々の種についても同一の論拠が妥当する。さらに、二倍とか三倍といった諸関係、および三角形や四角形のような諸図形についても同様である。アリストテレスは『カテゴリー論』(11a7-9)において、なぜ諸々の図形はより多く・より少なくといった規定を受容しないのか、ということの論拠として次のようにのべているが、その論拠は右にのべたものにほかならない。「すなわち、三角形もしくは円の本質を受けとるところのものは、同様に三角形もしくは円なのである。」なぜなら不可分性はそれら図形の本質そのものに属するものであるから、それら図形の本質を分有するものどもはすべて、不可分なる仕方で indivisibiliter 分有するのでなければならないからである。

このようなわけで、『自然学』第七巻(246b3-4)に言われているように、習慣ならびに状態は何らかのものへの関係に即して語られるのであるから、諸々の習慣ならびに状態における強化と弱化は二重の仕方で考察されうる、ということがあきらかである。その一つは、それ自体に即して考察される場合であって、たとえばより優れた健康とかより劣った健康、あるいはそれぞれより多くの事物ないしはより僅《わず》かの事物を包括するのに応じてより大いなる学知とかより小さな学知、といったことが語られるのがそうである。――もう一つは基体による分有に即して考察される場合であって、たとえば同等の学知もしくは健康が――生まれつきにせよ慣れによる ex consuetudine にせよ――適性 aptitudo が多様であるのに応じて、或る者においては他の者よりもより多く受容されるのがそうである。というのも、習慣ならびに状態は基体にたいして種 species を与えるのではなく、またその本質 ratio のうちに不可分性をふくむものでもないからである。諸々の徳に関して事態がどのようであるかについては後(第六十六問題第一項)で論じられるであろう。

㈠については、それゆえ、こう言うべきである。大きさ・偉大さ magnitudo という名称が形体的な量 quantitas corporalis の領域から転じて諸々の形相の可知的なる完全性を表示するのに用いられるように、増強 augmentum——それの行きつく終極が大いなるもの magnum である——という名称についても同様である。

㈡についてはこう言うべきである。たしかに習慣は完全性 perfectio ではある。しかしそれは、たとえばその基体に種的な存在 esse specificum を与えることによって、それの終極 terminus たるごとき、そのような完全性ではないのである。また(習慣は)、諸々の数の種 species がそうであるように、その本質 ratio のうちに終極(確定された限界)をふくんでもいない。それゆえに、(習慣が)より多く・より少なくという規定を受容することを妨げるものは何もないのである。

㈢についてはこう言うべきである。たしかに変質 alteratio は第三の種に属する諸々の質においてまず第一に見出されるものである。しかし、より後なる仕方では per posterius 第一の種に属する諸々の質においても変質が見出されることが可能である。というのも、熱・冷ということに即して変質が生ずると、それにともなって動物は健康・病気ということに即して変質を来《きた》すものだからである。またこれと同じく、感覚的な欲求能力における受動・情念 passio に即して、もしくは感覚的な認識能力に即して変質が生ずると、諸々の学知や徳に即しての変質がそれにともなうのであって、この点『自然学』第七巻(247a6-7; 248a6-9)にのべられているごとくである。

＊a　ピオ版では res spirituales et intellectuales「霊的にして知的な事物」とある。

＊b　ピオ版では「言われない」non dicitur となっている。

第二項　習慣は付加という仕方で増強させられるか

第二については[87]次のように進められる。――諸々の習慣の増強は付加[88]という仕方で per additionem 為される、と思われる。なぜなら

(一)　前述のように(第一項)、増強 augmentum という名称は諸々の形体的なる量から

形相の領域へと転用されたものである。しかるに諸々の形体的なる量においては付加によらないで増強が為されることはない。ここからして『生成消滅論』第一巻(320b30)において「増強はあらかじめ存在する大きさへの付加 additamentum である」と言われている。それゆえ、習慣においても付加という仕方によるのでなければ増強は為されない。

(二) 習慣は何らかの働きを為すもの agens によるのでなければ増強せしめられることはない。しかるにすべて働きを為すものはその働きを被るところの基体のうちに何らかの結果を生ずる。たとえば、熱するもの calefaciens は熱せられた当のもの ipsum calefactum のうちに熱 calor を生ずるのである。それゆえ、何らかの付加が為されることなしには増強なるものはありえない。

(三) 白くないところのものが白いものにたいして可能態にあるように、より少なく白いものはより多く白いものにたいして可能態にある。しかるに、白くないところのものは、白さが到来することによるのでなければ、白くなることはない。それゆえ、より少なく白いところのものは、何か他の白さがそのうえに付け加えられることによるのでなければ、より多く白いものになることはない。

しかし、その反対に、アリストテレスは『自然学』第四巻(217a34-b2)においてこうのべている。「熱いものからより多く熱いものが生ずるのであるが、その際、そのものがより少なく熱かったときにはまだ熱くはなかったような何かが、質料において熱くされるということはけっしてないのである。」それゆえ、同じ根拠からして、増強が為されるところの他の諸々の形相においても、何らかの付加が見出されることはない。

私は答える――。

この問題の解決はさきにのべたことがらに依存している、と言うべきである。すなわち、さきに(第一項)、強化ないし弱化せしめられるところの諸々の形相における増強と弱減は、一つの仕方においては、それ自体として考察された形相そのものに関して生起するものではなく、むしろ基体による(形相の)様々なる分有からして生起するものであることがのべられた。したがって、諸々の習慣ならびに他の諸形相におけるこの種の増強は、形相に形相が付加されるという仕方で為されるのではなく、むしろ基体が一つにして同一なる形相を、より多く・もしくはより少なく分有する、ということを通じて為されるのである。さらに『形而上学』第七巻(1033b5-8)において証明されているように、現実態にあるところの働きを為すもの agens(現実に熱いもの)によって、或るものが、いわばあらたに形相を分有し始めるものとして──形相そのものが生成されるのではなく──現実に熱いものとなるように、そのように、当の働きを為すものの強化された働きかけを通じて、そのものはより多く熱いものたらしめられるのである。つまりいわば形相に何かが付加されるのではなく、形相をより完全に分有するものとして。

なぜなら、諸々の形相におけるこの種の増強が付加 additio という仕方で解された場合には、それは形相そのものに関してか、もしくは(形相を分有する)基体に関しての他はありえないであろう。しかるに、もし形相そのものに関してであれば、こうした付加もしくは除去は種 species を変化せしめるものであることがすでにのべられた(第一項)。たとえば、灰色のものが白くなった場合には色の種が変化するように。──他方、もしこの種の付加が基体に関して理解された場合には、次の二つの可能性が考えられるのみであろう。すなわち、その一つは基体の或る部分が以前には有していなかった形相を受けとるということによるものである──たとえば以前は一つの部分においてのみ冷たかった人間が、いまや多くの諸部分において冷たくなってくる時、その人間において冷却が増大すると言われるように。もう一つは、同一の形相を分有するところの、或る別の基体が付加されることによるものである──たとえば、熱いものに熱いものが、あるいは白いものに白いものが付け加えられるのがそれにあたる。しかるに、これら二つの仕方のいずれにおいても、或るものがより多く magis 白くなった、あるいは熱くなったとは言われないのであって、むしろ(白い部分や熱い部分が)より大きく majus なったと言われるのである。

しかるに、前述のように(第一項)、何らかの付帯有 accidens はそれ自体に即して増強されるものであるから、それらのうちの或るものにおいては付加という仕方で増強が為されることが可能である。なぜなら、運動 motus について言えば、運動がそこにおいて生起するところの時 tempus、もしくはそれを通って行われるところの軌道 via に即して、運動に何かが付け加えられることによって運動は増強されるからである。しかもその場合、(運動の)終極 terminus が一つであることのゆえに、運動の種は同一なるままにとどまるのである。しかしまた、それにもかかわらず、基体による分有にもとづいて、運動は強化という仕方で per intensionem 増強せしめられるのであって、それは同一の運動がより多く・もしくはより少なく容易 expedite ないし迅速に prompte 行われるかぎりにおいて生起するのである。——同様に学知 scientia もまたそれ自体に即して付加という仕方で増強せしめられることが可能である。すなわち、或る人がより多くの幾何学的結論を学んだ場合、かれにおいて種に即して secundum speciem 同一なる学知の習慣が増強せしめられるのである。それにもかかわらず、学知は或る人において——

基体が(学知の習慣を)分有することに即して——強化という仕方においても増強せしめられる。すなわち、ひとりの人間が他の人間よりも、同一の諸結論を考察することにおいて、より容易 expeditius かつ明晰《めいせき》 clarius であるかぎりにおいて。

しかるに、身体的なる習慣においては付加という仕方による増強が為されることはあまりないように思われる。なぜなら、動物はそのすべての部分が健康もしくは美しくあるかぎりにおいてでなかったら、端的に simpliciter そうであるとは語られないからである。しかるにそれが完全な均衡 commensuratio へもたらされるのは、諸々の単純な(89)る質における変化 transmutatio にもとづくものであり、それらは(質を)分有する基体に関する強化という仕方によっての他は増強せしめられないのである。諸々の徳に関して事態がいかにあるかについては、後(第六十六問題第一項)で論じられるであろう。

(一)については、それゆえ、こう言うべきである。形体的なる大きさに関しても増強は二つの仕方でありうる。その一つは、生命あるものの増強・成長におけるように或る基体が他の基体に付加されるという仕方によるものである。もう一つは『自然学』第四巻(214b2-3; 217b8-11)において言われているように、希薄化される rarefiunt ものにおけるように、何らの付加もなしに、ただ強化という仕方で為されるものである。

㈡についてはこう言うべきである。習慣を増強するところの原因は、たしかに常に何ものかを基体のうちにおいてつくりだすのではあるが、新しい形相をつくりだすのではない。そうではなくて、基体をしてすでに存在するところの形相をより完全に分有せしめるか、あるいは当の形相をより多くのものに及ぼさせるかである。

㈢についてはこう言うべきである。いまだ白くないところのものは、いまだ形相を有しないものとして、当の(白さという)形相にたいして可能態にある。したがって、働きを為すものは基体のうちに新しい形相を生ぜしめるのである。しかるに、より少なく熱く、もしくは白くあるところのものは、すでに現実態において形相を有するがゆえに、形相にたいして可能態にあるのではない。むしろ(形相を)分有する際の完全な仕方にたいして可能態にあるのである。そしてこのこと(完全な分有)は働きを為すものの働きかけを通じて生ぜしめられるのである。

第三項　どんな働きでも習慣を増強させるか

第三については⑽次のように進められる。――どんな働きでも習慣を増強させる、と思われる。なぜなら

㈠　原因が多数化されると結果も多数化される。しかるに、前述のように（第五十一問題第二項）、働きは何らかの習慣の原因である。それゆえ、働きが多数化されれば、習慣は増強せしめられる。

㈡　同様のことがらについては同一の判断が妥当する。しかるに『ニコマコス倫理学』第二巻（1104a29）に言われているように、同一の習慣から発出するところの働きはすべて同様なものである。それゆえ、もし或る働きが習慣を増強せしめるというのであれば、すべての働きが習慣を増強せしめるであろう。

㈢　或るものは自らと類似したところのものによって増強せしめられる。しかるに、すべての働きが、それがそこから発出してくるところの習慣と類似している。それゆえ、すべての働きが習慣を増強せしめる。

しかし、その反対に、同一のものが対立することがらの原因となることはない。しかるに、『ニコマコス倫理学』第二巻(1104a18–27)で言われているように、習慣から発出する働きのうちの或るものは習慣を弱減せしめるものであり、それはぞんざいに negligenter 為される働きにおいて見られる通りである。それゆえ、すべての働きが習慣を増強せしめるのではない。

私は答える――。

『ニコマコス倫理学』第二巻(1103b21–22)で言われているように「類似の働きが類似の習慣を生ずる」と言うべきである。しかるに、類似もしくは非類似は質の同一もしくは差異にもとづいて考察されるのみでなく、(基体による、質の)分有の仕方における同一と差異にもとづいても考察される。すなわち、黒が白にたいして非類似であるのみでなく、より少なく白いものはより多く白いものにたいして非類似なのである。なぜなら、『自然学』第五巻(229b14–15)で言われているように、いわば対立するものの一方から他方へと向かうかのように、より少なく白いものからより多く白いものへ向かっての運動が為されるからである。

しかるに、前述のところからあきらかなように(第四十九問題第三項反対異論、第五十問題第五項)、習慣の行使は人間の意志に存するものであるからして、習慣を有するところの或る者がそれを行使しないとか、あるいはそれと対立的な働きを為すことがあるように、そのようにまた習慣の強度 intensio との対比において proportionaliter それと対応しない non respondens ような働きを為すのに当の習慣を行使する、ということもありうる。したがって、もしも働きの強度が習慣の強度とくらべてそれと等しいものであるか、あるいはさらにそれを超える強度であるならば、すべての働きが習慣を増強せしめるか、あるいは習慣の増強へと秩序づけるのである――この場合、われわれは動物の成長・増強になぞらえて ad similitudinem 習慣の増強について語っているわけであるが。というのも、摂取された食物のどれでもが現実に動物を成長・増強せしめるのではないからであって、それはあたかもどんな水滴でも石を穿《うが》つわけではないのと同様である。そうではなく、食物が繰り返し摂取されるとついには成長・増強が行われるように、そのようにまた、働きが数多く反復されると習慣も成長をとげるのである。――これにたいして、もしも働きの強度が習慣の強度との対比においてそれよりも劣るものであれば、このような働きは習慣の増強よりは、むしろその弱減へと秩序づけるものである。(91)

右にのべたことに照らして、諸異論にたいする解答はあきらかである。

第五十三問題（全三項）

習慣の消滅および弱滅について

次に諸々の習慣の消滅 corruptio と弱滅 diminutio について考察しなくてはならない。この点をめぐって次の三つのことがらが探求される。

第一　習慣は消滅させられうるか

第二　弱滅させられうるか

第三　消滅ならびに弱滅の様相について

第一項　習慣は消滅させせられうるか

第一については次のように進められる。——習慣は消滅させせられえない、と思われる。なぜなら

(一)　習慣は何らかの自然本性 natura と同じような仕方で(基体のうちに)内在するものであり、このゆえに習慣にもとづくところの働きは快適なものである。しかるに自然本性は、その担い手たるものが存続するかぎり消滅せしめられることはない。それゆえ、習慣もその基体が存続するかぎり消滅させせられえない。

(二)　形相が消滅・破壊せしめられるのはすべて、その基体の消滅・破壊、もしくは対立するものによる。たとえば、動物(自体)が消滅するか、あるいは健康が到来すれば病気は消滅するわけである。しかるに、一種の習慣であるところの学知 scientia は、基体の消滅によって消滅せしめられることはできない。なぜなら、その基体たるところの「知性は消滅させせられることのないような実体である」ことは、『霊魂論』第一巻(408b18–19)に言われているごとくだからである。同様に、それはまた対立するもの

によって消滅せしめられることもできない。なぜなら『形而上学』第七巻(1032b2)で言われているように、可知的形象 species intelligibilis は相互に対立的ではないからである。それゆえ、学知という習慣はいかなる仕方においても消滅させられることはできない。

(三) 消滅はすべて何らかの運動・変化 motus を通じて起こるものである。しかるに、霊魂のうちに見出される学知なる習慣は、当の霊魂そのものの自体的な運動[93] motus per se を通じて消滅せしめられることはできない。なぜなら、霊魂は自体的に動かされることはないからである。しかし、霊魂は身体の運動を通じて付帯的に per accidens 動かされる。しかしながら、いかなる身体的な変化 transmutatio corporalis も知性のうちに存在するところの可知的形象を消滅せしめうるとは思われない。なぜなら、知性は身体なしに、それ自体として諸々の形象の座 locus だからである。したがって、老衰 senium によっても、また死 mors によっても習慣は消滅されることはない、と主張されるのである。[*a] それゆえ、学知は消滅させられえない。したがってまた、やはり理性的霊魂のうちにあり、またアリストテレスが『ニコマコス倫理学』第二巻(1100b14)でのべているように「諸々の学問 disciplinae よりもより永続的であるところの諸々の徳 virtutes」という習慣もまた然《しか》りである。

しかし、その反対に、アリストテレスは『長命と短命について』(465a23)の中で、学知の消滅とは「忘却と誤謬《ごびゅう》である」とのべている。さらにまた、罪を犯すことによって或る人が徳という習慣を喪失するということもある。また『ニコマコス倫理学』第二巻(1103b7-8)に言われているように、「対立的な諸々の働きによって諸々の徳が生ぜしめられ、また消滅させられるのである」。

私は答える――。

或る形相は、それ自体に即しては secundum se、それと対応するところのものによって消滅させられる、と言われるのであるが、付帯的には per accidens それの基体が消滅することを通じて消滅させられる、と言われる。したがって、もしもそれの基体が可滅的であって、それの原因が対立的なものを有するような何らかの習慣があったならば、その習慣は右のいずれの仕方によっても消滅させられえたであろう。このことは、身体的なる習慣、すなわち健康ならびに病気について見ればあきらかである。――これにたいして、それの基体が不可滅的であるような習慣は付帯的に消滅させられることは不可能である。*b しかるに、主要的には principaliter 不可滅的な基体のうちに見出されるとはいうものの、第二次的には secundario 可滅的な基体のうちに見出されるような何らかの習慣が存在するのであって、たとえば学知という習慣がそうである。すなわち、前述のように(第五十問題第三項第三異論解答)、学知なる習慣はたしかに主要的には可能的知性 intellectus possibilis のうちに見出されるものの、第二次的には諸々の感覚的なる認識能力 vires apprehensivae sensitivae のうちに見出されるのである。したがって、学知なる習慣は可能的知性の側からは付帯的に消滅させられることは不可能であり、ただ低次の感覚的諸能力の側からしてのみ、消滅させられうるのである。

したがって、はたしてこの種の習慣が自体的に per se 消滅させられることが可能であるかどうかを考察しなくてはならない。すなわち、もしも自分自身に関してか、もしくは自らの原因の側において何か対立的なものを有するような何らかの習慣があったならば、それは自体的に消滅させられることが可能だったであろう。これにたいして、もしも対立的なものを有していないならば、自体的に消滅させられることは不可能だったであろう。しかるに、可能的知性のうちに存在するところの可知的形象 species intelligibilis が何らの対立的なものも有しないことはあきらかである。さらにまた、可知的形象をつくりだす原因たるところの能動知性 intellectus agens についても、それに対立するものは何らありえない。したがって、もし可能的知性のうちに、能動知性によって直接的に immediate 生ぜしめられたところの何らかの習慣があったならば、そのような習慣は自体的にも、付帯的にも不可滅的である。しかるに、思弁的なることがら speculabilia および実践的なることがら practica の第一の諸原理の習慣 habitus primorum principiorum はこのようなものであって、それらはアリストテレスが『ニコマコス倫理学』第六巻(1140b29-30)において、知慮 prudentia に関して「忘却によって失われることはない」とのべているように、いかなる忘却あるいは誤謬によっても消滅させられることはありえないのである。――しかるに可能的知性のうちには理性(94) ratio によって生ぜしめられたところの何らかの習慣、すなわち学知 scientia と呼ばれるところの、諸結論(導出)の習慣 habitus conclusionum が存在するのであるが、その原因に関しては二つの仕方で何らかの対立的なものが見出されることが可能である。その一つは、そこからして理性が出発するところの諸命題そのものに関するものであって、それというのもアリストテレスが『命題論』第二巻(24a2)においてのべているところに従うと、「善いものは善いものである」という言明にたいしては「善いものは善いものではない」という言明が対立するからである。もう一つの仕方は理性が進めてゆく推論そのものに関するものであって、たとえば弁証的もしくは論証的三段論法にたいして詭弁的《きべんてき》三段論法が対立するのがそれにあたる。このように、虚偽の推論を行うところの理性によって真なる臆見 vera opinio という習慣、もしくは学知の習慣すらも消滅せしめられうることがあきらかである。ここからしてアリストテレスは、さきに言われたように(本項反対異論)、「誤謬は学知の消滅である」とのべている。

ところで、諸々の徳の中の或るものは知的なものであって、それらは『ニコマコス倫理学』第六巻(1139a1-3)に言われているように、理性そのもののうちに見出されるものである。それらについては学知もしくは臆見の場合と同一の論拠が妥当する。――これにたいして、或る徳は霊魂の欲求的なる部分に見出されるものであって、それらは倫理的なる徳である。そしてそれらに妥当するところの論拠はそれらに対立するところの諸々の悪徳 vitia についても妥当する。しかるに、(霊魂の)欲求的なる部分の諸習慣は、理性がその本性からして欲求的部分を動かすようになっている、ということによって生ぜしめられるものである。ここからして、何らかの仕方で、つまり無知、情念、あるいはまた(意図的な)選択などによって対立的なものへと動くところの理性の下す判断によって、徳もしくは悪徳の習慣は消滅せしめられるのである。

㈠については、それゆえ、こう言うべきである。『ニコマコス倫理学』第七巻(1152a31-36)に言われているように、習慣は自然本性との類似性を有するとはいえ、自然本性と同じところまでは達しない。したがって、事物の自然本性はけっして失われることはないが、習慣は――容易にではないが――失われることがある。

(二)についてはこう言うべきである。可知的形象に対立するようなものは何ら存在しないとはいえ、諸々の言明 enuntiationes ならびに理性が進める推論については、前述のように(本項主文)、それらと対立する何らかのものがありうるのである。

(三)についてはこう言うべきである。学知は、当の習慣の根元そのもの ipsa radix に関しては、身体的運動・変化 motus corporalis によって除去されることはなく、たんにその働きが妨げられることに関してのみである。つまり、知性がその働きを為すのに諸々の感覚的なる力を必要とするところから、これらの力にたいしては身体的な変動 transmutatio を通じて妨げがもたらされるのである。しかし、学知の習慣は理性の可知的なる運動・変化(95) motus intelligibilis によって、習慣の根元そのものに関しても消滅せしめられることが可能である。またこれと同様の仕方で徳の習慣もやはり消滅せしめられることが可能である。――とはいえ、「諸々の徳は諸々の学問よりもより永続的である」という命題は、(習慣の)基体あるいは原因に関してではなく、むしろ働きに関して理解すべきものである。というのは、諸々の徳の実践・行使 usus は生涯の全体にわたって連続するものであるが、諸々の学問の営み usus はそうではないからである。

＊a　videtur「……と思われる」と読む版もあるが、ピオ版、レオ版に従って ponitur と読む。
＊b　「基体が消滅しても」corruptione subjecti と付け加えている版もあるが、ピオ版、レオ版に従って省く。

第二項　習慣は弱減させられうるか

第二については次のように進められる。――習慣は弱減させられえない、と思われる。なぜなら

㈠　習慣は何らかの質であり、単純な形相である。しかるに単純なるものは全体として保持されるか、あるいは全体として喪失されるかである。それゆえ、習慣は消滅せしめられることが可能であるとはいえ、弱減せしめられることはできない。

㈡　付帯有 accidens に適合する convenire ところのものはすべて、それ自体に即して secundum se か＊、あるいはそれの基体のゆえをもって de ratione sui subjecti それ(付帯有)に適合する。しかるに、習慣はそれ自体に即しては強化せしめられることも弱

化せしめられることもない。さもなければ何らかの種 species がそれの(下にある)個物について、より多く・少なくという仕方で述語されるという帰結が生ずるであろう。[96] したがって、習慣は基体による(それの)分有という仕方で弱減せしめられうるのだとしたならば、習慣とその基体とに共通的ではないような何らかの固有なものが、習慣に付帯することになるであろう。しかるに、何らかの形相にたいして、その基体を超えて何らかの固有なものが適合する場合には、そうした形相はすべて(基体から)分離可能 separabilis なのであって、この点『霊魂論』第一巻(403a10-16)でのべられているごとくである。それゆえに、習慣は分離可能なる形相であるとの帰結が生ずるのであるが、それはありえないことである。

㈢　いかなる付帯有の場合もそうであるように、習慣の本質 ratio ならびに本性 natura はその基体への合体 concretio において成立するのであって、ここからしていかなる付帯有もその基体によって定義されるのである。それゆえ、もしも習慣がそれ自体に即して強化も弱化もされないのであれば、それの基体への合体に即しても secundum concretionem 弱減せしめられえないであろう。[97] したがって、習慣はいかなる仕方においても弱減せしめられることはない。

しかし、その反対に、対立的なるものはその本性からして同一のことがらをめぐって生じるものである。しかるに増強と弱減とは対立的なるものである。それゆえ、習慣が増強せられうるものであってみれば、それはまた弱減せしめられうるものでもあると考えられる。

私は答える――。

さきにのべたところからあきらかなように（第五十二問題第一項）、習慣は、それが増強せしめられる場合のように、二重の仕方で弱減せしめられる、と言うべきである。また、習慣は、それを生成せしめるのと同一の原因によって増強せしめられるように、それを消滅せしめるのと同一の原因によって弱減せしめられるのである。というのは、習慣の弱減は消滅へ向かっての道 via とも言うべきものであって、それは逆に習慣の生成はそれの増強にとっての基礎 fundamentum と言うべきものにあたるようなものである。

㈠については、それゆえ、こう言うべきである。それ自体に即して考えられた習慣は単純な形相であって、このようなものであるかぎり、それが弱減せしめられることはない。しかし、弱減ということは分有の仕方が様々に異なるのに従って起こりうるのであるり、こうした分有の異なる仕方は形相（つまり習慣）を分有するところの能力が不確定であること indeterminatio から生じるものである。すなわち、当の能力は一つの形相を様々なる仕方で分有することもできるし、あるいはより多い・ないしより少ないものへとおし拡げられることもできるのである。

㈡についてはこう言うべきである。この論拠は、もしも習慣の本質がいかなる仕方においても弱減せしめられることはない、というのであれば有効だったであろう。しかし、われわれはそのようなことを主張しているのではなく、習慣の本質における何らかの弱減は、その根源 principium を習慣からではなく、（習慣を）分有するところのものから有する、ということなのである。

㈢についてはこう言うべきである。付帯有は、それがどのような仕方で表示されようと、自らの本質に即して基体への依存性 dependentia をふくむのであるが、ただその仕方は様々なのである。というのは、（基体から）切り離して in abstracto 表示されたところの付帯有は、付帯有に始まって基体において終結するような基体への関係 habitudo を含意しているのであって、たとえば、白さ albedo は「それによって或るものが白いものであるところのもの」と言われるのである。したがって、（基体から切り離された）抽象的付帯有 accidens abstractum の定義においては、基体は定義のいわば第一の部分

――つまり類――として措定されるのではなく、むしろ第二の部分――つまり種差――として措定されるのである。なぜなら、われわれは、獅子鼻性 simitas は「鼻の湾曲」である、というふうに語るのである。しかし(基体と結びついた)具体的な付帯有においては、関係は基体に始まって付帯有において終結する。なぜなら、白いもの album は「白さを有するところのもの」である、と言われるのである。このゆえに、この種の(具体的)付帯有の定義においては、基体は定義の第一の部分たる類として措定される。なぜならわれわれは、獅子鼻 simus は「湾曲した鼻」である、というふうに語るからである。――このようなわけで、付帯有の本質そのものからしてではなく、基体に関して諸々の付帯有に適合するところのことは、付帯有にたいして抽象的に in abstracto 帰属せしめられているのではなく、具体的に in concreto 帰属せしめられているのである。そして、何らかの付帯有における強化や弱化とはこのようなものである。ここからして、白さ albedo についてより多く・より少なくということが語られるのではなくて、白いもの album についてなのである。そして習慣ならびに他の諸々の質についても同じ論拠があてはまる。ただしこれは、さきにのべたところからあきらかなように(第五十二問題第二項)、何らかの習慣が一種の付加という仕方で増強もしくは弱減せしめられる場合を別にしてのことである。

＊ピオ版、レオ版に従って「それ自体に即してか」secundum se vel を入れて読む。

第三項　習慣はたんに働きの中止のみによって消滅もしくは弱減させられるか

第三については次のように進められる。[98]――習慣はたんに働きの中止 cessatio ab opere のみによっては消滅もしくは弱減せしめられることはない、と思われる。なぜなら

(一) 前述のところからあきらかなように（第四十九問題第二項第三異論解答、第五十問題第一項）、習慣は諸々の受動的なる質 passibiles qualitates よりもより永続的である。しかるに諸々の受動的なる質は働きの中止によって消滅せしめられることも弱減せしめられることもない。[99] なぜなら白さは視覚に働きかけることをしなくても弱減せしめられるわけではなく、また熱は加熱することをしなくても弱減せしめられないからである。それゆえ、習慣も働きの中止によって弱減もしくは消滅せしめられることはない。

(二)　消滅と弱減は一種の変化 mutatio である。しかるに、何か動かすところの原因なしには何ものも変化させられることはない。したがって、働きの中止は何らの動かす原因もふくまないのであってみれば、働きの中止ということによって習慣の弱減もしくは消滅が生じることはありえないと考えられる。

(三)　学知ならびに徳という習慣は知的霊魂のうちに見出されるが、この後者は時を超える supra tempus ものである。しかるに、時を超えるところのものは時の長い経過を通じて消滅せしめられることも弱減せしめられることもない。それゆえ、この種の習慣も、たとえ或る人が長い間それを行使しなくとも消滅ないし弱減せしめられることはない。

しかし、その反対に、アリストテレスは『長命と短命について』(465a23)の中で、「学知の消滅」とは「誤謬《ごびゅう》」のみでなく、「忘却」もまたそれである、とのべている。また『ニコマコス倫理学』第八巻(1157b13)においても「疎遠 inappellatio が多くの友愛を解消させる」と言われている。そして同様の理由からして、諸々の徳に属する他の習慣も、働きの中止によって弱減もしくは除去せしめられるのである。

私は答える――。

『自然学』第八巻(254b7-8)で言われているように、或るものは二重の仕方で動かすものであることができる。その一つは、自体的 per se、すなわち自らに固有なる形相にもとづいて動かす場合であって、火が熱するのがその例である。もう一つは付帯的に per accidens 動かす場合であって、妨害を取り除くものが動かすものと言われるのがその例である。そして働きの中止が諸々の習慣の消滅もしくは弱減を生ずるのはこの後者の仕方においてである。すなわち、それは習慣を消滅ないし弱減せしめる諸原因を抑止していたところの働きが除去されるかぎりにおいてである。というのは、習慣は自体的には反対的な働きを為すもの agens contrarium によって消滅もしくは弱減せしめられると言われた(第一項)。ここからして、それに反対・対立するものが時の経過とともに増大するような種類の習慣――そうした反対・対立するものは当の習慣から発出するところの働きによって除去されなくてはならないのであるが――は、働きの中止が長びくと弱減させられるか、あるいはまた全面的に消去させられてしまいさえするのである。

このことは学知ならびに徳の場合についてあきらかに見られるごとくである。なぜなら、倫理的徳の習慣が人間をして、諸々の行為 operationes ならびに情念 passiones において速やかに中道を選ばせることはあきらかである。これにたいして、或る人が徳の習慣を行使して自らに固有の情念や行為を抑制することをしなかったならば、感覚的欲求の傾向性、ならびに人間を外から動かすと他のものの傾向性からして、徳の節度 modus から外れた多くの行為や情念が生じてくるのを避けることはできない。このようなわけで、働きの中止によって徳は消滅もしくは弱減せしめられるのである。——人間をして諸々の感覚的表象 imaginata について正しく判断することを容易ならしめるところの、諸々の知的習慣 habitus intellectuales についても同様のことがあてはまる。したがって、人がもし知的習慣の行使を中止すると、無関係な extranea、時として反対方向へと導くような感覚的表象がわき起こってくるものであって、ひんぱんに知的習慣を行使することによって(これら感覚的表象を)何らかの仕方で切り取るかもしくは抑止しなかったならば、人間は正しく判断する能力が減退し、時としては反対方向へと全面的に傾かしめられてしまうことになる。このような次第で、働きの中止によって知的習慣は弱減もしくは消滅さえもさせられるのである。

(一)については、それゆえ、こう言うべきである。つまり、もし熱 calor が熱することを中止することによって、熱いもの calidum を消滅させる冷たいもの frigidum が増大してくるのであったならば、やはり熱も熱することの中止によって消滅せしめられるということになったであろう。

㈡についてはこう言うべきである。働きの中止が消滅もしくは弱滅へと動かすものであると言われるのは、さきに言われたように(本項主文)、妨害を除去するものという意味においてである。

㈢についてはこう言うべきである。霊魂の知的部分はそれ自体に即しては時を超越している。だが感覚的部分は時に下属しているのである。したがって、霊魂は欲求的部分の受動・情念 passio に関して、さらにまた(感覚的)認識の諸能力に関するかぎり、時間の経過にともなって変動せしめられる。ここからしてアリストテレスは『自然学』第四巻(221a32)において、時は忘却の原因である、とのべているのである。

第五十四問題（全四項）
習慣の区別について

次に諸々の習慣の区別 distinctio について考察しなくてはならない。この点をめぐって次の四つのことがらが探求される。

第一　一つの能力のうちに多くの習慣が存在しうるか
第二　諸々の習慣は対象にもとづいて区別されるか
第三　諸々の習慣は善・悪に即して区別されるか
第四　一つの習慣が多くの習慣から成立することがあるか

第一項　一つの能力のうちに多くの習慣が存在しうるか

第一については次のように進められる。[100]——一つの能力のうちに多くの習慣が存在することは不可能である、と思われる。なぜなら

㈠　同一のものに即して区別されるところのことどもにあっては、その一つが多数化されるならば、他のものもまた多数化される。しかるに、諸々の能力と習慣とは同一のもの、すなわち働き・行為 actus と対象 objectum にもとづいて区別される。それゆえ、それらは同様の仕方で多数化される。したがって、一つの能力のうちに多数の習慣が存在することは不可能である。

㈡　能力 potentia は何らかの単純なちから virtus である。しかるに、一つの単純な基体 subjectum のうちに様々なる付帯有が見出されることは不可能である。なぜなら基体は付帯有の原因だからである。しかるに一つの単純なるものからはただ一つのものしか発出するとは思われない。それゆえに一つの能力のうちに多くの習慣が存在することは不可能である。

㈢　物体が形状 figura によって形を与えられるように、能力は習慣によって形を与えられる。しかるに一つの物体が同時に様々なる形状によって形を与えられることは不可能である。したがって、一つの能力が同時に様々なる習慣によって形を与えられることも不可能である。それゆえ、多数の習慣が同時に一つの能力のうちに存在することは不可能である。

しかし、その反対に、知性は一つの能力であるが、知性のうちには多様なる学知(101)の習慣が存在する。

私は答える――。

さきに言われたように(第四十九問題第四項)、習慣は或るもの――この或るものは自然本性 natura であるか、あるいは働き operatio ないし自然本性の目的・終極 finis である――にたいして可能態にあるところのものにおいて見出される、何らかの状態・秩序づけ dispositio である。ところで、自然本性への秩序づけたるところのかの習慣について言えば、一つの基体のうちに数多くの習慣が存在しうることは明白である。というのは、一つの基体が種々の違った部分をもちうるからであり、これら諸部分の秩序づけが習慣と呼ばれるものなのである。たとえば、人間の身体が、人間本性にもとづいて秩序づけられているかぎりでの諸々の体液 humores という部分から成ると解したならば、健康 sanitas という習慣ないし状態が成立する。これにたいして、身体の部分として筋、骨、肉のような類似的部分を考えた場合には、自然本性への関係におけるこれらのものの秩序づけは強壮さ fortitudo ないしは虚弱さ macies である。さらに手、足などのような肢体が身体の部分として考えられた場合には、自然本性に合致するようなそれらのものの秩序づけは美 pulchritudo である。このようにして、同じもの(基体)のうちに数多くの習慣もしくは状態が見出される。

これにたいして、もしわれわれが働き――それらは本来的に proprie 諸々の能力に属するものである――への秩序づけ・状態たるような習慣について語るのであれば、この場合にもやはり一つの能力のうちに数多くの習慣が存在する、という事態が見出される。このことの根拠は、さきに言われたように(第五十一問題第二項)、習慣の基体たるものは受動的なる能力 potentia passiva である、ということに存する。なぜなら、たんに能動的であるところの能力は、前述のところからあきらかなように(第五十一問題第二項)、何らかの習慣の基体たることはないからである。しかるに、受動的なる能力は一つの種に属する特定の働きにたいして、質料が形相にたいするような関係にある――というのは、質料が一つの能動的原因 agens によって一つの形相へと確定されるように、受動的なる能力もまた一つの能動的なる対象*にもとづいて種に即して一である働きへと確定されるものだからである。ここからして、数多くの対象が一つの受動的なる能力を動かすことが可能であるように、そのように一つの受動的なる能力が種に即して多様なる諸々の働き・現実態 actus もしくは完全性 perfectiones の基体たることが可能なのである。しかるに、習慣とは能力に内存するところの何らかの質ないしは形相なのであって、それらによって能力は種に即して確定された諸々の働きへと傾かしめられるのである。ここからして、一つの能力により多くの習慣が属することが可能なのであって、それは一つの能力にたいして種的に異なったより多くの働きが属しうるのと同様である。

(一)については、それゆえ、こう言うべきである。『形而上学』第五巻(1024b9-16)において言われているように、自然的なる諸事物においては、諸々の種の多様性 diversitas specierum は形相にもとづくものであるのにたいして、諸々の類の多様性 diversitas generum は質料にもとづくものであるように(なぜなら、質料において異なっているものが類において異なっているものであるから)、そのようにまた、類に即しての諸々の対象の多様性が諸々の能力の区別を成立せしめるのである(ここからしてアリストテレスは『ニコマコス倫理学』第六巻(1139a8-10)において、類において相互に異なっている事物にたいしては、やはり類的に異なった霊魂の諸部分が対応する、とのべている。しかるに他方、種に即しての諸々の対象の多様性は、種に即しての諸々の働きの多様性、したがってまた諸々の習慣の多様性を成立せしめるのである。しかるに類的に多様であるところのものはすべて種的にも多様であるが、その逆は成立しない。したがって諸々の多様なる能力に属する働き、および習慣は種的に多様であるが、多様なる習慣が多様なる能力に属するものであることは必ずしも必要ではなく、むしろ一つの能力について数多くの習慣が成立しうるのである。そして、諸々の類をふくむ類、諸々の種をふくむ種なるものがあるように、諸々の習慣ならびに能力について多様なる種が見出される、ということが起こるのである。

㈡についてはこう言うべきである。能力 potentia は、本質 essentia に即して言えば単純であるとはいえ、種的に異なった多くの働きへと自らをおしひろげるかぎりにおいて、そのちから virtus に関して言えば数多的である。それゆえ、一つの能力のうちに種的に異なった多くの習慣があることを妨げるものは何もない。

㈢についてはこう言うべきである。物体が形状によって形を与えられるのは後者が物体を限界づける固有の極限 propria terminatio であるという仕方による。これにたいして習慣は能力にとっての極限ではなくて、究極的な終点 terminus ultimus である働きへと能力を秩序づけるものである。したがって、一つの能力について同時に数多くの働きが見出されるということはありえない——その中の一つが他のものの下に包括されるという仕方においてであれば事情は別であるが。そのようにまた、一つの物体についてより多くの形状が見出されることもありえない——三角形が四角形のうちにふくまれているように、その一つが他のものにふくまれているという仕方を別にすれば。なぜなら、知性は同時に多くのことがらを現実態において actu 認識する intellgere ことはできないのである。だが、同時に習慣的に habitu 多くのことを知っている scire ということは可能なのである。

＊　ピオ版、レオ版に従って「能動的なる」activi を補って読む。

第二項　諸々の習慣は対象にもとづいて区別されるか

第二については次のように進められる。(102)——諸々の習慣は対象 objectum にもとづいて区別されるのではない、と思われる。なぜなら

㈠　互いに反対・対立的なるものは種的に異なるものである。しかるに、医学が健康なるものと病気におかされたものとにかかわるように、同一の学知なる習慣が互いに反対・対立的なるもの(の両方)にかかわっている。それゆえ、習慣は種的に異なるところの諸対象に即して区別されるのではない。

㈡　異なった種々の学知とはすなわち異なった種々の習慣である。しかるに同一なる学知の対象⑽ scibile が異なった諸々の学知に属するのであって、たとえば、『自然学』第二巻(193b25-27)で言われているように、自然哲学者も天文学者も大地が円《まる》いものであることを論証しているのである。それゆえ、諸々の習慣は対象に即して区別されるのではない。

㈢　同一の働き・行為には同一の対象が属する。しかるに同一の行為であっても、それが異なった種々の目的に関係づけられる場合には、諸々の徳の異なった習慣に属するものたることが可能である。たとえば、或る人にお金を与えることは、神の(愛の)ゆえに為《な》されるならば、愛徳 caritas に属する。しかし負債を支払うために為されるならば、正義(の徳) justitia に属するものとなる。それゆえ、同一の対象が異なった種々の習慣に属することも可能である。それゆえに習慣の多様性は対象の多様性にもとづくものではない。

しかし、その反対に、さきに言われたように(第十八問題第五項)、諸々の働き・行為は対象の多様性に即して種的に異なったものとなる。しかるに、諸々の習慣は働き・行為へと秩序づけられている何らかの状態である。それゆえ、諸々の習慣もまた異なった種々の対象に即して区別される。

私は答える――。

習慣は、一種の形相forma(104)であって、習慣である、と言うべきである。したがって、諸々の習慣の種的区別という問題は、諸々の形相が種的に区別される場合の共通の仕方にもとづいてか、あるいは習慣に固有なる区別の仕方にもとづいて考察することが可能である。ところで、諸々の形相は(それらを生じさせる)様々の異なった能動的根源principia activaに即して区別される。なぜならすべての能動的原因は種に即して(自らと)類似したものを生じるからである。――しかるに、習慣は何らかのものへの秩序づけを含意している。ところが、何らかのものへの秩序づけにもとづいて語れるところのすべてのものは、それらが関連づけられている当のことがらの区別にもとづいて区別される。しかるに習慣は二つのものに秩序づけられているところの、何らかの状態である。

すなわち、その二つとは自然本性 natura と、自然本性にともなうところの働き operatio である。

このようなわけで、習慣は三つのものにもとづいて種的に区別される。すなわち、第一に諸々の習慣はこうした状態を生じるところの能動的根源に即して区別される。第二の仕方は、自然本性に即しての区別である。第三の仕方は、種的に異なった諸々の対象にもとづく区別であって、これについては以下において解明されるであろう。

(一)については、それゆえ、こう言うべきである。諸々の能力あるいはまた習慣を区別するにさいしては、対象そのもの ipsum objectum を質料的に materialiter 考察すべきではなく、むしろ種的、あるいはまた類的に異なっているところの、対象の形相的側面 ratio objecti を考察すべきである。(105) しかるに、反対・対立的なる事物は実在的な差異のゆえに相互に種的に異なっているとはいえ、それらを認識するための根拠 ratio は両者について同一である。なぜなら、その一方は他のものを通じて認識されるからである。したがって、それらは一つの認識根拠 ratio cognoscibilis を有する点で合致するかぎりにおいて、一つの認識的習慣 habitus cognoscitivus に属するのである。

(二)についてはこう言うべきである。大地が円いことを論証するにさいして、自然哲学者と天文学者とではその用いる論証媒介 medium はそれぞれ異なっている。なぜなら、天文学者はこのことを諸々の蝕 ecripsis の形象、あるいはこの種の別のもののように、数学的媒介を用いて論証するのにたいして、自然哲学者は同じことを、重い物体が(地の)中心へ向かう運動とか、あるいはこの種の別のことがらのように、自然界の現象を媒介として論証するのである。しかるに、『分析論後書』第一巻(71b18)において「学知を生じる三段論法」と呼ばれているところの論証においては、その論証効力はすべて論証媒介(媒概念)に依存する。したがって、様々なる論証媒介は、それらに即して種々の学知の習慣が区別されるところの、様々なる能動的根源 principia activa にあたるものと言えるのである。

(三)についてはこう言うべきである。アリストテレスが『自然学』第二巻(200a15-24)、および『ニコマコス倫理学』第七巻(1151a16)でのべているように、行為の領域 operabilia において目的・終極 finis が果たす役割は論証の領域 demonstrativa において原理・始源 principium が果たす役割と同様である。したがって、能動的根源の多様なるに応じて諸々の徳が多様化されるように、諸々の目的の多様なるに応じて徳は多様化されるのである。――じっさいまた当の諸目的・終極は内的行為の対象でもあるのであって、それらは前述のところからあきらかなように(第十八問題第六項、第十九問題第二項第一異論解答、第三十四問題第四項)、他の何ものにもまして徳にかかわるものなのである。

第三項　諸々の習慣は善・悪に即して区別されるか

第三については次のように進められる。[106]──諸々の習慣は善・悪に即して区別されるのではない、と思われる。なぜなら

(一) 善と悪とは反対・対立的なるものである。しかるに、さきに言われたように(第二項第一異論解答)、同一の習慣が反対・対立的なるものにかかわっている。それゆえ、諸々の習慣は善・悪に即して区別されるのではない。

(二) 善は有 ens と置きかえられる。[107] このように善はすべてのものに共通的なるものであるから、何らかの種の種差と解されることは不可能であって、これはアリストテレスが『トピカ』第四巻(127a26–38)においてあきらかにしているごとくである。同様に悪もやはり、欠如 privatio であり非有 non ens なのであってみれば、何らかの有の種差たることはできない。それゆえに、諸々の習慣が善・悪に即して種的に区別されることは不可能である。

(三)　同一の対象に関して様々の異なった悪い習慣が成立することがあるのであって、欲望(108) concupiscentia に関する不節制 intemperantia や無感動(109) insensibilitas はその例である。また同様に(同一の対象に関して)数多くの善い習慣が成立することもあるのであって、アリストテレスが『ニコマコス倫理学』第七巻(1145a17-20)でのべているように、人間的なる徳 virtus humana に加えて英雄的もしくは神的なる徳 virtus heroica sive divina もあるのである。それゆえ、諸々の習慣は善・悪に即して区別されるのではない。

しかし、その反対に、善い習慣は悪い習慣にたいして、徳 virtus が悪徳 vitium にたいするように、反対・対立している。しかるに反対・対立するものは種的に異なるものである。それゆえ、諸々の習慣は善および悪という種差に即して種的に異なっている。

私は答える――。

さきに言われたように(第二項)、諸々の習慣は対象 objectum ならびに能動的根源 principium activum に即してのみでなく、自然本性への秩序づけ ordo ad naturam においてもまた種的に区別される。ところで、このことは二つの仕方で起こる。その一つは自然本性への適合 convenientia あるいはまた自然本性との不適合 inconvenientia にもとづくものであって、善い習慣と悪い習慣とはこのような仕方で種的に区別されるのである。それというのも、行為主体 agens の自然本性に適合するところの働きへと秩序づける習慣が善い習慣と呼ばれ、自然本性に適合しないところの働きへと秩序づける習慣が悪い習慣と呼ばれるのだからである。すなわち、諸々の徳の働きは、それらが理性にかなうものであるところから人間の自然本性に適合するものであり、これにたいして諸々の悪徳の働きは理性に反するものであるところから、人間の自然本性とは合致しないのである。このような次第で、善と悪という種差に即して諸々の習慣が種的に区別されることは明白である。

諸々の習慣が自然本性に即して区別されるところのもう一つの仕方は、一つの習慣は低次の自然本性に適合するところの働きへと秩序づけるのにたいして、他の習慣は高次の自然本性に適合するところの働きへと秩序づける、ということにもとづくものである。すなわち、人間的な自然本性 natura humana に適合するところの働きへと秩序づける人間的徳が、何らかの高次の自然本性に適合する働きへと秩序づける神的、もしくは英雄的徳 virtus divina vel heroica から区別されるのはこのような仕方によるものである。

㈠については、それゆえ、こう言うべきである。反対・対立的なるものが一つの本質側面 ratio において一致するかぎりにおいては、それらのものについて一つの習慣が成立することが可能である。しかし反対・対立的なる習慣が一つの種に属するということはけっしてありえない。なぜなら、諸々の習慣が反対・対立的であるのは反対・対立的なる本質側面にもとづくものだからである。そして諸々の習慣が善・悪に即して区別されるのはこのようにしてである——つまり、一つの習慣が善いものであり他の習慣が悪いものであるかぎりにおいてであって、一つが善にかかわり、他のものが悪にかかわっていることにもとづくのではない。

㈡についてはこう言うべきである。すべての有に共通的なる善 bonum commune が、何らかの習慣の種を成立せしめるところの種差であるのではなく、特定の自然本性、つまり人間の自然本性への適合ということにもとづく、何らかの確定された善 bonum determinatum がそのような種差である。同様にまた、習慣を種として成立せしめる種差であるところの悪とは純粋な欠如 privatio pura ではなく、特定の自然本性に反するところの或る確定されたものである。

㈢についてはこう言うべきである。前述のように(本項主文)、種的に同一のものに関して成立するところの数多くの善い習慣は、異なった諸々の自然本性への適合ということにもとづいて区別される。これにたいして、同一の働きに関して成立するところの数多くの悪い習慣は、自然本性に適合するものへの様々なる背反 repugnantia ということにもとづいて区別されるのであって、たとえば一つの徳にたいして、同じことがらにかかわるところの様々なる悪徳が反対・対立しているのである。

第四項　一つの習慣が多くの習慣から成立することがあるか

第四については次のように進められる。[110]——一つの習慣は数多くの習慣から成立するものである、と思われる。なぜなら

(一)　或るものが同時的にではなく、次第に生成されるものであるときには、そのものは数多くの部分から成立していると考えられる。しかるに習慣の生成は、前述のように(第五十一問題第三項)、同時的にではなく数多くの働きからして次第に行われる。それゆえに、一つの習慣は数多くの習慣から成立している。

(二)　全体は諸々の部分から成立している。しかるに、キケロ[111]が剛毅 fortitudo や節制 temperantia、およびその他の諸徳について多くの部分があるとしているように、一つ

の習慣にたいして多くの部分がふりあてられることがある。それゆえに、一つの習慣は数多くの習慣から成立している。

㈢　われわれはただ一つの結論について現実にも actu、また習慣という仕方でも habitu 知識・学知 scientia をもつことが可能である。しかるに、幾何学とか数論の場合に見られるように、一つの全体をなす学知には多くの結論がふくまれている。それゆえに、一つの習慣は多くの習慣から成立している。

しかし、その反対に、習慣は何らかの質であるからして、単純な形相 forma simplex である。しかるに、いかなる単純なるものも数多くのものから成立することはない。それゆえ、一つの習慣が数多くの習慣から成立することはない。

私は答える——。

働き・作用 operatio へと秩序づけられているところの習慣——われわれがここで主要的に principaliter かかわっているのはそのような習慣であるが——は、能力(可能態) potentia が何らかの仕方で完成された状態 perfectio である。しかるにすべての完全性は、それによって完成されるべきもの perfectibile に対応している。したがって、能力

(可能態)が一つのものでありながら多くのもの――それらが何か一つのもの、つまり一般的に in generali 対象の或る形相的側面 ratio objecti に関して一致するかぎり――へと手をひろげることができるように、そのようにまた習慣も多くのものへと手をひろげることができるのである。それはつまり、前述のところからあきらかなように、それら多くのものが何か一つのもの、たとえば対象の一つの種的側面 ratio specialis、一つの自然本性、もしくは一つの(能動的)根源などへの秩序づけを有するかぎりにおいてである。

したがって、もしわれわれが習慣を、それがかかわっている諸々の事物に即して考察するならば、習慣のうちに何らかの多数性 multiplicitas を見出すことになる。しかし、この多数性は、当の習慣が主要的にかかわっているところの或る一つのものへと秩序づけられているがゆえに、習慣は単純なる質 qualitas simplex であって、多くのものへと手をひろげているとはいえ、数多くの習慣から成立しているのではない。なぜなら、一つの習慣は、それが一たること unitas の根源である一つのものへの秩序づけにおいてでなければ、多くのものへと手をひろげることはないからである。

㈠については、それゆえ、こう言うべきである。習慣の生成が順次行われることは、その一つの部分が他の部分の後で生成されるということからして起こるのではなく、むしろ(習慣の)担い手が堅固で firma 変化し難い difficile mobilis ような状態 dispositio をすぐには statim 獲得しないということによるのである。つまり、当の状態はまず不完全な仕方で担い手のうちに存在し始め、次第に paulatim 完全な状態へともたらされる、ということによるのである。

(二)についてはこう言うべきである。これは他の諸々の質においても認められるところである。個々の枢要徳 virtus cardinalis にわりあてられているところの諸部分は、それらからして全体が成立するところの構成的部分 partes integrales ではなくて、主語的 subjectivae もしくは可能的 potentiales 諸部分なのであって、この点、後であきらかにされるごとくである(第五十七問題第六項第四異論解答、第二部の第二部第四十八問題)。

(三)についてはこう言うべきである。何らかの学知 scientia において、論証によって一つの結論についての知識 scientia を獲得した者は、たしかに習慣を有するのではあるが、不完全な仕方で有しているにとどまる。これにたいして、その人が何らかの論証によって他の結論についての知識を獲得した場合、かれのうちに別の習慣が生ずるのではなくて、むしろ以前かれのうちにあった習慣が、より多くのものへと手をひろげるかぎりにおいて、より完全なものたらしめられるのである。それというのも、一つの学知に属する諸々の結論や論証は秩序・体系化されていて ordinatae、その中の一つは他のものから導き出されるからである。

＊ レオ版に従って habent と読む。ピオ版では habet とあり、この場合「有する」の主語は habitus（習慣）である。

第五十五問題（全四項）
徳の本質について

つづいて諸々の習慣をその特殊相において in speciali 考察しなくてはならない。ところで、習慣は前述のように（第五十四問題第三項）、善・悪によって区別されるのであるから、第一に善い習慣、すなわち諸々の徳 virtutes と、それらに結びついているところの他のもの、つまり諸々の賜物《たまもの》 dona、諸々の至福 beatitudines および（聖霊の）結実 fructus についてのべなくてはならない。第二に悪い習慣、つまり諸々の悪徳 vitia と罪 peccata についてのべなくてはならない。

ところで、諸々の徳については五つのことがらを考察しなくてはならない。第一に徳の本質について。第二に徳の基体について。第三に諸々の徳の分類について。第四に徳の原因について。第五に徳の若干の特性について。

第一の点をめぐって次の四つのことがらが探求される。
第一　人間的徳 virtus humana は習慣であるか
第二　それは作用的習慣 habitus operativus であるか
第三　それは善い習慣であるか
第四　徳の定義について

第一項　人間的徳は習慣であるか

第一については⑿次のように進められる。――人間的徳は習慣ではない、と思われる。なぜなら

㈠『天体論』第一巻(281a15)で言われているように、徳は「能力の極限 ultimum」である。しかるにいかなるものの極限も、自らがそれの極限であるところの類へと還元されるのであって、たとえば点が線の類へと還元されるようにである。それゆえに、徳は能力(可能態)の類へと還元されるのであって、習慣(能力態)へではない。

(二)　アウグスティヌスは『自由意思論』第二巻(第十九章、PL32, 1268)において「徳は自由意思 liberum arbitrium を善く行使することである」とのべている。しかるに自由意思の行使は働き(現実態) actus である。それゆえに、徳は習慣(能力態)ではなくて、働き(現実態)である。

(三)　われわれが功徳を得る mereor のは諸々の習慣によってではなく、働きによってなのであって、そうでなければ人はたえず――眠っているときでも――功徳を得ることになるであろう。しかるにわれわれは徳によって功徳を得るのである。それゆえに、徳は習慣ではなく働きである。

(四)　アウグスティヌスは『カトリック教会の道徳について』(第十五章、PL32, 1322)の中で「徳は愛の秩序 ordo amoris である」[113]とのべている。また『八十三問題の書』(第三十問題、PL40, 19)の中では「徳と呼ばれるところの秩序づけ ordinatio は享受すべきものを享受し、使用すべきものを使用することである」[114]とのべている。しかるに秩序 ordo もしくは秩序づけ ordinatio とは働き actus、もしくは関係 relatio を名づけたものである。それゆえに、徳は習慣ではなくて、働きもしくは関係である。

(五)　人間的徳なるものが見出されるのと同じように自然本性的徳 virtus naturalis なるものも見出される。しかるに自然本性的徳と言われるものは習慣ではなく、何らかの能力 potentia である。それゆえに、人間的徳なるものも習慣ではない。

しかし、その反対に、アリストテレスは『カテゴリー論』(8b29)において学知 scientia および徳 virtus を習慣であるとしている。

私は答える——。

徳とは能力 potentia の何らかの完全性 perfectio を名づけたものである。しかるに、いかなるものの完全性も、何にもましてそれの終極・目的 finis との関連において考察されるものである。ところで、能力(可能態) potentia の終極たるものは働き(現実態) actus である。したがって、能力(可能態)は、おのれの働き(現実態)へと確定づけられているのに応じて、完全であると言われる。

しかるに、能動的な自然(本性)的能力 potentia naturalis activa の場合に見られるように、諸々の能力のうちの或るものはそれ自身に即しておのれの働きへと確定されている。ここからして、この種の自然的能力はそれ自身に即してちから(徳) virtutes と呼ばれるのである。——しかるに、人間にとっての固有的な能力たる理性的能力 potentia rationalis は一つのものへと確定されているのではなく、多くのものへと不確定な仕方で indeterminate 関係づけられている。前述のところからあきらかなように（第四十九問題第四項）、それらは習慣によって働きへと確定されるのである。それゆえに、諸々の人間的徳は習慣である。

㈠については、それゆえ、こう言うべきである。時として、徳がそれへと向かうところのもの、たとえば徳の対象もしくは徳の働きが徳と呼ばれることがあるのであって、或る時は信仰されているところのことがらが信仰 fides と呼ばれ、或る時は信仰するという働きそのもの ipsum credere が信仰と呼ばれることがある。しかし、或る時にはそれによって信仰の働きが為されるところの習慣そのものが信仰と呼ばれるのである。こういうわけで、徳は能力の極限である、と言われる場合の「徳」は徳の対象の意味に解されている。なぜなら、およそもののちから virtus rei ということが言われるのは、能力が究極的にここまで為しうる、というそのこととの関係においてだからである。たとえば、もし或る人が百ポンドの重さのものを担いうるが、それ以上はできないのであれば、その人のちから virtus は百ポンドにもとづいて考察されるのであって、六十ポンドにもとづいてではない。しかるに異論は、あたかも徳が本質的な意味で essentialiter 能力の極限であるかのように論を進めていたのである。

㈡についてはこう言うべきである。自由意思の善き使用が徳であると言われるのも同じ理由にもとづいてである。その理由は、つまり、徳はそれ(自由意思の善き行使)へと、固有の働きにたいするように秩序づけられているからである。なぜなら、徳の働きとは自由意思の善き行使以外の何ものでもないからである。

㈢についてはこう言うべきである。われわれが何かによって功徳 meritum を得ると言われるのは二つの仕方においてである。その一つは、われわれが(現実に)走ることでもって走っていると言われる場合のように、功徳そのものによる場合であって、この場合にはわれわれは働きによって功徳を得るのである。もう一つの仕方は、われわれが運動能力 potentia motiva でもって走っていると言われる場合のように、功徳を得る根源 principium merendi とも言うべき何ものかによって功徳を得ると言われる場合であって、この場合にはわれわれは諸々の徳ならびに習慣によって功徳を得ると言われるのである。

㈣についてはこう言うべきである。徳が愛の秩序もしくは秩序づけ ordo vel ordinatio amoris と呼ばれるのは、徳がそれのためにあるところのもの、という観点からであって、というのもわれわれにおいて愛は徳を通じて秩序づけられるのだからである。

㈤についてはこう言うべきである。自然(本性)的能力はそれ自体において一つのことへと確定されている determinata のであるが、理性的能力はそうではない。したがって前述のように（本項主文）、こうした比較はなりたたない。

第二項　人間的徳は作用的習慣であるか

第二については[115]次のように進められる。——作用的習慣 habitus operativus であることは人間的徳の本質に属するものではない、と思われる。なぜなら

(一)　キケロは『トゥスクルム対話録』第四巻（第十三章）において、「身体の健康や美がしかあるように、霊魂の徳もそれと同じ仕方で見出される」とのべている。しかるに健康とか美*は作用的習慣ではない。それゆえ、徳もまたそうではない。

(二)　諸々の自然的事物においては作用 agere への力（徳）virtus のみではなく、存在 esse への力もまた見出されるのであって、これはアリストテレスが『天体論』第一巻（281a28）において次のようにあきらかにしているごとくである。すなわち、或るものは常に存在しうるような力を有するのにたいして、或るものは常にではなく、或る確定さ

れた時間だけ存在しうるような力を有する。しかるに、諸々の自然的事物において自然的なる力(徳)virtus naturalis が見出されるのと同じような仕方で、理性的なる存在においては人間的なる徳 virtus humana が見出されるのである。それゆえ、人間的なる徳もまた、たんに作用へと秩序づけられているのみでなく、存在へも秩序づけられている。

㈢　アリストテレスは『自然学』第七巻(246b23)において、徳とは「完全なるものの、最善なるものへの秩序づけ・状態である」とのべている。しかるに、人間が徳を通じてそれへと秩序づけられるべき最善なるものとは神自身であって、この点、アウグスティヌスが『カトリック教会の道徳について』第三巻(第三章、PL32, 1347)の中で立証しているごとくである。すなわち、霊魂は神へと同化 assimilatio という仕方で秩序づけられるのである。それゆえ、徳とは、(霊魂を)神へと同化せしめるものとしての、神への秩序づけにおける霊魂の或る質を名づけたものであるように思われる。だが、それは作用への秩序づけにおいて捉えられてはいない。それゆえ、習慣は作用的ではない。

しかし、その反対に、アリストテレスは『ニコマコス倫理学』第二巻(1106a15)において、「およそいかなる事物の徳(力)も、そのものの働きを善きものたらしめるものである」とのべている。

私は答える――。

さきにのべたように(第一項)、徳 virtus はその名称の意味するところそのものからして ex ipsa ratione nominis 能力が何らかの完全性に達していることを含意する。ここからして、能力(可能性) potentia には存在 esse へのそれと働き・作用 agere へのそれの二つのものがあるところから、これら両者の能力についてその完全性が徳と呼ばれる。しかるに、存在への可能性は、可能態における有 ens in potentia であるところの質料の側において見出されるが、これにたいして働き・作用への能力は形相の側に見出されるのであって、形相は働き・作用の根源 principium agendi である。それというのも、およそいかなるものもそれが現実態においてあるかぎりで働き・作用を為すものだからである。

ところで人間の構成 constitutio を見ると、身体が質料の位置をしめるのにたいして、霊魂は形相の位置をしめる。そして、身体に関して言えば人間は他の諸々の動物と共通なのであって、この点、霊魂と身体とに共通であるような諸能力(116) vires についても同様である。これにたいして霊魂に固有的であるところの諸能力、すなわち理性的諸能力 vires rationales は人間のみに見出されるものである。したがって、われわれが問題にしているところの人間的徳 virtus humana は身体に属することはできないのであって、ただ霊魂にとって固有的であるところのものに属する。ここからして人間的徳は存在 esse への秩序・関連を含意するものではなくて、むしろ働き・作用 agere への関連を含意するものである。それゆえに、作用的習慣たることが人間的徳の本質に属するのである。

㈠については、それゆえ、こう言うべきである。行為の様相 modus actionis は行為主体の状態 dispositio agentis によって左右される。なぜなら、いかなるものもそれがかくかくであるのに応じて、そのように作用するからである。[17] したがって、徳は何らかの作用の根源であるからして、作用主体 operans のうちにその徳にもとづいて何らかの（それと）合致した状態 dispositio conformis が先在するのでなければならない。しかるに徳は秩序づけられた作用 operatio ordinata を生ぜしめるものである。したがって、霊魂の諸能力が相互に、また外にあるものにたいして何らかの仕方で秩序づけられるかぎりにおいて、徳そのものが霊魂のうちなる一種の秩序づけられた状態であると言える。なわけで、徳は、それが霊魂の適当なる状態 dispositio conveniens であるかぎ の適正なる状態 dispositiones debitae たる健康ならびに美になぞらえ のことによって徳がまた作用の根源でもあることが排除されるのではない。

(二)についてはこう言うべきである。存在へと秩序づけられた力(徳)virtus は人間に固有なるものではなく、人間に固有的であるところの、理性の諸作用へと秩序づけられた徳のみが人間に固有なるものである。

(三)についてはこう言うべきである。神の実体 substantia はその行為 actio と同一であるからして、(118)人間の神にたいする最高の一致・同化 assimilatio は何らかの作用 operatio に即してのものである。したがって、さきに言われたように(第三問題第二項)、人間がそれを通じて最高度に神に合致せしめられるところの幸福 felicitas もしくは至福 beatitudo——は作用のうちに存するのである。

＊ aegritudo「病気」と読む版もあるが、レオ版、ピオ版に従って pulchritudo と読む。

第三項　人間的徳は善い習慣であるか

第三については(119)次のように進められる。——善い習慣 habitus bonus であるというこ

とは徳の本質に属するものではない、と思われる。なぜなら

㈠　罪は常に悪いものと解されるのであるが、『コリント人への第一書翰《だいいちしょかん》』第十五章（第五十六節）において「罪の力（徳）virtus は律法である」と言われているところに従うと、罪にも何らかの力（徳）virtus が属しているのである。それゆえに、徳は常に善い習慣であるのではない。

㈡　徳は能力 potentia に対応するものであるが、能力はたんに善にたいしてのみでなく悪にたいしても関係づけられるのであって、この点『イザヤ書』第五章（第二十二節）に次のように言われているごとくである。「お前たち、酒に強い者、また強い酒を混ぜあわせることにかけての豪の者は禍《わざわ》いである。」それゆえに、徳もまた善ならびに悪の両方にかかわりをもつものである。

㈢　使徒パウロが『コリント人への第二書翰』第十二章（第九節）でのべているところによると「徳（力）virtus は弱さにおいて完成される」。しかるに弱さは何らかの悪である。それゆえに、徳は善にたいしてのみでなく、悪にたいしても関係づけられるのである。

しかし、その反対に、アウグスティヌスは『カトリック教会の道徳について』第一巻

（第六章、PL32, 1314）の中で「徳が霊魂を最善のものたらしめることを疑う者はよもやいないだろう」とのべている。またアリストテレスは『ニコマコス倫理学』第二巻（1106a15）において「徳はそれを有する者を善き者とし、またかれの業《わざ》を善きものたらしめる」とのべている。

私は答える——。

前述のように（第一項）、徳（力）virtus は能力（可能態）potentia が完成された状態を意味する。ここからして、いかなる事物の力（徳）virtus も、その事物が到達しうる極限 ultimum でもって確定されるのであって、この点『天体論』第一巻（281a14）に言われているごとくである。しかるにいかなる能力においてもそれが到達しうる極限は善いものでなければならない。なぜなら、すべての悪は何らかの欠陥を意味するものだからである。ここからしてディオニシウスも『神名論』第四章（PG3, 732）において「すべての悪は弱いものである」とのべている。したがって、いかなる事物においてもその徳は善への関連において言われるのでなければならない。ここからして作用的習慣 habitus operativus たるところの人間的徳は善い習慣であり、善を為さしめる operativus boni ところの習慣である。

(一)については、それゆえ、こう言うべきである。「完全な」という言葉の場合と同じように「善い」という言葉も、比喩的な意味で諸々の悪いものについて語るのに用いられる。すなわち、「完全な」(=熟練した)窃盗とか強盗とも言われるし、また「善い」(=腕ききの)窃盗とか強盗という言い方もされるのであって、この点アリストテレスが『形而上学』第五巻(1021b18)においてのべているところからしてあきらかである。したがって、これと同じ仕方で「徳」という言葉も比喩的な意味で諸々の悪いものについて語るのに用いられるのである。このようなわけで、たとえば律法は、それが機会となって occasionaliter 罪がいや増すにいたり、こうしていわば罪の力が最高度に達するかぎりにおいて「罪の力(徳) virtus peccati」と称せられるのである。

(二)についてはこう言うべきである。酩酊《めいてい》や過度の飲酒が悪であるのは理性の秩序がそこなわれることによる。しかるに理性に欠陥があっても、或る低次の能力が自らに固有の領域に関するかぎり完全である、ということがありうる——理性と対立し、あるいは理性から脱落する場合においてすら。しかし、このような能力の完全性は、理性の欠陥をともなっているがゆえに人間的徳とは言えないであろう。

(三)についてはこう言うべきである。理性は、それが身体ならびに諸々のより低い部分の弱さをよりよく克服 vincere もしくは甘受し tolerare うるのに応じて、より完全なものであることが示される。このようなわけで理性に属するものとされるところの人間的徳は「弱さにおいて完成される」と言われるのであるが、それは理性の弱さをさすものではなくて、身体および諸々のより低い部分の弱さにおいて、という意味なのである。

第四項　徳は適切なる仕方で定義されるか

第四については[120]次のように進められる。——徳の定義として挙げられるならわしになっているもの、すなわち「徳とはそれによって(人が)正しく生活し、なんぴともそれを悪用することはなく、それをわれわれのうちに・われわれなしに生ぜしめるのは神であるところの、精神の善い質である[121]」という定義は適切ではない、と思われる。なぜなら

㈠　徳は人間の善さ bonitas である。というのも、徳はそれを「有する者を善き者たらしめる[122]」からである。しかるに、善性 bonitas は善であるとは考えられないのであって、それは白さ albedo が白く alba はないのと同様である。それゆえに、徳は「善い質」bona qualitas であると言うのは適切ではない。

(二) いかなる種差も自らが属するところの類よりもより共通的であることはない。なぜなら種差は類を分割するものだからである。しかるに善 bonum は有 ens と置き換えられうるものであるところから、質よりもより共通的である。それゆえに、善は質の種差として徳の定義のうちに置かれるべきではない。

(三) アウグスティヌスが『三位一体論』第十二巻（第八章、PL42, 1005）でのべているように、「われわれが非理性的な動物と共通に有するのではないような何ものかがはじめて姿をあらわすところ、そのものが精神に属するのである」[123]。しかるにアリストテレスが『ニコマコス倫理学』第三巻（1117b23）でのべているように、何らかの「徳（力）virtutes は非理性的なる諸部分においても見出されるのである」。それゆえに、すべての徳が「精神の」善い質であるのではない。

(四) 正しさ rectitudo は正義 justitia に属するもののように思われる。ここからして、同じ人々について、かれらは正しい人々 recti であるとも、正義の人々 justi であるとも言われるのである。しかるに正義は徳の種 species である。それゆえに、徳の定義のうちに「それによって正しく生活し」qua recte vivitur というふうに、正 rectum が置かれているのは適切を欠くものである。

(五) 何らかのものについて誇る者はそのものを悪用している。しかるに多くの者が自分たちの徳について誇っているのであって、たとえばアウグスティヌスは『会則』[124] Regula において、「誇り(傲慢《ごうまん》) superbia は諸々の善い業をも滅ぼさんものと、それらを待ち伏せしている」とのべているのである。それゆえに「なんびとも徳を悪用することはない」nemo virtute male utitur と言われているのは誤りである。

(六) 人は徳によって義とされる justificatur。しかるにアウグスティヌスは『ヨハネ福音書』第十四章(第十二節)の「かれはこれらよりもより大いなる業を行うであろう」という言葉について次のようにのべている。「汝《なんじ》を汝なしに創造し給うた御方は、汝なしに汝を義とし給うことはないであろう。[125]」それゆえに、「神は徳をわれわれのうちに・われわれなしに生ぜしめる」virtutem Deus in nobis sine nobis operatur と言われているのは適切を欠くものである。

しかし、その反対に、前述の定義はアウグスティヌスの言葉から、とくに『自由意思論』[126]第二巻(第十九章、PL32, 1268)における言葉から集成されたものであり、その権威が(右の異論に)対立する。

私は答える――。

前述の定義は徳の意味するところの全体 tota ratio を完全に包括している。なぜなら、いかなる事物についてもその完全なる意味 perfecta ratio はそのもののすべての原因 causa からして集成されるのでなければならないが、前述の定義は徳のすべての原因を包含しているのである。

すなわち、徳の形相因 causa formalis は、いかなる事物の場合もそうであるように、徳の類ならびに種差からとってきて、「善い質」bona qualitas と言いあらわされている。なぜなら徳の類は「質」であり、種差は「善」だからである。

しかし、「質」のかわりに近接的なる類 genus propinquum であるところの「習慣」habitus をもってきていたならば、定義はより適切なものだったであろう。しかし徳は他の諸々の付帯有と同じく、何かが「それから」ex qua 形成されるという意味での質料(素材) materia は有しないのであって、徳が有するのは「それにかかわる」circa quam という意味での質料と、「それのうちに」in qua(徳が見出される)という意味での質料、すなわち基体 subjectum である。ところで、(徳が)「それにかかわる」という意味での質料は徳の対象 objectum であるが、それは次の理由からして前述の定義のうちにもちこまれることはできなかった。すなわち、対象をもってくれば徳は(特定の)種へと分類・確定されてしまうのであるが、ここでは徳の一般的な定義がのべられているのである。ここからして質料因にあたるものとして、(徳は)「精神の」mentis 善い質であると言われる際に、(徳の)基体がふれられているのである。

ところで徳は作用的習慣であるから、その目的 finis とは作用・働き operatio そのものにほかならない。しかし、作用的習慣のうちの或るもの、たとえば悪徳的なる習慣は常に悪へと向かうのにたいして、他の或るものは、たとえば臆見 opinio が真と偽とにたいして関係づけられる場合のように、時としては善へ、時としては悪へと向かうものであることに注意しなければならない。これにたいして徳は常に善へと関係づけられている習慣である。したがって、徳が常に悪へ関係づけられている習慣から区別されるように「それによって(人が)正しく生活し」と言われている。また、時として善へ、時として悪へ関係づけられる習慣から区別されるように「なんびともそれを悪用することはなく」と言われているのである。

しかるに、この定義がそれにかかわっているところの注入的なる徳(127) virtus infusa についで言うなら、その作動因 causa efficiens は神である。このゆえに、「それを神がわれわれのうちに・われわれなしに生ぜしめる」と言われている。だがもしこの小さい部分が除去されたならば、定義の残りの部分は獲得的なる徳 virtus acquisita も注入的なる徳もふくめて、すべての徳に共通にあてはまるものとなるであろう。

㈠については、それゆえ、こう言うべきである。知性のうちに最初に入ってくるのは有ensである。(128)したがってわれわれは、われわれによって把捉されるいかなるものについても、有ensであること、したがってまた、一unum、善bonumであることを帰属させる――これらは有と置きかえられるものである。したがって、本質essentiaは有である、一である、善である、と言い、また一性unitasは有である、一である、善であるというふうに言うのである。同じことが善性bonitasについても言える。(129)しかるに、こうしたことは白さとか健康などといった特殊的な形相については見出される余地はない。それというのも、われわれはわれわれが把捉するところのすべてのものを白くあるとか、健康であるといった側面ratioの下に把捉するのではないからである。――他方しかしながら次のことを考えてみなければならない。自存するのではないnon subsistensところの諸々の付帯有や形相が、それらが存在esseを有するがゆえにではなく、それらによって或るものが存在するがゆえに、有と呼ばれる。そのようにまた、それらは何か別の善性もしくは一性によって善い、あるいは一であると言われるのではなく、それらによって或るものが善であり一であるとの理由で、善である、あるいは一であると言われる。このようなわけで、徳もまた、それによって或るものが善であるとの理由で、善であると言われるのである。

㈡についてはこう言うべきである。徳の定義のうちに置かれている善は、共通的なる善 bonum commune、すなわち有と置きかえられ、質(の範疇《はんちゅう》)よりもより多くのものにおいて見出されるような善ではなくて、ディオニシウスが『神名論』第四章(PG3, 733)において「霊魂にとっての善は理性にもとづいて在ることにほかならぬ」とのべている意味での、理性の善 bonum rationis なのである。

㈢についてはこう言うべきである。『ニコマコス倫理学』第一巻(1102b13; 1103a3)で言われているように、徳が霊魂の非理性的なる部分において在りうるのは、後者が理性を分有するかぎりにおいてのみである。それゆえに、人間的徳の固有的なる基体は理性 ratio もしくは精神 mens である。(130)

㈣についてはこう言うべきである。正義にとって固有的なのは、後にあきらかにされるように(第六十問題第二項、第二部の第二部第五十八問題第八項)、人間の使用に供されるところの外的事物——正義が本来的にかかわる対象 materia はそれらの事物である——に関して確立される正しさ rectitudo である。これにたいして、正しい目的 finis debitus への秩序づけ、および、前述のように(第十九問題第四項)、人間的意志にとって規矩 regula たるところの神法 lex divina への秩序づけという意味での正しさは、すべての徳にとって共通的なのである。

㈤についてはこう言うべきである。たとえば徳について間違った考え方をするとか、徳を憎んだり、徳について誇ったりする場合のように、対象 objectum であるかぎりの徳について言うなら或る人が徳を悪《あ》しく使用することも可能である。しかしながら、使用・行使の根源 principium usus たるかぎりでの徳を悪用することは不可能であり、つまり徳の行為が悪であるといったことはありえない。

㈥注入的なる徳は神によってわれわれのうちに、われわれの働きなしに生ぜしめられるのであるが、われわれの同意なしにではない sine nobis consentientibus。そして「神はそれ(徳)をわれわれのうちに・われわれなしに生ぜしめる」と言われているのはこの意味に解すべきである。これにたいして、われわれによって為されるところのことがらについて言えば、神はそれらをわれわれのうちに、われわれの働きなしに sine nobis agentibus 生ぜしめるのではない。なぜならすべての意志 voluntas ならびに自然本性 natura のうちに神が働きを為しているからである。[131]

第五十六問題（全六項）
徳の基体について

つづいて徳の基体 subjectum について考察しなくてはならない。この点をめぐって次の六つのことがらが探求される。

第一　徳の基体は霊魂の能力 potentia animae であるか(132)

第二　一つの徳が数多くの能力のうちにありうるか

第三　知性は徳の基体たりうるか

第四　怒情的 irascibilis および欲情的能力 concupiscibilis は徳の基体たりうるか

第五　諸々の感覚的な認識能力 vires apprehensivae sensitivae は徳の基体たりうるか

第六　意志は徳の基体たりうるか

第一項　徳の基体は霊魂の能力であるか

第一については次のように進められる。[133]——徳は霊魂の能力のうちに、基体のうちにあるものとして見出されるのではない、と思われる。なぜなら

(一)　アウグスティヌスは『自由意思論』第二巻(第十九章、PL32, 1268)において「徳とは(人が)それによって正しく生きるところのものである」とのべている。しかるに生きるという働きは霊魂の能力によってではなく、その本質によって為されることである。それゆえに、徳は霊魂の能力のうちにではなく、その本質のうちに見出される。

(二)　アリストテレスは『ニコマコス倫理学』第二巻(1106a15)において「徳はそれを有する者を善い者たらしめ、またかれの業《わざ》を善いものならしめるものである」とのべている。しかるに業opusが能力によって成立せしめられるものであるように、人が徳を有する者として確立されるのは霊魂の本質による。それゆえに、徳は霊魂の本質に属するよりも以上に能力に属するということはない。

㈢　能力 potentia は質の第二の種のうちに見出される。ところが前述のように（第五十五問題第四項）、徳は一種の質である。しかるに、質が（ふたたび別の）質に属するということはない。それゆえに徳は霊魂の能力を基体としてそのうちに見出されるのではない。

しかし、その反対に、『天体論』第一巻（281a14）において言われているように、「徳（力）は能力の極限である」。しかるに極限はそれがその極限たるところの、当のもののうちに見出される。それゆえに、徳は霊魂の能力のうちに見出される。

私は答える――。

徳が霊魂の能力に属するものであることは三つの点からしてあきらかにすることができる。第一に徳の本質そのもの ipsa ratio からして。すなわち、徳は能力の完全性 perfectio たることを意味するが、完全性はそれがその完全性たるところの、当のもののうちに見出されるのである。――第二に、さきに示されたように（第五十五問題第二項）、徳が作用的習慣 habitus operativus たることからして。しかるに、すべての作用・働き operatio は霊魂から何らかの能力を通じて出てくるのである。――第三に徳が最善のもの optimum へと秩序づけるものであることからして。しかるに最善のものとは目的・

終極 finis であるが、それは或るものが行う作用 operatio であるか、あるいは能力から発生する作用を通じて獲得されるところの何ものかである。したがって、人間的徳は霊魂の能力を基体としてそのうちに見出されるものである。

(一)については、それゆえ、こう言うべきである。「生きる」vivere という言葉は二つの意味に解される。なぜなら、或る時には「生きる」という言葉は生あるものの存在そのもの ipsum esse を指す。そして、この意味では生きるということは、生あるものにとってその存在の根源 principium essendi たるところの、霊魂の本質に属するのである。(134)にもう一つの場合においては、「生きる」という言葉は生あるものの作用・働きを指す。そして(人が)徳によって正しく生きると言われるのはこの意味においてであって、それは或る人が徳によって正しく働きを為すかぎりにおいてである。

(二)についてはこう言うべきである。善は目的・終極であるか、あるいは目的への関連において語られる。このようなわけで、作用者の善 bonum operantis は作用 operatio のうちに存するものであるところから、徳が作用者を善い者たらしめるという当のことがらもまた作用へと関連づけられ、したがってまた能力へと関連づけられるのである。

(三)についてはこう言うべきである。一つの付帯有 accidens がもう一つの付帯有を基体としてそのうちに在ると言われるのは、付帯有がそれ自体で他の付帯有の担い手たりうるからではなくて、むしろ一つの付帯有がもう一つの付帯有を媒介として実体に内存するということによるものである。その例は、色 color が表面 superficies を媒介として物体に内存するという場合であって、ここからして表面は色の基体であると言われるのである。そしてこれと同じ仕方で、霊魂の能力は徳の基体であると言われるのである。

第二項　一つの徳が数多くの能力のうちにありうるか

第二については(135)次のように進められる。――一つの徳が数多くの能力のうちにあることは可能である、と思われる。なぜなら

(一)　習慣は働きを通じて認識される。しかるに一つの働きは様々なる仕方で、様々の諸能力から発出するものであって、たとえば散歩 ambulatio という働きは指揮するもの dirigens としての理性、動かすもの movens としての意志、遂行するもの exequens としての運動能力 potentia motiva などから発出するのである。それゆえに、徳という一

つの習慣もまた数多くの能力のうちにあることが可能である。

(二) アリストテレスは『ニコマコス倫理学』第二巻(1105a31)において、徳には「知っている scire こと、欲する velle こと、および恒常的に immobiliter 働きを為すこと」の三つのことが要求される、とのべている。しかるに、知ることは知性に属し、これにたいして欲することは意志に属する。それゆえに、徳は数多くの能力のうちにあることが可能である。

(三) 知慮 prudentia は理性 ratio のうちに見出される。というのも、『ニコマコス倫理学』第六巻(1140b5; 1140b20; 1144b27)で言われているように、知慮は「行為的なことがらについての正しい理性⑬⑥」recta ratio agibilium だからである。それはまた意志のうちにも見出される。なぜなら同じ巻で言われているように(1144a36)知慮はよこしまな意志 voluntas perversa と共にはありえないからである。それゆえに、一つの徳が二つの能力のうちに見出される。

しかし、その反対に、徳は霊魂の能力を基体としてそれのうちに見出される。しかるに同一の付帯有 accidens が数多くの基体のうちにあることは不可能である。それゆえに、一つの徳が霊魂の数多くの能力のうちに見出されることは不可能である。

私は答える――。

或るものが二つのもののうちに見出されることは二つの仕方で可能である。その一つの場合は、同等な仕方で ex aequo 両者のうちに見出されるものであって、このように解した場合には一つの徳が二つの能力のうちに見出されることは不可能である。なぜなら、諸々の能力は対象の類的なる諸条件 conditiones generales にもとづいて区別されるのにたいして、諸々の習慣は種的なる諸条件 conditiones speciales にもとづいて区別されるのだからである。したがって、能力が区別されるところ、常に習慣の区別が見出されるのであるが、その逆は成立しないのである。

もう一つの場合、或るものは二つあるいはそれ以上のもののうちに、同等な仕方においてではなく、何らかの順序をもって見出されることが可能である。そしてこのように解した場合、徳は一つ以上の能力に属することが可能である――すなわち、主要的なる仕方で principaliter 一つの能力のうちにあり、拡散 diffusio もしくは秩序づけ dispositio という仕方で他の諸能力にも影響をおよぼすかぎりにおいて、このことは一つの能力が他の能力によって動かされ、また一つの能力が他の能力から受けとるかぎりにおいて起こるのである。

(一)については、それゆえ、こう言うべきである。同一の働きは、同等に aequaliter また同一秩序において、様々の能力に属することは不可能であって、異なった観点 ratio ならびに異なった秩序に即してそのことは可能なのである。

(二)についてはこう言うべきである。倫理的徳は正しい理性 recta ratio にもとづいてその働きを為すものであるかぎりにおいて、「知っている」scire ことは倫理的徳にとっての必要な前提条件である。しかし、本質的には essentialiter 倫理的徳は欲求すること appetens に存するのである。

(三)についてはこう言うべきである。知慮は後述されるように(第三項、第五十七問題第四項)、実在的には realiter 理性 ratio を基体としてそのうちに見出されるのであるが、意志の正しさ rectitudo voluntatis を根源 principium として前提するのである。

第三項　知性は徳の基体たりうるか

第三については[137]次のように進められる。――知性は徳の基体ではない、と思われる。なぜなら

(一) アウグスティヌスは『カトリック教会の道徳について』第一巻（第十五章、PL32, 1322）の中で、すべての徳は愛 amor である[138]、とのべている。しかるに愛の基体は知性ではなくて、ただ欲求的能力 vis appetitiva のみである。それゆえに、いかなる徳も知性のうちにはない。

(二) 前述のところからあきらかなように（第五十五問題第三項）、徳は善へと秩序づけられている。しかるに善は知性の対象ではなくて、欲求的能力 virtus appetitiva の対象である。それゆえに、徳の基体は知性ではなくて、欲求的能力である。

(三) アリストテレスが『ニコマコス倫理学』第二巻（1106a15）においてのべているように「徳はそれを有する者を善い者たらしめるものである」。しかるに知性を完全なるものたらしめるところの習慣はそれを有する者を善い者たらしめるのではない。なぜなら、人は学知 scientia とか技術 ars のゆえに善い者と言われるのではないからである。それゆえに、知性は徳の基体ではない。

しかし、その反対に、精神 mens は何よりも第一に知性 intellectus と呼ばれる[139]。しか

るにさきにのべられた(第五十五問題第四項)徳の定義からしてあきらかなように、徳の基体は精神である。それゆえに、知性は徳の基体である。

私は答える――。

前述のように(第五十五問題第三項)、徳はそれによって人がよく働きを為す* operatur ところの習慣である。しかるに或る習慣が善い働きへと秩序づけられるのには二つの仕方がある。その一つは、この種の習慣によって人々が善い働きを為すための技能 facultas を獲得するかぎりにおいてであって、たとえば文法学 grammatica の習慣を通じて人は正しく語る技能を身につけるのである。しかしながら文法学は人間をして(現実に)常に正しく語る者たらしめるのではない。というのも、文法学者 grammaticus は(わざと)粗野な言葉づかいをする barbarizare ことや、文法違反 soloecismus をすることができるからである。同じことが他の諸々の学知や技術についても言える。――もう一つは、或る習慣が善く働きを為すための技能を生ぜしめるのみでなく、或る人をして当の技能を(現実に)正しく行使せしめる場合である。たとえば正義の徳は人間に正しいことを為そうとする迅速な意志 voluntas prompta を与えるだけではなくて、(現実に)かれをして正しく行為させるのである。

ところで或るものは可能態において in potentia あるところのものにもとづいてではなく、現実態において in actu あるところのものに即して、端的な意味で simpliciter 有 ens であるとか善であると言われるのであるから、人はこの後者の習慣からして端的な意味で simpliciter 善を為すとか、善い人であると言われる。たとえば、かれは正義の人 justus、あるいは節制の人 temperatus であるがゆえに善い人であると言われるのである。同じことがこれと同様のことがらについても言える。そして、「徳はそれを有する者を善い者たらしめ、かれの働きを善いものとするところのものである」(140)からして、この種の習慣が端的な意味で simpliciter 徳と呼ばれるのである。なぜなら、この種の習慣が働きを現実態において善いものたらしめ、またそれを有する者を端的な意味で善い者たらしめるからである。――これにたいして第一の種類の諸習慣は端的な意味で徳と呼ばれるのではない。なぜなら、それらは何らかの技能に関するかぎりにおいてのみ働きを善いものたらしめるにとどまり、またそれらを有する者を端的な意味で善い者とするものではないからである。なぜなら、或る人は、かれが学知ある人 sciens や技術を身につけた人 artifex であるということからして端的な意味で善い人と呼ばれるのではなく、むしろたんに相対的な意味で secundum quid、つまり善い(有能な)文法学者であるとか善い(有能な)職人であるとの意味で「善い」と言われるのである。このようなわけで、多くの場合には学知や技術は徳に対置する仕方で分類されるのであるが、時としては『ニコマコス倫理学』第六巻(1139b16)において見られるように、それらが徳と呼ばれることもある。

それゆえに、相対的な意味で徳と呼ばれるところの習慣の基体たることは知性にも可能なのであって、それは意志への秩序づけをいっさいふくむことなしに、実践的知性⑭ intellectus practicus についてのみでなく、思弁的知性 intellectus speculativus についても言えることである。なぜならアリストテレスが『ニコマコス倫理学』第六巻(1139b16)において、学知 scientia、知恵 sapientia、および直知 intellectus、さらに技術 ars をも知的徳のうちに数えているのはこの意味においてである。——これにたいして、端的な意味で徳と呼ばれるところの習慣の基体たりうるのは意志か、あるいは意志によって動かされているかぎりにおいての或る能力のみである。そのことの根拠は、さきにのべたように(第九問題第一項、第十七問題第一項、第五項以下、第一部第八十二問題第四項)、意志は、何らかの意味で理性的なる他のすべての諸能力を、それぞれの働きへと向かって動かす、ということである。それゆえに、人間が現実に善く働きを為すということは、かれが善い意志 bona voluntas を有するということからして生じるのである。ここからして、現実態において善く働きを為さしめるところの徳は、たんに技能のうちにのみではなく、意志そのもののうちにか、あるいは意志によって動かされるかぎりにおいての何らかの能力のうちに見出されるのでなければならない。

しかるに知性も他の諸能力と同じように意志によって動かされることがありうる。というのも、或る人は、かれがそのことを意志するということのゆえに、或ることを現実に考察するのだからである。それゆえに、知性はそれが意志にたいする秩序づけを有するかぎりにおいて、端的な意味で言われるところの徳の基体でありうる。思弁的知性intellectus speculativusもしくは理性ratioが信仰(142)fidesの基体であるのはこのような仕方においてである。なぜなら、知性は意志の命令からして、信仰に属するところのことがらに承認を与えるよう動かされるのであって、それというのもアウグスティヌスが『ヨハネ福音書講解』第二十六講(PL35, 1607)でのべているように、「なんびとも意志することなしに信ずることはない」からである。(143)——これにたいして、実践的知性intellectus practicusは知慮prudentiaの基体である。なぜなら知慮は行為的なことがらについての正しい理性の働きratioであるからして、知慮が成立するためには、為すべきことがらについてのこうした理性の働きの原理principia、つまり諸々の目的finesへと向かって人が善く秩序づけられていることが必要とされる。ところが、人は思弁的なことがらの諸原理にたいしては能動知性の自然本性的なる光naturale lumen intellectus agentis によって善く秩序づけられるように、それら目的にたいしては意志の正しさ rectitudo voluntatis を通じて善く秩序づけられるのである。(144) それゆえに、思弁的なことがらについての正しい理性 ratio recta speculabilium たる学知 scientia の基体が、能動知性への関係における思弁的知性であるように、知慮の基体は正しい意志への関係における実践的知性なのである。

(一)については、それゆえ、こう言うべきである。アウグスティヌスの言葉は端的な意味で言われた徳について言われていると解すべきである。それも、すべてこの種の徳が端的な意味で愛である、というのではなくて、この種の徳は意志——それの第一の情動 affectio は、さきに言われたように(第二十五問題第一—三項、第二十七問題第四項、第一部第二十問題第一項)愛である(145)——に依存するものであるかぎりにおいて、何らかの仕方で愛に依存している、という理由からである。

(二)についてはこう言うべきである。およそいかなるものについても、そのものの善とはそのものの目的・終極 finis である。それゆえ、真 verum は知性の目的・終極であるところから、真を認識することは知性の善い働きである。ここからして、知性を、思弁的なことがらにおいてであろうと、実践的なことがらにおいてであろうと、真を認識することへ向かって完成するところの習慣は徳と呼ばれるのである。

㈢についてはこう言うべきである。この議論は端的な意味で言われた徳について進められているのである。

＊　ピオ版では「行使する」utitur とあるが、レオ版の読みに従う。

第四項　怒情的および欲情的能力は徳の基体であるか

第四については[146]次のように進められる。——怒情的 irascibilis および欲情的能力 concupiscibilis は徳の基体ではありえない、と思われる。なぜなら

㈠　この種の諸能力 vires はわれわれ人間と動物とに共通である。しかし、いまわれわれが語っているのは人間に固有的なるかぎりでの徳・能力 virtus についてである。なぜなら徳が人間的と称せられるのはこの意味においてであるから。それゆえに、第一部で言われたように（第八十一問題第二項）、感覚的欲求能力の（二つの）部分たるところの怒情的および欲情的能力は人間的徳の基体たることはできない。

(二) 感覚的欲求能力は身体的器官を使用するところの能力である。しかるに、徳の善bonum virtutis は人間の身体のうちに見出されることはできない。なぜなら使徒パウロは『ローマ人への書翰』第七章(第十八節)において「私は私の身体のうちに善が住んではいないことを知っている」とのべているのである。それゆえ、感覚的欲求能力は徳の基体ではありえない。

(三) アウグスティヌスは『カトリック教会の道徳について』第一巻(第五章、PL32, 1314)の中で、身体は霊魂によって支配されているのであるから、或る人が身体を善く使用するということは挙げて霊魂によるものとされる、ということにもとづいて、徳は身体のうちにはなく霊魂のうちにあることを証明している――「もし馭者《ぎょしゃ》が私に従順でありつつ、かれの配下にある馬どもを正しく支配し・操るのであれば、そのことは挙げて私のせいである」。しかるに、霊魂が身体を支配するものであるごとく、そのようにまた理性は感覚的欲求能力を支配する。それゆえ、怒情的および欲情的能力が正しく支配されるということは、挙げて理性的部分によるものである。しかるに前述のように(第五十五問題第四項)、「徳はそれによって(人が)善く生きるところのものである」。それゆえに、徳は怒情的および欲情的能力のうちにではなく、ただ理性的部分のうちにのみある。

(四)　『ニコマコス倫理学』第八巻(1163a22)で言われているように、「倫理的徳の主要なる働きは選択 electio である」。しかるにさきに言われたように(第十三問題第二項)、選択は怒情的および欲情的能力の働きではなくて、理性の働きである。それゆえに、倫理的徳は怒情的および欲情的能力のうちにではなく、理性のうちにある。

しかし、その反対に、剛毅 fortitudo は怒情的能力のうちにあるとされ、これにたいして節制 temperantia は欲情的能力のうちにあるとされている。ここからしてアリストテレスは『ニコマコス倫理学』第三巻(1117b23)において「これらの徳は非理性的なる部分に属するものである」とのべている。

私は答える——。

怒情的および欲情的能力は二つの仕方で考察されることが可能である。その一つはそれ自体に即して、つまり感覚的欲求能力の部分たるかぎりにおいてである。そしてこのような仕方においては、徳の基体たることはこれらの能力には属しない。——もう一つの仕方では、これら能力は、それらがその本性からして理性に服従するものたることを通じて、理性を分有するもの participans rationem たるかぎりにおいて考察されることが可能である。そしてこの意味では怒情的もしくは欲情的能力は人間的徳の基体たることが可能である。なぜなら、この場合、この能力はそれが理性を分有するものたるかぎり、人間的行為の根源なのだからである。そしてこれらの能力のうちには徳があるとしなければならないのである。

怒情的および欲情的能力のうちに何らかの徳が見出されることは明白である。なぜなら、他の能力によって動かされるものたるかぎりにおいての一つの能力から発出するところの働きは、それら両者の能力が働きへと善く秩序づけられるのでなければ、完全なものではありえない。それはたとえば、職人 artifex の仕事は、職人もかれが使用する道具そのもの ipsum instrumentum も共に当の仕事へと善く秩序づけられ・調整されているのでなければ、うまく運ばないようなものである。それゆえに、理性によって動かされるものたるかぎりでの怒情的および欲情的能力が働きを為すところのことがらに関しては、理性のうちにのみでなく、怒情的および欲情的能力のうちにも、それらが善く働きを為すように完成するところの何らかの習慣があることが必要である。ところで、動かされて動かすところの能力 potentia movens mota における善い秩序づけは、動かす能力への合致 conformitas に即して捉えられるものであるから、怒情的および欲情的能力のうちにある徳とは、これらの能力の理性にたいする何らかの習慣的なる合致

conformitas habitualis にほかならない。

(一)については、それゆえ、こう言うべきである。それ自体に即して考えられた、つまり感覚的な欲求能力の部分たるかぎりにおいての怒情的および欲情的能力はわれわれ人間と非理性的動物とに共通である。しかし、理性に従うものとして、分有によって per participationem 理性的であるかぎりにおいては、これら諸能力は人間に固有なるものである。そしてこの意味においてそれらは人間的徳の基体たりうるのである。

(二)人間の肉身 caro はそれ自身からしては徳という善を有するものではないとはいえ、『ローマ人への書翰』第六章(第十九節)にあるように、理性に動かされて「われわれが自らの肢体を正義に仕えるものたらしめる」かぎりにおいて、有徳なる働きの道具となるのである。ちょうどそれと同様に、怒情的および欲情的能力もまた、それ自体からしては徳という善を有しないどころか、むしろ邪欲の汚染 infectio fomitis を有するのであるが、理性に合致せしめられるかぎりにおいてはそれらのうちに倫理的徳という善が生ぜしめられるのである。

(三)についてはこう言うべきである。身体が霊魂によって支配される場合と、怒情的および欲情的能力が理性によって支配される場合とでは(支配の)意味 ratio が異なっている。なぜなら身体は、その本性からして霊魂によって動かされることになっていることがらに関しては、命令のままに ad nutum 何らの反抗も示すことなく霊魂に従うものだからである。ここからしてアリストテレスは『政治学』第一巻(1254b5)において、「霊魂は身体を専制的支配権 principatus despoticus でもって支配する」、つまり主人が奴隷に対するような仕方で支配する、とのべている。この理由からして身体のすべての運動は霊魂に由来するものとされるのであり、それゆえに身体のうちにはちから(徳) virtus はなく、ただ霊魂のうちにのみ見出される。——しかし怒情的および欲情的能力は盲目的に理性に従うのではなく、それでもって時としては*理性に反抗を示すところの、自らに固有の運動 motus proprius suus を有するのである。(147) ここからして、アリストテレスは同じ箇所で理性は怒情的および欲情的能力を「ポリス的支配権 principatus politicus でもって」支配する——つまり、何らかのことがらにおいては固有の決定権 voluntas propria を有するところの自由人が支配されるような仕方で——とのべているのである。このゆえをもって、怒情的および欲情的能力のうちにも、それでもってそれらが働きへと善く秩序づけられるところの、何らかの徳がなければならないのである。

㈣についてはこう言うべきである。『ニコマコス倫理学』第六巻(1144a6)で言われているように、選択には二つの要素がふくまれている。すなわち、その一つは目的の意図(148)

intentio finis であり、これは倫理的徳に属する。もう一つは目的へのてだてたるところのもの id quod est ad finem の(優先についての)決定 praeacceptio であって、これは知慮に属する。ところで霊魂の諸々の情念とのかかわりにおいて目的の正しい意図を保つということ、このことは怒情的および欲情的能力が善く秩序づけられていることに由来するものである。それゆえに情念にかかわるところの倫理的徳は怒情的および欲情的能力のうちに見出されるのであり、これにたいして知慮(の徳)は理性のうちに見出される。

＊「時としては」interdum をピオ版、レオ版に従って付け加える。

第五項　感覚的な認識能力は徳の基体であるか

第五については次のように進められる。[149] ——内的な[150]感覚的認識の諸能力 vires sensitivae apprehensivae interius のうちには何らかの徳(ちから) virtus が見出されうる、と思われる。なぜなら

(一)　感覚的欲求能力は、それが理性に従うものであるかぎりにおいて徳の基体である

ことが可能である。しかるに内的な感覚的認識の諸能力は理性に従う。というのも、表象能力 imaginativa、思考能力 cogitativa および記憶能力 memorativa は理性の命令に従ってその働きを為《な》すからである。それゆえに、これらの能力のうちにも徳(ちから)が見出されることが可能である。

(二)　理性的な欲求能力、すなわち意志が、その働きにおいて、感覚的欲求能力によって妨げられることもあれば、また補助されることも可能であるごとく、そのようにまた知性 intellectus もしくは理性 ratio も前述の諸能力によって妨げられ、もしくは補助されることが可能である。それゆえに、感覚的欲求能力のうちに徳が見出されうるごとく、そのようにまた認識能力のうちにも見出されることが可能である。

(三)　知慮 prudentia は何らかの徳であるが、キケロはその『弁論術』第二巻(第五十三章)において、記憶は知慮の部分であるとしている。それゆえに、記憶能力のうちにも何らかの徳(ちから)が見出されうるのであり、同様の根拠からして他の内的な諸認識能力のうちにも見出されることが可能である。

しかし、その反対に、すべての徳は、『ニコマコス倫理学』第二巻(1103b14)にあるように、知的であるか倫理的であるかのいずれかである。しかるに倫理的徳はすべて(霊魂の）欲求的部分のうちにあり、これにたいして知的徳は知性もしくは理性のうちに見出されるのであって、この点『ニコマコス倫理学』第六巻（1138b35）にあきらかなごとくである。それゆえに、いかなる徳も内的な感覚的認識能力のうちには見出されない。

私は答える――。

内的な感覚的認識能力のうちには何らかの習慣 aliqui habitus が見出される。このことはとくにアリストテレスが『記憶と想起について』（452a27）の中で「一つのことを他のものにつづいて記憶するうちに慣れ consuetudo が形成されるが、それはいわば自然本性 natura のようなものである」とのべているところからしてあきらかである。しかるに慣れによる習慣 habitus consuetudinalis とは、慣れ――それは自然本性の在り方へ向かう in modum naturae――を通じて獲得されたところの状態 habitudo にほかならない。[151] それゆえにキケロはその『弁論術』第二巻（第五十三章）において、徳とは「理性に合致するところの、自然本性の在り方をもつ習慣である」とのべているのである。しかし、人間においては記憶およびその他の感覚的認識能力のうちに慣れからして獲得されたところのものは、自体的な習慣 habitus per se ではなく、前述のように（第五十問題第四項第三異論解答）、（霊魂の）知的部分の諸習慣と結びついた何ものかである。

他方しかし、たとえこうした能力のうちに習慣が見出されるとしても、それらを徳と呼ぶことはできない。なぜなら、徳とはそれによってただ善のみが為されるような、完全なる習慣である。ここからして、徳は善き業《わざ》を成就するような consummativa 能力のうちに見出されるのでなくてはならない。しかるに真なることの認識は感覚的な認識能力において成就されるのではなく、むしろこうした能力は知性的認識へのいわば準備を為すものにすぎない。それゆえに、これら諸能力のうちには、それによって真なることが認識されるところの徳は見出されないのであって、徳はむしろ知性もしくは理性のうちに見出されるのである。

㈠については、それゆえ、こう言うべきである。感覚的欲求能力は理性的欲求能力たる意志にたいして、後者によって動かされるものという関係に立つ。このゆえをもって欲求的能力の働きは感覚的欲求能力において成就されるのである。そして、このことのゆえに感覚的欲求能力は徳の基体である。――これにたいして感覚的な認識能力は知性にたいして、むしろ動かすものという関係に立つ。というのは、『霊魂論』第三巻(431a14)で言われているように、諸々の表象像 phantasmata は知性的霊魂にたいして、色彩が視覚にたいするような関係に立つものだからである。(152) このゆえをもって、認識の働きは知性において終結するのである。そして、このことのゆえに、認識的なる諸々の徳は知性もしくは理性そのもののうちに見出されるのである。

(二)にたいする解答は右にのべたところからしてあきらかである。

(三)についてはこう言うべきである。記憶は、あたかも記憶それ自身が何らかの自体的な徳 virtus per se であるかのように、種が類の部分であるとされるような仕方で、知慮の部分であるとされているのではない。それはむしろ、知慮が成立するための必要条件の一つが記憶力の善さであるとの理由からなのであり、つまり記憶はいわば(知慮にたいして)その構成的部分 pars integralis であるという関係に立つのである。[153]

第六項　意志は徳の基体たりうるか

第六については[154]次のように進められる。――意志は何らかの徳の基体であるのではない、と思われる。なぜなら

(一)　或る能力の本質そのもの ipsa ratio からして当の能力に帰属するところのことに

関しては、何らの習慣も必要ではない。しかるにアリストテレスが『霊魂論』第三巻(432b5)でのべているところによると、意志は理性のうちにあるところから、意志が、理性にもとづいて善であるもの id quod est bonum secundum rationem へと向かうのは、その本質そのものに由来するのである。ところで、すべての徳は、理性にもとづいて善であるものへと秩序づけられている。なぜなら、いかなるものもおのれに固有なる善を自然本性的に naturaliter 欲求するのであるが、キケロがその『弁論術』第二巻(第五十三章)においてのべているように、「徳は理性に合致するところの、自然本性の在り方をもつ習慣」にほかならないからである。それゆえに、意志は徳の基体ではない。

(二)『ニコマコス倫理学』第一巻(1103a4)および第二巻(1103a14)で言われているように、すべての徳は知的であるか倫理的であるか、のいずれかである。しかるに知的徳は知性もしくは理性を基体としてそのうちにあり、意志のうちにあるのではない。これにたいして倫理的徳は、分有によって理性的である怒情的もしくは欲情的能力を基体としてそのうちに見出される。それゆえに、いかなる徳も意志を基体としてそのうちに見出されることはない。

(三)それにたいして諸々の徳が秩序づけられているところのすべての人間的行為actus humani は意志的⑮ voluntarii である。それゆえ、もし何らかの人間的行為に関して或る徳が意志のうちに見出されるとしたら、同様の根拠からして、すべての人間的行為に関して徳が意志のうちにあることになるであろう。それゆえに、他のいかなる能力のうちにも何らの徳も見出されないか、それとも同一の行為に二つの徳が秩序づけられるか、のいずれかであるが、これは非適合的 inconveniens であるように思われる。それゆえに、意志は徳の基体であることはできない。

しかし、その反対に、動かされるものにおいてよりも、動かすものにおいてより大いなる完全性が必要とされる。しかるに意志は怒情的および欲情的能力を動かす。それゆえに、怒情的および欲情的能力のうちによりも、よりいっそう意志のうちに徳があるとしなければならない。

私は答える――。

能力(可能性) potentia は習慣(能力態) habitus によって働きへと向けて完成されるのであるから、能力に固有の本質 propria ratio potentiae のみをもってしては働きを為すのに充分ではない場合に、能力は善く働きを為すことへ向けて(自らを)完成してくれる習慣――この習慣が徳にほかならないのであるが――を必要とするのである。しかるに、すべての能力に固有なる本質は対象との関係において捉えられる。ここからして、前述のように(第十九問題第三項)意志の対象は意志に対比的な proportionatum 理性的善であるところから、この点に関するかぎり、意志は(自らを)完成してくれる徳を必要とはしない。しかし、もしも人間の意志が自らとの対比 proportio を超絶するような善に直面したならば――こうした対比の超絶ということは人間本性の限界 limites を超越する transcendere ところの神的善のように、人間という種の全体に関して言われる場合と、隣人の善 bonum proximi のように、個人に関して言われる場合とがある――その場合には意志は徳を必要とするのである。それゆえに、人間の欲求能力 affectus を神もしくは隣人へと秩序づけるところの徳、たとえば愛徳 caritas、正義 justitia およびこの種の諸々の徳は、意志を基体としてそのうちに見出されるのである。

㈠については、それゆえ、こう言うべきである。この議論は、前述のところからあきらかなように(第二十五問題第六項第三異論解答、第一部第二十一問題第一項第一異論解答、第五十九問題第四項第三異論解答)、節制、剛毅など人間的情念にかかわるもの、およびその他のこの種の徳のように、意志する主体自身に固有なる善へと秩序づけるところの徳についてあてはまるのである。

(二)についてはこう言うべきである。分有によって理性的であるもの rationale per participationem は怒情的および欲情的能力のみに限ったことではなく、『ニコマコス倫理学』第一巻(1102b30)で言われているように、「全面的に、つまり欲求能力の全般」について言えることなのである。しかるに、欲求能力のうちには意志もふくまれる。それゆえに、もし何らかの徳が意志のうちに見出されるとしたら、後にあきらかにされるように(第五十八問題第三項第三異論解答、第六十二問題第三項)、それが対神的なる徳 virtus theologica でなければ、倫理的徳であろう。[156]

(三)についてはこう言うべきである。何らかの徳は、この、もしくはあの人間に固有であるところの、節度ある情念 passio moderata という善へと秩序づけられている。そしてこれらの場合においては、意志のうちに何らかの徳があることは必要ではない。なぜなら、前述のように(本項主文)、この点に関しては(意志)能力の自然本性でもって充分だからである。むしろこのことは、何らかの外的なる善へと秩序づけられているような諸々の徳に関してのみ、必要とされるのである。

第五十七問題（全六項）
諸々の知的徳の区別について

次に考察すべきは諸々の徳の区別である。すなわち、第一に諸々の知的徳 virtutes intellectuales に関して、第二に倫理徳 virtutes morales に関して、第三に対神徳 virtutes theologicae に関して。

最初の点をめぐって次の六つのことがらが探求される。

第一　諸々の思弁的な知的習慣 habitus intellectuales speculativi は徳であるか
第二　それらは知恵 sapientia、学知 scientia、および直知 intellectus の三つであるか
第三　技術 ars なる知的習慣は徳であるか
第四　知慮 prudentia は技術とは異なった徳であるか
第五　知慮は人間にとって必要・不可欠な徳であるか

第六　思慮深さ eubulia、賢察 synesis、および明察 gnome は知慮に結びついた徳であるか

第一項　諸々の思弁的な知的習慣は徳であるか

第一については次のように進められる。⑰――諸々の思弁的な知的習慣は徳ではない、と思われる。なぜなら

(一)　さきに言われたように（第五十五問題第二項）、徳は作用的習慣 habitus operativus である。しかるに諸々の思弁的習慣は作用的ではない。というのも、思弁的なるもの speculativum は実践的なるもの practicum、つまり作用的なるもの operativum から区別されているからである。それゆえに、諸々の思弁的なる知的習慣は徳ではない。

(二)　『ニコマコス倫理学』第一巻（1099b16）に言われているように「幸福 felicitas は徳の報償である」がゆえに、徳はそれでもって人間が幸福 felix、あるいは至福 beatus たらしめられるところのことがらにかかわる。しかるに諸々の知的習慣は人間的行為、も

しくはそれによって人間が至福をかちとるところの他の諸々の人間的善にではなくて、むしろ自然的ならびに神的なる事物にかかわっている。それゆえに、この種の習慣は徳と呼ばれることはできない。

(三) 学知 scientia は思弁的習慣である。しかるに知(学知) scientia と徳とは、アリストテレスが『トピカ』第四巻(121b34)でのべているところからあきらかなように、(一方が他方に)下属するという仕方で subalternatim 位置づけられているのではないところの、相互に異なった類として区別されている。それゆえに、諸々の思弁的な習慣は徳ではない。

しかし、その反対に、諸々の思弁的な習慣のみが、それ以外の仕方ではありえないところの必然的なる事物を考察する。しかるにアリストテレスは『ニコマコス倫理学』第六巻(1139a7)において、何らかの知的徳を、それ以外の仕方ではありえないところの必然的なる事物を考察する霊魂の部分のうちに位置づけている。それゆえに、諸々の思弁的な知的習慣は徳である。

私は答える――。

前述のように(第五十五問題第三項)、すべての徳は善への秩序づけにおいて語られるものであるから、或る習慣が徳と呼ばれるのは二つの論拠からしてであること、前述の通りである(第五十六問題第三項)。その一つは、善く働きを為すための技能 facultas をつくりだすことにもとづき、もう一つは技能と共にそれの善い行使 usus をも保証してくれることにもとづくものである。そしてこの後者は、前述のように(第五十六問題第三項)、すべての能力ならびに習慣を行使へと動かすのは霊魂の欲求的力であるとの理由から、(霊魂の)欲求的部分にかかわる諸習慣においてのみ見出されるのである。

したがって、諸々の思弁的な知的習慣は(霊魂の)欲求的部分を完成するのでもなければ、何らかの仕方でそれにかかわるものでもなく、ただ知的部分のみにかかわるものであるところから、たしかに次の意味では徳と呼ばれることができる。すなわち、真なることの考察――つまり、これは知性にとっての善い働きなのであるから――という善い働きを為す技能をつくりだすかぎりにおいて。だが、それらは、それらがあたかも能力あるいは習慣を善く行使せしめるかのように、第二の仕方で徳と呼ばれることはないのである。というのも、或る人が思弁的な学知の習慣を有するからといって、それを行使するように傾かしめられることはなく、むしろかれがそれについて学知を有するところのことがらにおいて真なることを考察しうる者たらしめられるのである。これにたいして、かれがその有する学知を行使するということは意志が動かすことによるのである。それゆえに、愛徳 caritas や正義のように、意志を完成するところの徳は、この種の思弁的な諸習慣をも善く行使せしめるのである。このことにもとづいて、もし愛徳からして為されるならば、これら諸習慣の行為においても功徳⑲ meritum がありうるのであって、この点グレゴリウスが⑯「観照的生活 contemplativa は活動的生活 activa よりもより大いなる功徳を有する」とのべているごとくである。

㈠については、それゆえ、こう言うべきである。働き opus には外的および内的と二種類のものがある。したがって、思弁的なるもの speculativum と対立するものとして区分されるところの実践的ないし作用的なるもの practicum vel operativum とは、外的な働きからしてそう言われるものであり、思弁的な習慣はそれへと秩序づけられてはいない。だがしかし、思弁的な習慣は知性の内的な働きへの秩序づけは有するのであって、この働きとは真なることを考察することである。そして、この意味で思弁的習慣は作用的習慣なのである。

㈡についてはこう言うべきである。徳が何らかのことがらにかかわるのには二つの仕方がある。その一つは、そうしたことがらが対象である場合であって、この意味ではこの種の思弁的なる徳は、それによって人間が至福であるようなことがらにかかわるのではない。もっとも「……によって」per が作動原因 causa efficiens を意味するものであったり、完全な至福の対象、つまり最高の思弁(観照)的対象 speculabile たる神を意味する場合には別であるが。もう一つの仕方は、徳のかかわることがらが行為、働き actus であるような場合である。そして、この意味では諸々の知的徳はそれによって人間が至福となるようなことがらにかかわるのであって、それは一つにはこうした徳の行為が前述のように(本項主文)功徳あるものたりうることによるものであり、またこうした行為が完全なる至福の一種の始源 inchoatio――それは前述のように(第三問題第七項)真なることの観照に存する――である、ということによるのである。

(三)についてはこう言うべきである。学知がそれと対立するものとして区分される場合の徳とは第二の仕方で言われたもの、すなわち欲求能力に属するところの徳なのである。

第二項　思弁的な知的習慣は知恵、学知、および直知の三つだけであるか

第二については⑯次のように進められる。――知恵、学知、直知という三つの思弁的な知的徳の区別は適切なものではない、と思われる。なぜなら

(一)　種は類と並ぶものとして区分されるべきではない。しかるに、『ニコマコス倫理学』第六巻(1141a19)で言われているように、「知恵は一種の学知である」。それゆえに、知恵は学知と並ぶものとして知的徳の一つに数えられるべきではない。

(二)　対象objectumにもとづいて考察されるところの諸々の能力、習慣、および行為・働きの区別においては、前述のように(第一部第七十七問題第三項、第二部の第一部第五十四問題第二項第一異論解答)、主要的に考察されるのは諸々の対象の形相的な側面ratio formalisにもとづくところの区別である。それゆえに、多様なる諸習慣は質料的なる対象objectum materialeにもとづいてではなく、むしろ当の対象の形相的側面にもとづいて区別されるべきである。しかるに論証の原理は諸々の結論を知るための根拠(形相的側

面）ratio である。それゆえに、諸原理の直知 intellectus principiorum は、諸結論の論証知 scientia conclusionum とは異なった習慣もしくは異なった徳と見なされるべきではない。

㈢　知的徳と呼ばれるのは、本質的に理性的であるもの自体のうちに見出される徳である。しかるに、思弁的理性といえども、論証的に demonstrative 三段論法的推論を行うのと同様に、弁証的に dialectice 三段論法的推論を行うこともあるのである。それゆえ、論証的三段論法からして生ぜしめられるところの論証知・学知 scientia が思弁的な知的徳であるとされているのと同様に、臆見 opinio もまたそのように見なされるべきである。

しかし、その反対に、アリストテレスは『ニコマコス倫理学』第六巻（1141a19）において知恵、学知および直知の三つだけを思弁的な知的徳であるとしている。

私は答える――。

さきに言われたように（第一項）、思弁的な知的徳とは、それによって思弁的知性が真なること verum を考察すべく完成されるところのものである。というのも、このことが知性の善い働き bonum opus だからである。

しかるに、真なることは二つの仕方で考察されることが可能である。その一つは、それ自体によって知られるもの per se notum としてであり、もう一つの仕方は、他によって知られるもの per aliud notum としてである。ところが、それ自体によって知られるものは始源・原理 principium として位置づけられ、知性 intellectus によってただちに statim 把握される。そのことのゆえに、このような真なることの考察へ向けて知性を完成するところの習慣は直知 intellectus と呼ばれるのであり、これは諸々の原理の（把握にかかわる）習慣 habitus principiorum である。

これにたいして他によって知られる真なることは、知性によってただちに把握されるのではなく、理性の探求 inquisitio rationis を通じて知られるのであり、終極 terminus として性格づけられる。ところで、このことは二つの仕方で成立しうる。その一つは或る類における in aliquo genere 最終的な終極たるかぎりにおいてであり、もう一つは人間的認識の全体に関して最終的な終極たるかぎりにおいてである。そして『自然学』第一巻(184a18)で言われているように、われわれにとって quoad nos より後に知られることがらは、自然本性に即して言えば secundum naturam より先なるものであり、よりよく知られるものであるから、人間的認識の全体に関して最終的であるところのものは、自然本性に即しては第一かつ最大に知られうるところのものである。そして、『形而上学』第一巻(981b28)で言われているように、最高の諸原因を考察するところの知恵sapientiaはこのようなことがらにかかわる。ここからして知恵がすべてのことについて判断し、秩序づけるのは条理にかなったconvenienterことである。なぜなら完全perfectumですべてにおよぶuniversale判断は第一の諸原因causae primaeへの還元・還帰resolutioによるのでなければ成立しえないからである。だが、知られうるものcognoscibiliaの特定の類における最終的なるものに関しては、学知scientiaが知性を完成するのである。このようなわけで、知られうるものscibiliaの類が様々であるのにもとづいて諸々の学知の様々なる習慣が成立するのであるが、これにたいして知恵はただ一つである。

㈠については、それゆえ、こう言うべきである。知恵はすべての学知に共通的なこと、すなわち原理からして結論を論証するという面をそなえているかぎりにおいて、一種の学知である。しかし、知恵はすべての学知について、それもたんに諸々の結論に関してのみでなく諸々の第一原理に関しても判断するかぎりにおいて、他の諸々の学知を超えて自らに固有である何かを有するのであり、それゆえに学知よりもより完全な徳であるという本質側面 ratio をそなえている。

(二)についてはこう言うべきである。対象の形相的側面 ratio objecti が一つの働きをもって能力ないしは習慣に関連づけられる場合には、習慣ないし能力は対象の形相的側面と質料的対象 objectum materiale という観点から区別されることはない。たとえば色彩 color を見ることと、光 lumen――色彩がそれの下に見られる形相的側面 ratio videndi であって色彩と同時に見られるもの――を見ることとは、同一の視覚能力 potentia visiva に属するのである。これにたいして論証の原理は、結論が考察されることなしに、それだけ離して考察されることが可能である。さらにまた、原理から結論が導き出されるかぎり、原理は結論と同時に考察されることも可能である。それゆえ、この第二の仕方で原理を考察することは、結論をも考察するところの学知に属する。だが原理をそれ自体に即して考察することは直知に属するのである。

したがって、正しい仕方で recte 考察したならばこれら三つの徳は相互に均等なものとして区分されているのではなくて、何らかの順序に従っているのである。そのことは、その一つの部分が他の部分よりもより完全であるような諸々の可能的全体 totum potentiale において認められるのであって、たとえば理性的霊魂 anima rationalis は感覚的霊魂 anima sensibilis よりも、感覚的霊魂は植物的霊魂 anima vegetabilis よりもより完全である。なぜなら、学知はこのような仕方で、より主要的なもの principalior である直知に依存しているのである。そしてこれら両者は最も主要的なもの principalissimum である知恵に依存しているのであって、知恵は諸々の学知の結論ならびにそれらの原理について判断するかぎりにおいて、自らの下に直知と学知をふくむのである。

㈢についてはこう言うべきである。さきに言われたように(第五十五問題第三、四項)、徳であるところの習慣は確定的に determinate 善へと秩序づけられているのであって、けっして悪へと秩序づけられることはない。しかるに知性の善は真なることであり、その悪とは偽なることにほかならない。したがって、それによって常に真なることが語られ、けっして偽なることが語られることのないようなかの習慣のみが知的徳と呼ばれるのである。これにたいして臆見 opinio、疑念 suspicio は真でも偽でもありうる。それゆえに、『ニコマコス倫理学』第六巻(1139b17)で言われているように、それらは知的徳ではない。

第三項　技術という知的習慣は徳であるか

第三については[162]次のように進められる。——技術 ars[163] は知的徳ではない、と思われる。

なぜなら

(一)　アウグスティヌスは『自由意思論』第二巻（第十八章、PL32, 1267, 1268）において、「なんびとも徳を悪《あ》しく用いることはない」とのべている。しかるに技術は悪しく用いられることがある。というのも、或る職人は自分の技術の知識 scientia artis に従って悪しく働きを為すことができるからである。それゆえ、技術は徳ではない。

(二)　徳の徳といったものは存在しない。しかるに『ニコマコス倫理学』第六巻（1140b22）で言われているように技術については何らかの徳が存在する。それゆえ、技術は徳ではない。

(三)　自由学芸（技術）artes liberales は手仕事の技術 artes mechanicae よりも優越的である。しかるに、手仕事の技術が実践的なものであるように、自由学芸は思弁的である。それゆえ、もしも技術が知的徳であったならば、諸々の思弁的徳の一つに数えられるべきだったであろう。

しかし、その反対に、アリストテレスは『ニコマコス倫理学』第六巻(1139b16)において、技術は徳であるとしている。だが、かれはそれを諸々の思弁的徳——アリストテレスによるとそれらの基体 subjectum は霊魂の学知的な部分 pars scientifica である——のうちに数えてはいない。

私は答える——。

技術とはつくりだされるべき何らかの作品にかかわる正しい理性 recta ratio にほかならない。しかるに、こうしたものの善は(それらをつくる)人間の欲求が何らかの状態にあるということにではなくて、つくられた作品そのものがそれ自体において善いものであることに存する。というのも、職人 artifex が職人たるかぎりで賞賛を受けるのはどのような意志でもって作品を作ったかによってではなくて、かれが作る作品がどのようなものであるかによるのだからである。このようなわけで、本来的に言えば技術は作用的・実践的な習慣 habitus operativus である。

とはいえ、技術はある面では諸々の思弁的な習慣と共通である。なぜなら、思弁的な習慣にとっても、それらが考察する事物がどのようなものであるかが関心事であって、事物にたいする当の人間の欲求がどのような状態にあるかは問題ではないからである。というのも、幾何学者の行う論証が真であるかぎり、かれの欲求的部分がどのような状態にあるか、つまり、かれが快活であるか怒っているかといったことは問題ではないのであり、それは前にのべたように、職人の場合にそうしたことが問題ではないのと同様である。それゆえに、技術が徳としての性格をもつのは諸々の思弁的徳と同じ意味においてである。つまり、技術も思弁的習慣も行使 usus に関して行為・業を善いものにするのではなく――それをするのは、欲求能力を完成する徳に固有のことである――ただ善く行為する技能 facultas に関してだけなのである。

㈠については、それゆえ、こう言うべきである。技術をもっている或る人が悪い作品 artificium をつくりだした場合、それは技術の働きではなく、むしろ技術に反するものである。それは、或るひとが真実を知りつつ偽りを言う場合、かれが言うことはかれの知 scientia に即しているというよりは、それに反するものであるのと同様である。したがって、前述のように(第二項第三異論解答)、(徳としての)知 scientia が常に善へと関係づけられているように、技術も同様である。そして、技術が徳と呼ばれるのはこの意味においてである。他方、技術が徳としての完全な本質 perfecta ratio virtutis に欠けるところがあるとされるのは、それが善き行使そのもの ipse bonus usus をつくりだすのではないからであり、善い行使のためには何か他のことが必要とされるのである――技術なしの善き行使はありえないのであるが。

㈡についてはこう言うべきである。ひとがみずからもっている技術を善く行使しうるためには、善い意志 bona voluntas が必要とされるのであり、それは倫理的な徳によって完成されるのである。このゆえに、アリストテレスは技術の徳、つまり倫理徳がある、とのべたのであり、それはすなわち、技術の善い行使のために倫理徳が必要とされるかぎりにおいてである。というのも、職人が、かれの意志を正しいものたらしめる正義(の徳)によって、仕事を忠実に遂行するように傾かしめられることはあきらかだからである。

㈢についてはこう言うべきである。思弁的なことがらにおいても何らかの作業 opus をする、といった事態が見られるのであって、たとえば三段論法や適切な言い回しをつくりだすとか、数えたり計測したりする作業がそれである。したがって、この種の作業へと秩序づけられている思弁的理性の諸々の習慣は、何らかの類似にもとづいて技術 artes、つまり自由学芸 artes liberales と呼ばれる。それらが「自由な」と言われるのは、身体をつかって行われる作業——それらは、身体が奴隷として霊魂に下属し、人間はその霊魂に即して自由であるとされるかぎりにおいて、或る意味で奴隷的 serviles である——へと秩序づけられているところの、あの諸々の技術から区別するためである。これにたいして、この種の作業へとまったく秩序づけられていない諸々の学知 scientiae は、端的に simpliciter 学知と呼ばれ、技術(学芸)とは呼ばれない。また、たとえ自由学芸(技術)がより高貴であったとしても、だからといってそれらがよりすぐれて技術としての本質をそなえている、ということにはならない。

第四項　知慮は技術とは別の徳であるか

第四については⑯次のように進められる。——知慮 prudentia は技術 ars とは別の徳ではない、と思われる。なぜなら

㈠　技術は何らかの業《わざ》 opera にかかわる正しい理性 recta ratio である。しかるに、業には多様な種類があるからといって、(それらにかかわる)或るものが技術たるの側面

を失うということはない。というのも、大いに多様であるところの諸々の業について、多様な技術が存在するからである。したがって、知慮もまた業にかかわる一種の正しい理性であってみれば、それもまた技術と呼ばれるべきであるように思われる。

(二)　知慮のほうが思弁的習慣よりも技術とより大きな共通点をもっている。というのも、『ニコマコス倫理学』第六巻(1140b35)で言われているように、それらはともに、違ったふうにありうる偶然的なもの contingens にかかわっているからである。しかるに、思弁的習慣の中には技術と呼ばれるものがある。それゆえ、なおさらのこと知慮は技術と呼ばれて然《しか》るべきである。

(三)　『ニコマコス倫理学』第六巻(1140a25)で言われているように、よく思案をめぐらすこと bene consiliari が知慮に属する。ところが、やはり『ニコマコス倫理学』第三巻(1112b3)で言われているように、思案をめぐらすことは何らかの技術においても行われることであって、たとえば軍事、航海、医療などの技術において見られるごとくである。それゆえ、知慮は技術から区別されるのではない。

しかし、その反対に、アリストテレスは『ニコマコス倫理学』第六巻(1139b16)において知慮を技術から区別している。

私は答える――。

徳の本質 ratio が異なっているような場合には、そうした諸々の徳の間には区別をおかなければならない。ところが、さきに(第一項、第五十六問題第三項)或る習慣はたんに善い働きを為すための技能をつくりだす、ということからして徳の本質を有するのにたいして、或る習慣は善い働きを為すための技能だけでなく、それの(善い)行使をもつくりだす、ということからして徳の本質を有する、とのべられた。ところで、技術は欲求にかかわるものではないところから、それがつくりだすのは善い働きを為すための技能のみである。これにたいして、知慮は善い働きを為すための技能のみではなく、それの(善い)行使をもつくりだす。というのも、知慮は欲求の正しさを前提とするものであるところから、欲求にかかわりをもつからである。

こうした相違の根拠は、技術がつくりだすべきことがら factibilia についての正しい理性であるのにたいして、知慮は為すべきことがら agibilia についての正しい理性である、というところにある。ところで、「つくる」facere と「為す」agere とは異なったものである。なぜなら、『形而上学』第八巻(1050a30)で言われているように、つくる働き factio は、たとえば(家を)建てる、切断する、およびこの種の働きのように、外的な素材へと移行する働き actus transiens であるのにたいして、為す働き agere は、視《み》る、意志する、およびこの種の働きのように、行為者自身のうちにとどまる働き actus permanens だからである。こういうわけで、知慮が諸々の能力や習慣の行使であるところの人間的行為にたいして関係づけられているのは、技術が外的なつくる働きへと関係づけられているのと同様である。なぜなら、両者ともそれぞれがかかわっていることがらに関しての理性の完全な状態 perfecta ratio だからである。

ところで、思弁的なことがらにおける理性の完全性や正しさは、理性がそこから論証を出発させるところの諸原理に依存する。それは、学知・論証知 scientia は、諸々の原理にかかわる習慣たる直知 intellectus に依存し、それを前提とする、と言われた通りである(第二項第二異論解答)。これにたいして、『ニコマコス倫理学』第七巻(1151a16)で言われているように、人間的行為においては、思弁的なことがらにおける原理にあたるものは目的である。したがって、為すべきことがらについての正しい理性である知慮を有するためには、当の人間が諸々の目的に関して善く秩序づけられていることが要求される。ところで、そのことは正しい欲求 appetitus rectus によって為される。それゆえに、知慮にとっては欲求を正しいものたらしめる倫理徳が必要とされる。

他方、技術によってつくりだされたものの善は人間的な欲求の善ではなくて、つくりだされた作品自体の善である。それゆえ、技術は正しい欲求を前提とするのではない。ここからして、自らの意に反して nolens しくじる職人よりも、わざと volens しくじりをやってのける職人のほうがほめそやされる。だが、或る人が自らの意に反して罪を犯すよりも、進んで罪を犯すことのほうが、より甚だしく知慮に反することである。なぜなら、意志の正しさは知慮の本質には属しているが、技術の本質にふくまれるものではないからである。このようなわけで、知慮が技術とは別の徳であることはあきらかである。

(一)については、それゆえ、こう言うべきである。技術によってつくりだされるものの多様な種類は、すべて人間にとっては外的なものであり、したがってそれらによって徳の本質が多様化されることはない。ところが、前述のように(本項主文)、知慮は人間的行為そのものにかかわる正しい理性であり、したがって技術とはちがった意味での徳なのである。

(二)についてはこう言うべきである。知慮は、それの基体 subjectum およびそれがかかわる事柄 materia について言えば、諸々の思弁的習慣[165]よりも技術とより大きな共通性を有する。というのも、両者とも霊魂の臆見的部分 pars opinativa のうちに見出され、他の仕方でもありうるような偶然的なものにかかわっているからである。しかし、前述のところからあきらかなように（第三項）、徳の本質について言えば、技術は知慮とよりも、むしろ思弁的習慣とより大きな共通性を有する。

㈢についてはこう言うべきである。知慮は人間の全生活および人間的生活の究極目的にかかわることがらについて善く思案をめぐらすものである。これにたいして、何らかの技術においてはそれら技術に固有的な諸目的にかかわることがらについての思案が為される。したがって、或る人々は戦争とか航海にかかわることがらについて善く思案をめぐらすことができるかぎりにおいて、知慮ある指揮官ないし知慮ある舵手《だしゅ》であると言われるが、端的に simpliciter 知慮ある人 prudentes と言われることはない。そのように呼ばれるのは、生活の全体にかかわることがらについて善く思案をめぐらす人々だけである。

第五項　知慮は人間にとって必要・不可欠な徳であるか

第五については次のように進められる。⑯⑯――知慮は善く生きるために ad bene vivendum 必要・不可欠な necessaria 徳ではない、と思われる。なぜなら

㈠　技術がつくりだすべきことがら――技術とはそれらにかかわる正しい理性である――にたいするのと同じように、知慮は為すべきことがら――それらにもとづいて人間の生活は評価される――にたいして関係づけられている。というのも、『ニコマコス倫理学』第六巻（1140a25）で言われているように、知慮とはそれらのことがらにかかわる正しい理性だからである。しかるに、つくりだすべきことがらにおいて技術が必要であるのは、ただそれらがつくりだされるためにであって、つくりだされた後は必要ではない。それゆえ、知慮も人間が有徳な者となった後においては善く生きるために必要とされるのではなく、おそらくはかれが有徳な者になるということのためにのみ必要とされるのである。

㈡　知慮とは、『ニコマコス倫理学』第六巻（1140a25）で言われているように、それに

よってわれわれが正しく思案をめぐらすものである。ところが、人はたんにみずからの善い思案によってだけではなく、他人の善い思案によっても行為することができる。それゆえに、善く生きるためには、人がみずから知慮を身につけることは必要ではなく、知慮ある人々の思案に従うことで足りるのである。

㈢　知的徳とは、それによって常に真なることが語られ、けっして偽が語られることのないものである。ところが、知慮によってこうしたことが為されるとは思われない。というのも、為すべきことがらについて思案をめぐらすにあたってけっして誤りをおかすことがない、というのは人間業《にんげんわざ》ではないからである。なぜというに、人間的な為すべきことがら humana agibilia は、他の仕方でもありうるような偶然的なことがらだからであり、ここからして『智書』第九章(第十四節)には「死すべき人間どもの思いは怖れに満たされ、われらの配慮するところは不確かである」と言われている。それゆえに、知慮を知的徳であるとすべきではないように思われる。

しかし、その反対に、『智書』第八章(第七節)において、神的な知恵について「(神的な知恵は)節度と知慮、正義と剛毅を教え、この世では人々にとってそれらよりも有益なものはない」と語られている際に、知慮は人間生活に必要・不可欠な他の諸々の徳とならべて枚挙されている。

私は答える——。

知慮は人間生活にとって最も必要とされる徳である。なぜなら、善く生きるとは善く行為することにほかならない。ところで、或る人が善く行為するためには、何を quid 為すかということだけではなく、いかに quomodo 為すかということも問題となるのであり、つまり、たんに衝動 impetus あるいは情念 passio からして行為するのではなく、正しい選択 electio recta にもとづいて行為するのでなければならない。しかるに、選択は目的へのてだてたることがら ea quae sunt ad finem にかかわるものであるから、選択の正しさのためには二つのことが必要とされる。すなわち、正しい目的 finis debitus と、正しい目的へと適合的に convenienter 秩序づけられたところのものである。ところで、人は正しい目的にたいしては、霊魂の欲求的部分——その対象は善および目的である——を完成するところの徳によって、適合的に秩序づけられる。これにたいして、正しい目的へと適合的に秩序づけられたところのものについて言えば、人はそれへと向かって理性の習慣によって直接的に秩序づけられることを要する。なぜなら、目的へのてだてたることがらにかかわるところの思案する、選択するなどの働きは、理性の働きだからである。したがって、理性のうちに、理性を完成して、それを目的へのてだてたることがらにたいして適切に秩序づけるような、何らかの知的徳が存在するのでなければならない。そして、このような徳が知慮である。ここからして、知慮は善く生きるために必要・不可欠な necessaria 徳である。

(一)については、それゆえ、こう言うべきである。技術の善 bonum artis は技術者・制作者 artifex 自身において見てとられるのではなく、むしろ制作されたもの artificiatum 自体において見出される。なぜなら技術はつくりだすべきものにかかわる正しい理性だからである。というのも、外的な素材へと移行するところのつくる働き factio は、つくる者の完全性ではなく、むしろつくられたものの完全性であって、それは運動が動かされうるものの現実態であるのと同様である。ところが技術はつくりだすべきもの factibilia にかかわっている。これにたいして知慮の善は、行為すること自体 ipsum agere をもってその完全性とするような、行為者自身において見てとられる。というのも、前述のように(第四項)、知慮は為すべきことがらにかかわる正しい理性だからである。したがって、技術にとって必要とされるのは、技術者 artifex が善く働きを為す bene operatur ということではなくて、善い作品をつくりだすということである。あるいはむしろ、小刀が善く削り、鋸《のこぎり》が善く切断する、といったふうに、制作されたもの自体ipsum arificiatumが善く働きを為すことが必要とされると言うべきであろう⑯⁷(もっとも、これらのものが働きを被るagiよりは、本来的に言って働きを為すagereとした上でのことであるが⑯⁸――なぜなら、それらは自らの働きにたいする支配力をもたないからである)。それゆえに、技術は技術者自身が善く生きるのに必要・不可欠ではなく、ただ善い作品そのものをつくり、それを保全するためにだけ必要とされるのである。これにたいして、知慮はたんに人間が善い者となるためだけではなく、善く生きるために必要・不可欠である。

(二)についてはこう言うべきである。ひとが自分の理性にもとづいてではなく、他人の助言に動かされて善い行為をしている間は、その人の働きは、理性が指導し、欲求が動かす、といった点に関してまだ全面的にomnino完全であるとは言えない。したがって、善いことをしているとはいっても、端的に善い仕方で行為しているのではない――ところが、善く生きるとはこの後者のことを言うのである。

(三)についてはこう言うべきである⑯⁹。『ニコマコス倫理学』第六巻(1139a26)で言われているように、実践的知性における真verumは思弁的知性における真とは違ったふうに解される。すなわち、思弁的知性における真は、事物にたいする知性の合致conformitas intellectus ad rem にもとづいて成立する。そして、知性は偶然的なことがら contingentia においては不可謬的な仕方で事物に合致することはできず、それができるのは必然的なことがら necessaria においてだけであるから、偶然的なことがらにかかわるいかなる思弁的習慣も知的徳ではなく、知的徳は必然的なことがらに関してのみ成立する。しかるに、実践的知性における真は正しい欲求との合致 conformitas ad appetitum rectum にもとづいて成立する。ところが、こうした合致は、人間的意志がつくりだしたのではないところの、必然的なことがらにおいては成立の余地はなく、ただ偶然的なことがらにおいてだけである。すなわち、偶然的なことがらは、内的なる為すべきことがらにせよ、外的なるつくりだすべきことがらにせよ、われわれによって左右されうる possunt a nobis fieri のである。したがって、実践的知性の徳が措定されるのは偶然的なことがらに関してのみであり、すなわち、つくりだすべきことがらに関しては技術が、他方、為すべきことがらに関しては知慮が措定されるのである。

第六項　思慮深さ、賢察および明察は知慮に結びついた徳であるか

第六については次のように進められる。——思慮深さ eubulia、賢察 synesis および明察 gnome が知慮に結びつけられるのは適合的ではない、と思われる。なぜなら

㈠『ニコマコス倫理学』第六巻（1142b16）で言われているように、思慮深さとは、それでもってわれわれが善く思案するところの習慣である。ところが、同じ巻（1140a25; 1141b9）で言われているように、善く思案することは知慮に属する。それゆえ、思慮深さは知慮に付加された徳ではなく、むしろ知慮そのものである。

㈡ 下位のものごとについて判断する judicare ことは上位のものに属することである。それゆえ、それの働きが判断であるような徳が、最高であるように思われる。しかるに、賢察は善い判断を下すことを可能にするものである。それゆえ、賢察は知慮に付加された徳ではなく、むしろそれこそ主要的な principalis 徳である。

㈢ それについて判断を下すべきことがらが多様であるように、それについて思案す

べきことがらも多様である。しかるに、思案すべきことがらのすべてについて、一つの徳、すなわち思慮深さが措定されている。それゆえ、為すべきことがらについて善く判断を下すためにも、賢察の他にもう一つの徳、つまり明察を措定すべきではない。

㈣　キケロは『弁論術』第二巻（第五十三章）において、知慮について別に三つの部分、すなわち過去の記憶 memoria praeteritorum、現在の理解 intelligentia praesentium、および未来の予知 providentia futurorum を措定している。さらにマクロビウス[171]も知慮について別の部分、すなわち、慎重さ cautio、素直さ docilitas、およびこの種の他のことがらがあるとしている。それゆえ、前述の徳だけが知慮に付加されるとは思われない。

しかし、その反対に、『ニコマコス倫理学』第六巻（1143a25）において、これら三つの徳を知慮と結びつくものとして措定しているアリストテレスの権威[172]がある。

私は答える――。

すべてお互いに秩序づけられた諸能力においては、最も主要的な行為に秩序づけられている能力が最も主要的である。ところが、人間の為すべきことがら agibilia humana に関しては、理性による三つの行為が見出される。その第一は思案をめぐらすこと

consiliari であり、第二は判断すること judicare、第三は命令すること praecipere である。ところで、はじめの二つは思弁的知性の働き、すなわち探求すること inquirere と判断すること judicare に対応する。というのも、思案をめぐらすことは一種の探求 inquisitio だからである。しかし、第三の行為は行為的 operativus であるかぎりでの実践的知性に固有のものである。というのも、理性は人間によって為されえないことがらを命令する必要はないからである。ところが、人間によって為されることがらにおいて主要的な行為は命令することであって、他の行為はそれに秩序づけられていることはあきらかである。それゆえに、善く命令することを可能にする徳、すなわち知慮を最も主要的な徳として、それに、善く思案をめぐらすことを可能にする徳である思慮深さ eubulia および判断にかかわる部分である賢察 synesis と明察 gnome——それらの区別については後述するであろう(第三異論解答)——とが第二次的な徳として付加されているのである。

㈠については、それゆえ、こう言うべきである。知慮が善く思案することを可能にするのは、いわば善く思案することが直接的に immediate その行為であるとの意味においてではなく、むしろ知慮は自らに従属している徳、すなわち思慮深さを媒介として

mediante、この行為を完成するとの理由によるのである。

㈡についてはこう言うべきである。実践的なことがらにおける判断は、さらにその先の何ごとかに秩序づけられている。というのも、或る人が何か為すべきことについて善く判断して、しかもそれを正しく遂行しない、といったことが起こるからである。じっさいには、（実践的なことがらにおける）最終的な完了 complementum は、理性が為すべきことについて善く命令を下すときに到達されるのである。

㈢についてはこう言うべきである。どのような事物についての判断も、当の事物の固有的な原理にもとづいて下される。これにたいして、探求 inquisitio はまだ固有的な原理にもとづいて為されるのではない。なぜなら、もしそうした原理を手にしているのであれば、探求の必要はなく、むしろすでに当の事物は発見されているだろうからである。したがって、善く思案をめぐらすことのためにはただ一つの徳が秩序づけられているが、善く判断することのためには二つの徳が秩序づけられている。というのも、区別は共通的な諸原理のうちにではなく、固有的な諸原理のうちに見出されるからである。ここからして、思弁的領域においても、探求にたずさわるところの弁証論 dialectica は、すべてのことについて一つあるが、判断を下すところの論証的な学 scientiae demonstrativae は、事物が多様であるのに応じて多様である。ところが、賢察 synesis と明察

gnomeとは、それにもとづいて判断が下される規準 regula が異なっているのに応じて区別される。というのは、賢察は為すべきことがらについて共通的な法 lex communis に即して判断を下すのであるが、明察は共通的な法が欠落しているようなことがらに関して、自然本性的な理性そのもの ipsa ratio naturalis にもとづいて判断を下すからであり、この点は後で（第二部の第二部第五十一問題第四項）くわしく解明される通りである。

㈣についてはこう言うべきである。記憶、理解、予知、同じくまた慎重さ、素直さ、および他のこの種のものは、知慮から区別される徳であるよりは、むしろ知慮が完全であるためにそれらすべてが必要とされるかぎりにおいて、いわば知慮（という全体）の構成的部分 partes integrales として、知慮に関係づけられるのである。(173) さらに家政的 oeconomica、国政的 regnativa、およびこの種のもののように、知慮の主語的諸部分 partes subjectivae ないしは種 species のようなものもある。しかし、前述の三つは第二次的なものが主要的なものにたいするように（知慮にたいして）秩序づけられているところから、いわば知慮の可能的諸部分 partes potentiales である。これらについては後でのべられるであろう（第二部の第二部第四十八―五十一問題）。

第五十八問題（全五項）
倫理徳と知的徳との区別について

ついで諸々の倫理徳について考察しなければならない。その第一は倫理徳と知的徳との区別についてであり、第二はそれぞれに固有のことがら materia propria に即しての諸々の倫理徳相互間の区別についてであり、第三は主要的 principalis もしくは枢要的な cardinalis 倫理徳と他のものとの区別についてである。

第一の点をめぐって次の五つのことがらが問題とされる。

第一　すべての徳が倫理徳であるか

第二　倫理徳は知的徳から区別されるか

第三　知的徳―倫理徳という区分は徳の区分として充分なものか

第四　倫理徳は知的徳なしにありうるか

第五　逆に、知的徳は倫理徳なしにありうるか

第一項　すべての徳が倫理徳であるか

第一については次のように進められる。[174]——すべての徳が倫理徳である、と思われる。なぜなら

(一)　倫理徳 virtus moralis という名称は習俗 mos、つまり慣習 consuetudo から来ている。ところがわれわれはすべての徳の行為を習慣化する consuescere ことができる。それゆえ、徳はすべて倫理徳である。

(二)　アリストテレスは『ニコマコス倫理学』第二巻(1106b36)で「倫理徳は理性的中庸に存するところの、選択にかかわる習慣である」とのべている。しかるに、われわれはどのような徳の行為でも選択にもとづいて為《な》しうるのであるから、すべての徳が選択にかかわる徳であるように思われる。さらに、後であきらかにされるように(第六十四問題第一—三項)、すべての徳が何らかの仕方で理性的中庸 medium rationis に存する。それ

ゆえ、すべての徳が倫理徳である。

㈢　キケロは『弁論術』第二巻（第五十三章）において「徳は自然本性の仕方で理性と一致・適合するところの習慣である」とのべている。しかるに、すべての人間的徳は人間の善へと秩序づけられているところから、理性と一致・適合するものでなければならない。なぜなら、ディオニシウスが『神名論』第四章（PG3, 733）でのべているように、人間にとっての善とは理性にかなうことに存するからである。それゆえ、すべての徳が倫理徳である。

しかし、その反対に、アリストテレスは『ニコマコス倫理学』第一巻（1103a7）において「われわれはひとの倫理的性状《エートス》(175)について語る場合には知恵がある sapiens とか明敏である intelligens とは言わず、むしろ温和である mitis とか節制がある sobrius と語る」とのべている。したがって、知恵 sapientia や直知 intellectus は倫理徳ではない。しかし、前述のように（第五十七問題第二項）、それらは徳である。それゆえ、すべての徳が倫理徳であるのではない。

私は答える――。

この問題をあきらかにするためには、mos の意味するところを考察しなければならない。というのは、そのことによって倫理徳 virtus moralis の意味するところを知りうるであろうからである。ところが mos には二つの意味がある。すなわち、『使徒行録』第十五章（第一節）で「モーセの慣習 mos に従って割礼を受けなければ、あなたたちは救われない」と言われているように、時としてそれは慣習 consuetudo を意味する。しかし、時としては或る為すべきことへの何らかの自然本性的、もしくは、いわば自然本性的な quasi naturalis 傾向性を意味する。ここからして、非理性的な動物についても何らかの習性 mos が語られるのであって、たとえば『マカベア第二書』第十一章（第十一節）では「かれらはライオンのように more leonum 敵中に突進して、かれらを打ち倒した」と言われている。また『詩篇』第六十七（第七節）において「一つの習性をもつ[176] unius moris 者どもを家にすまわせる御方」と語られるところにおいても、mos はこの意味に解されている。ところで、これら二つの意味はラテン語においては言葉に関するかぎり何ら区別されていない。これにたいして、ギリシア語においては区別が見出されるのであって、つまりラテン語の mos にあたるギリシア語 ethos は、時としては長母音 η ではじまり、時としては短母音 ε ではじまるような仕方で綴《つづ》られるのである。[177]

ところが、倫理徳 virtus moralis が mos からして名づけられるのは、mos が或る為すべきことへの何らかの自然本性的、あるいは、いわば自然本性的な傾向性 inclinatio を意味するかぎりにおいてである。そして、mos のもう一つの意味、すなわち、慣習という意味もここで言う mos の意味と類似している。というのも、慣習・慣れ consuetudo は或る意味で自然本性のようなもの natura になり、自然本性的な傾向性に類似した傾向性を生ぜしめるからである。しかるに、前述のところからあきらかなように(第九問題第一項)、行為への傾向性が、すべての能力をその働きへと向かって動かすことにかかわるところの、欲求的なちから virtus appetitiva に本来的に属するものであることはあきらかである。それゆえに、すべての徳が倫理徳と呼ばれるのではなく、欲求的なちから vis appetitiva のうちに見出されるものだけが倫理徳と呼ばれるのである。

(一)については、それゆえ、こう言うべきである。この異論は慣習を意味するかぎりでの mos にかかわるものである。

(二)についてはこう言うべきである。徳のすべての行為が選択からして為されることが可能であるが、正しい選択を為さしめるのは霊魂の欲求的な部分に見出されるところの徳だけである。というのは、さきに言われた通り(第十三問題第一項)、選択の働きは欲求的な部分の働きだからである。したがって、選択の根源であるところの選択的習慣

habitus electivus と言われるのは、欲求的なちからを完成するところの習慣のみである——他の諸々の習慣の働きも選択の下に入ってくることは可能なのであるが。

㈢については、こう言うべきである。『自然学』第二巻（192b21）において言われているように、自然本性は運動の根源である。ところが、行為へと向かって動かすことは欲求的な部分に固有な機能である。それゆえに、理性に同意することを通じて自然本性に似たものとならしめられることは、欲求的なちからのうちに見出される諸々の徳に固有なことなのである。

第二項　倫理徳は知的徳から区別されるか

第二については次のように進められる。(178)——倫理徳は知的徳から区別されない、と思われる。なぜなら

㈠　アウグスティヌスは『神国論』(179)第四巻（第二十一章、PL41, 128）において、「徳は正しく生きるための技術 ars である」とのべている。しかるに、技術は知的徳である。それ

ゆえ、倫理徳は知的徳とは異なったものではない。

(二) 多くの場合、諸々の倫理徳の定義のうちに知 scientia がふくまれている。たとえばある人々は、堅忍 perseverantia とは、そこにふみとどまるべきか、あるいはふみとどまるべきではないようなことがらについての知もしくは習慣であると定義し、また聖性 sanctitas とは、人々を信仰者たらしめ、神にたいする正しい務めを果たさしめる知である、と定義している。(180) しかるに、知(学知 scientia)は知的徳である。それゆえ、倫理徳は知的徳から区別されるべきではない。

(三) アウグスティヌスは『ソリロクィア』第一巻(第六章、PL32, 876)において、徳は正しく、完全な理性 recta et perfecta ratio である、とのべている。ところが、『ニコマコス倫理学』第六巻(1144b21)においてあきらかなように、こうしたことは知的徳に属するものである。それゆえ、倫理徳は知的徳から区別されるのではない。

(四) 何ものも、それ自らの定義のうちにふくまれているものから区別されることはない。しかるに、倫理徳の定義のうちには知的徳がふくまれている。というのも、アリストテレスは『ニコマコス倫理学』第二巻(1106b36)において、倫理徳は、賢明な人が確定するであろうような仕方で、理性によって確定された中庸を保つところの選択的習慣である、とのべているからである。しかるに、『ニコマコス倫理学』第六巻(1144b21)で言われているように、倫理徳の中庸 medium を確定するところのこうした正しい理性 recta ratio は、知的徳に属するものである。それゆえ、倫理徳は知的徳から区別されるのではない。

しかし、その反対に、『ニコマコス倫理学』第一巻（1103a3）において、「徳はこうした相違にもとづいて確定される。すなわち、われわれはこれらの徳のうちのあるものを知的と呼び、他のものを倫理的と呼ぶのである」と言われている。

私は答える――。

すべての人間的行為の第一の根源は理性であり、人間的行為の根源がその他に見出される場合、それらはすべて何らかの仕方で理性に従うのであるが、ただその仕方には相違が見られる。すなわち、たとえば手足――それらが正常に機能していると仮定して――のように、或るものはまったくその命令のままに ad nutum、全然反抗することなしに absque omni contradictione 従う。というのも、手や足は理性の命ずるままに、ただちに働きにうつるからである。ここからしてアリストテレスは『政治学』第一巻（1254b5）において、霊魂は身体を専制的支配権 principatus despoticus でもって支配する、つまり、反抗する権利 jus contradicendi をもたない奴隷を主人が支配するような仕方で、支配する、とのべている。このため、ある人々は、人間のうちに見出される行為の根源はすべて、そのような仕方で理性に関係づけられている、と主張した。ところで、もしそうであったならば、善く行為するためには理性が完全であるということだけで充分だったであろう。ここからして、徳とは善く行為することができるようにわれわれを完成する習慣なのであってみれば、徳はただ理性のうちにのみある、との結論が生ずるであろう。こうして、知的徳の他には徳は存在しないことになろう。ところで、ソクラテスはこうした見解をとっていたのであって、『ニコマコス倫理学』第六巻(1144b19)で言われているように、かれはすべての徳は知慮 prudentia である、とのべているのである。ここからしてかれは、人間はみずからのうちに知 scientia をもっているかぎり、罪をおかすことはできないのであって、およそ罪をおかした者はだれでも無知のゆえに罪をおかしたのだ、と主張したのであった。

しかし、これは誤った前提にもとづくものである。というのも、(霊魂の)欲求的部分 pars appetitiva は理性に全面的に、その命令のままに従うのではなくて、何らかの抵抗の余地をのこしつつ cum aliqua contradictione 従うのだからである。ここからしてアリストテレスは『政治学』第一巻(1254b4)において、理性は欲求能力にたいしてポリス的な支配権 principipatus politicus、すなわち、ことがらによっては抵抗する権利 jus contradicendi を有する、自由な市民たちを或る人が支配する際の支配権をもって、命令するとのべている。ここからしてアウグスティヌスは『詩篇講解』第八講（PL37, 1522）において、時として知性が先行しても、欲求はのろのろと、あるいはまったく後続しないことがある、とのべている。それは、時として欲求的部分の諸々の情念あるいは習慣のために、理性の行使が、ある特定の場合に関して妨げられるかぎりにおいてである。したがって、この点から言えば、人は知を有しているかぎり罪をおかすことはない、とソクラテスが語っているのは、何らかの意味で真である——ただそれは、（知が）特定の選択すべきことがらにおける理性の行使をふくむところまで拡大されるならば、のことであるが。

このようなわけで、人が善く行為することのためには、理性が知的徳という習慣によって善く秩序づけられるだけではなく、欲求的なちからもまた倫理徳という習慣によって善く秩序づけられることが必要とされるのである。それゆえに、欲求が理性から区別されるのと同じような仕方で、倫理徳は知的徳から区別されるのである。ここからして、欲求能力が——理性を何らかの仕方で分有するかぎりにおいて——人間的行為の根源であるように、倫理的習慣は、それが理性に合致するかぎりにおいて、人間的徳であるとの側面 ratio virtutis humanae をそなえることになるのである。

㈠については、それゆえ、こう言うべきである。アウグスティヌスは技術 ars を、正しい理性 recta ratio と呼ばれるもののすべてを意味するような、一般的な意味に解している。そして、この意味では知慮も技術のうちにふくまれるのであって、すなわち、技術がつくるべきものごとについての正しい理性であるように、知慮は為すべきことがらについての正しい理性なのである。したがって、かれが徳は正しく生きるための技術である、とのべているのは、本質的 essentialiter には知慮にあてはまることであるが、分有的 participative には、つまり知慮にもとづいて導かれているかぎりでは、他の諸々の徳にもあてはまるのである。

㈡についてはこう言うべきである。こうした種類の定義は、なんびとによって下されたものであろうと、ソクラテス流の見解 opinio Socratica にもとづくものであり、技術について前述した（第一異論解答）際のような仕方で説明されるべきである。

㈢については、右と同じような仕方で解答すべきである。

㈣についてはこう言うべきである。知慮にもとづくところの正しい理性 recta ratio が倫理徳の定義のうちにふくまれるのは、倫理徳の本質の一部をなすものとしてではなく、むしろ知慮がすべての倫理徳を導くものであるかぎり、すべての倫理徳において分有されている何ものかであるかぎりにおいてである。(181)

第三項　倫理徳―知的徳という区分は徳の区分として充分なものか

第三については(182)次のように進められる。――人間的徳は倫理徳と知的徳とによっては充分に区分されない、と思われる。なぜなら

㈠　知慮 prudentia は倫理徳と知的徳との中間にある何ものかであるように思われる。というのも、それは『ニコマコス倫理学』第六巻（1139b16; 1140b28）において知的徳の一つに数えられており、さらにすべての人がそろってそれを四つの枢要徳 virtutes cardinales――それらは後であきらかにされるように（第六十一問題第一項）、倫理徳である――の一つに数えているからである。それゆえ、徳は知的徳と倫理徳によって、それらを直接の部分として、充分に区分されるのではない。

㈡　自制 continentia、堅忍 perseverantia、さらにまた忍耐 patientia などは知的徳とは見なされていない。ところが、それらは倫理徳でもない。なぜなら、それらは諸々の情念のうちにあって中庸を保つことなく、むしろそれらにおいては情念が満ちあふれているからである。それゆえ、徳は知的徳と倫理徳とによって充分に区別されているのではない。

㈢　信 fides、望 spes、愛 caritas は何らかの徳である。しかし、それらは知的徳ではない。というのは、前述のように（第五十七問題第二、三、五項）、知的徳とは学知、知恵、直知、知慮、技術の五つだからである。それらはまた倫理徳でもない。なぜなら、それらは倫理徳が何より第一にかかわっているところの情念にかかわるものではないからである。それゆえ、徳は知的徳と倫理徳とによって充分に区分されているのではない。

しかし、その反対に、アリストテレスは『ニコマコス倫理学』第二巻（1103a4）において、徳には二つの種類がある、その一つは知的で、もう一つは倫理的である、とのべている。

私は答える——。

人間的徳 virtus humana は、人間を完成して善く行為させるところの、何らかの習慣である。しかるに、人間のうちにあるところの人間的行為の根源は、知性 intellectus もしくは理性 ratio と欲求能力 appetitus との二つの他にはない。というのも、『霊魂論』第三巻(433a9; 433a21)で言われているように、これら二つが人間のうちにあって動かすものだからである。ここからして、人間的徳はすべてこれら根源のうちの或るものを完成するものでなければならない。したがって、もし人間的徳が人間の善い行為へ向けて思弁的もしくは実践的知性を完成するものであれば、それは知的徳であろう。これにたいして、欲求的部分を完成するものであれば、倫理徳であろう。ここからして、すべての人間的徳は、知的徳であるか、倫理徳であるかのいずれかである、との結論になる。

(一)については、それゆえ、こう言うべきである。知慮はその本質 essentia に即して言えば知的徳である。しかし、それがかかわることがら materia に即して言えば倫理徳と一致するところがある。というのも、さきに言われたように(第五十七問題第四項)、知慮は為すべきことがらについての正しい理性だからである。そして、この意味で知慮は倫理徳の一つに数えられるのである。

(二)についてはこう言うべきである。自制および堅忍は感覚的な欲求能力の完全性

perfectiones appetitivae virtutis sensitivae ではない。そのことは、自制する人や堅忍する人においては無秩序な情念が満ちあふれている、ということからしてあきらかである。こうした状態は、もし感覚的な欲求能力が、それを理性へと合致させるところの何らかの習慣によって完成されていたならば、見られなかったであろう。だが、自制あるいは堅忍は、諸々の情念によってひきずられることのないよう、それらに対抗するところの、理性的な部分 pars rationalis の完全性である。しかるに、それらは徳の本質 ratio virtutis を満たすところまで達していない。なぜなら、倫理的なことがらに関して理性を善い状態におくところの知的徳は、そこから推論が出発する諸原理、つまり諸目的に関して自らが正しい状態におかれるように、目的の正しい欲求を前提とするが⑱、そのことが自制する者や堅忍する者には欠けているからである⑱。

さらに、二つの能力から発出するところの働きも、それらの能力がともにふさわしい習慣によって完成されるのでなかったら、完全なものではありえない。たとえば、主要的な作用主体 agens principale がいかに完全であっても、道具 instrumentum が善い状態におかれていなかったならば、道具を用いる何らかの作用主体から完全な働きは出てこないのである。ここからして、理性的部分によって動かされるところの感覚的な欲求能力が完全でなかったならば、理性的部分がどのように完全であろうとも、そこから出てくる行為は完全なものではないであろう。したがって、そうした行為の根源もまた徳ではないであろう。

このようなわけで、アリストテレスが『ニコマコス倫理学』第七巻(1145b1: 1151b32)においてのべているように、諸々の快楽からの自制や、悲しみのただ中における堅忍は、徳ではなく、徳よりもおとった何ものかである。

㈢についてはこう言うべきである。信、望、愛は人間的徳を超えるものである、なぜなら、それらは人間が神的恩寵《おんちょう》を分有する者 participeps divinae gratiae たらしめられたかぎりにおいて、人間に属するところの徳なのである。

第四項　倫理徳は知的徳なしにありうるか

第四についてはⒷ次のように進められる。倫理徳は知的徳なしにもありうる、と思われる。なぜなら

㈠ キケロが『弁論術』第二巻(第五十三章)においてのべているように、倫理徳は理性

と一致するところの、自然本性の在り方へと向かう in modum naturae 習慣である。ところが、自然本性 natura は、たとえそれを動かす何らか高次の理性とは一致するにしても、その理性が当の自然本性と同一事物において結びつく必要はないのであって、そのことは認識を欠くところの自然的な事物においてあきらかに見られるごとくである。それゆえ、ある人間の理性が知的徳によって完成されていなくても、その人間のうちに、自然本性の在り方でもって per modum naturae、理性へと一致するように傾かしめるところの倫理徳が見出されることは可能なのである。

(二)　知的徳によって人間は理性の完全な行使 usus perfectus rationis に到達する。ところが、時として理性の行使に関してそれほど熟達していない人々が、有徳であり、神によみされる、ということがある。それゆえ、倫理徳は知的徳なしにもありうるように思われる。

(三)　倫理徳は善く行為することへと向かう傾向性をつくりだす。ところが、ある人々は理性による判断なしにも、善く行為することへの自然本性的な傾向性をもっている。それゆえ、倫理徳は知的徳なしにもありうる。

しかし、その反対に、グレゴリウスは『道徳論』第二十二巻(第一章、PL76, 212)において、他の諸々の徳は、それらが追求するところのことがらを知慮をもって為すのでなかったならば、けっして徳であることはできない、とのべている。ところが、前述のように（第三項第一異論解答第五十七問題第五項）知慮は知的徳である。それゆえ、倫理徳は知的徳なしにはありえない。

私は答える――。

倫理徳は、たしかに知的徳の中の或るもの、たとえば知恵、学知および技術なしにもありうるが、直知および知慮なしにはありえない。倫理徳が知慮なしにはありえないのは次の理由による。すなわち、倫理徳は選択的な習慣 habitus electivus、つまり善い選択を為さしめる習慣である。ところが、選択が善いものであるためには二つのことが要求される。第一には、目的が然《しか》るべき仕方で意図 intentio debita finis されることであり、このことは欲求能力を、理性に合致するところの善、つまり然るべき目的 finis debitus へと傾かしめるところの倫理徳によって為される。第二は、人が目的へのてだてたることがら ea quae sunt ad finem を正しく捉えるということであり、このことは正しく思案し consilians、判断し judicans、命令する praecipiens ところの理性なしにはありえない。ところで、そのことは前述のように（第五十七問題第五、六項）、知慮ならびに知慮と結びついた諸々の徳に属することなのである。ここからして、倫理徳は知慮なしにはありえない。

また、右にのべたことからして、倫理徳は直知なしにもありえないことになる。というのも、直知によって、思弁的領域ならびに実践的領域において、自然本性的に知られるところの諸原理 principia naturaliter nota が認識されるからである。ここからして、思弁的領域における正しい理性が、自然本性的に認識された諸原理から出発するかぎりにおいて、諸々の原理の直知 intellectus principiorum (という知的徳)を前提とするように、為すべきことがらに関する正しい理性であるところの知慮もまた、直知を前提とするのである。

(一)については、それゆえ、こう言うべきである。理性を欠くところの事物における自然本性の傾向性 inclinatio naturae は選択という要素をふくまない。それゆえに、こうした傾向性は必ずしも理性を必要とするものではない。しかし、倫理徳の傾向性は選択の要素をふくんでいる。それゆえに、それが完全なものとなるためには、理性が知的徳によって完成されることを必要とするのである。

(二)についてはこう言うべきである。有徳な者においては、理性の行使がすべてのことに関して強力である必要はなく、ただ当の徳にもとづいて為されるべきことがらに関してのみ、強力であるだけで充分である。そしてこの意味では、すべての有徳な者において理性の行使は強力なのである。ここからして、世間的な狡智《こうち》astutia mundanaを欠いているところから単純素朴と思われる人々でも、知慮ある者でありうるのであって、そのことは『マタイ伝』第十章(第十六節)に「あなたがたは蛇のように知慮ぶかく、鳩のように単純でありなさい」と言われているごとくである。

㈢についてはこう言うべきである。徳の善bonum virtutisへと向かう自然本性的な傾向性は、徳の発端inchoatioとでも言うべきものではあるが、完全な徳ではない。というのも、この種の発端は、それが強ければ強いほど、然るべき目的に適合するところのてだてを正しく選択することを可能にしてくれる、正しい理性がそれと結びついているのでなかったら、それだけより大きな危険をはらんでいるからである。それはちょうど、走っている馬が盲目である場合、その馬がより速く走っていればいるほど、転び方もはげしく、またひどい怪我をするようなものである。それゆえに、倫理徳はソクラテスが語ったように、⒅正しい理性ratio rectaではないが、他方それはプラトン派の人々が主張したように、⒆正しい理性にかなったことへと傾かしめるという意味で、たんに正しい理性にもとづいているsecundum rationem rectamというだけにとどまるものではなく、むしろアリストテレスが『ニコマコス倫理学』第六巻(1144b21)でのべているように、正しい理性をともなうcum ratione recta、ということでもなければならないのである。

第五項　知的徳は倫理徳なしにありうるか

第五については[188]次のように進められる。――知的徳は倫理徳なしにもありうる、と思われる。なぜなら

(一)　より先なるものの完全性はより後なるものの完全性に依存しない。しかるに、理性は感覚的な欲求能力よりもより先なるものであり、後者を動かす。それゆえ、理性の完全性である知的徳は欲求的部分の完全性である倫理徳に依存しない。それゆえ、知的徳は倫理徳なしにもありうる。

(二)　つくりだすべきものfactibiliaが技術にとっての素材であるように、倫理的なことがらmoraliaは知慮にとっての素材である。しかるに、鉄工が鉄なしにも存在しうるように、技術はその固有的な素材なしにも存在しうる。それゆえ、知慮も諸々の倫理徳

なしにもありうる――知慮は諸々の知的徳の中では最も密接に倫理的なことがらと結びついているように見えはするが。

㈢　知慮は『ニコマコス倫理学』第六巻(1140a25)で言われているように、善く思案をめぐらすところの徳である。ところが、倫理徳を身につけてはいない多くの人々が善く思案をめぐらしている。それゆえ、知慮は倫理徳なしにもありうる。

しかし、その反対に、悪を為そうと意志することは直接的に倫理徳と対立するが、倫理徳なしにもありうるようなことには対立しない。ところが、『ニコマコス倫理学』第六巻(1140b22)で言われているように、意志しつつ罪を犯すことは知慮と対立する。それゆえに、知慮は倫理徳なしにはありえない。

私は答える――。

他の諸々の知的徳は倫理徳なしにありうるが、知慮は倫理徳なしにはありえない。そのことの理由は、知慮は為すべきことがら――たんに一般的な意味においてのみではなく、行為がそこにおいて見出される特定の事例という意味でも――にかかわる正しい理性 recta ratio である、ということである。ところが、正しい理性 recta ratio は、そこから推論 ratio が出発するところの原理を必要とする。しかるに、特定の事例にかかわる推論は、たんに普遍的な原理からだけではなく、特殊的な原理からも出発する必要がある。ところで、為すべきことがらの普遍的原理について言えば、ひとは諸原理の自然的な直知 naturalis intellectus principiorum ――かれはそれによって、いかなる悪も為すべきではないことを知るのである――あるいはまた何らかの実践的な学問（学知）scientia でもって正しい状態におかれる。しかし、それだけでは特殊的なことがらについて正しく推論するには充分ではない。というのも、ときとして、直知あるいは学問によって認識されたこのような普遍的原理が、特定の事例に関しては、何らかの情念によってゆがめられてしまうことが起こるからである。たとえば、欲情に動かされる者にとっては、かれが欲情に支配されている場合には、かれが欲している対象が善いものと思われるのである――理性の普遍的な判断には反するにもかかわらず。したがって、普遍的な諸原理に関しては、ひとは自然的な直知あるいは学知という習慣によって秩序づけられて正しい状態におかれるのであるが、そのように、為すべきことがらの特殊的な諸原理、つまり諸々の目的に関して正しい状態におかれるためには、何らかの習慣によって完成されるのでなければならない。すなわち、そうした習慣にもとづいて、目的に関して正しく判断することが、そのひとにとって何らかの意味で quodammodo 自然的なこと connaturale となるのである。ところで、このことは倫理徳によって為される。なぜなら、有徳な者は徳のめざす目的について正しく判断するのであり、それというのも『ニコマコス倫理学』第三巻(1114a32)で言われているように、「各人がどのようなひとであるかに応じて、目的もそういうふうにかれに見えてくる」qualis unusquisque est, talis finis videtur ei からである。それゆえに、為すべきことがらにかかわる正しい理性、つまり知慮をもつためには、ひとは倫理徳をもつことが必要とされるのである。

(一)については、それゆえ、こう言うべきである。理性は、それが目的を認識するものであるかぎりにおいては、目的の欲求に先立つ。しかし、目的の欲求は、目的へのてだてたるものを選ぶために推論する理性――このことが知慮に属する――に先立つ。それは思弁的な領域においても、諸原理の直知が(三段論法的に)推論する理性にとっての出発点であるのと同様である。

(二)についてはこう言うべきである。諸々の(技術によって)つくりだされたものの原理は、道徳的なことがらの原理である諸目的の場合のように、われわれの欲求がどのような状態にあるかに従って、われわれによって善く・あるいは悪く判断されるのではなく、ただ理性の考察 consideratio rationis にもとづいて為されるのである。それゆえ、知慮の場合とちがって、技術は欲求を完成するところの徳を必要とするのではない。

㈢についてはこう言うべきである。知慮はたんに善く思案をめぐらすことを可能とするconsiliativaのみでなく、また善く判断し、judicativa、善く命令することを可能とするpraeceptivaものである。そのことは、知慮の判断と命令とをゆがめるところの、情念という障害がとりのぞかれるのでなければありえない。そして、このことは倫理徳によって為されるのである。

第五十九問題（全五項）
倫理徳と情念との関係について

ついで諸々の倫理徳相互の間の区別について考察しなければならない。ところで、情念にかかわる諸々の倫理徳は、情念の多様性にもとづいて区別されるのであるから、第一に情念にたいする徳の関係について一般的に考察し、第二に情念にもとづく諸々の倫理徳の区別について考察しなければならない。

第一の点をめぐって次の五つのことがらが問題とされる。

第一　倫理徳は情念であるか
第二　倫理徳は情念と共存しうるか
第三　倫理徳は悲しみ tristitia と共存しうるか
第四　倫理徳はすべて情念にかかわるものであるか

第五　倫理徳の或るものは情念なしにありうるか

第一項　倫理徳は情念であるか

第一については⑲⓪次のように進められる。——倫理徳は情念である、と思われる。なぜなら

㈠　中間（中庸）medium は両極端と類を同じくする。ところが、倫理徳は（極端な）情念の間の中庸である。それゆえ、倫理徳は情念である。

㈡　徳と悪徳 vitium とは反対・対立するものであるところから、同一の類のうちにある。ところが、うらやみ invidia とか怒り ira など、情念の中のあるものは悪徳であると言われる。それゆえ、情念のうちの或るものは徳である。

㈢　憐《あわ》れみ misericordia は情念の一種である。なぜなら、さきに言われたように（第三十五問題第八項）、それは他の者が被っている害悪にたいする悲しみだからである。ところが、アウグスティヌスが『神国論』第九巻（第五章、PL41, 261）においてのべているよう

に、これを「高名な雄弁家たるキケロは徳と呼ぶことをためらわなかった」。それゆえ、情念は倫理徳であることが可能である。

しかし、その反対に、『ニコマコス倫理学』第二巻(1105b28)のうちで、「諸々の情念は徳でもなければ、悪徳 malitiae でもない」と言われている。

私は答える――。

倫理徳は情念ではありえない。このことは三つの理由からしてあきらかである。第一の理由は、さきに言われたように(第二十二問題第三項)、情念は感覚的欲求の運動だということである。ところが、倫理徳は習慣の一種であるから、何らかの運動であるよりはむしろ欲求的運動の根源である。第二の理由は、諸々の情念はそれ自体としては何ら善あるいは悪であるという側面をもたない、ということである。なぜなら、人間が善あるいは悪であるのは理性にもとづく。ここからして、それ自体に即して考察された情念は、それらが理性に適合することも適合しないことも可能であることにもとづいて、善へも悪へも関係づけられる。ところが、徳はけっしてこのようなものではありえないのであって、それというのも、前述のように(第五十五問題第三項)、徳はただ善へのみ関係づけられるものだからである。第三の理由は、仮に或る情念が何らかの仕方でただ善へのみ、あるいは悪へのみ関係づけられるとしても、情念であるかぎりでの情念の運動は、（感覚的な）欲求能力そのもののうちに始源をもち、欲求能力がそれに適合することをめざすところの理性において終点をもつ。

これにたいして、徳の運動は、それが理性によって動かされているかぎりにおいて、情念の場合とは逆に、理性のうちに始源をもち、欲求において終点をもつ。ここからして、『ニコマコス倫理学』第二巻（1106b36）では倫理徳を定義して「賢明な人が確定するであろうように、理性にもとづいて確定された中庸に存するところの、選択的習慣である」と言われている。

㈠については、それゆえ、こう言うべきである。徳が諸々の情念の間の中庸であるのは自らの本質に即してではなく、むしろその結果に即してである。つまり、諸々の情念の間に中庸を確立することにもとづいてである。

㈡についてはこう言うべきである。もし「悪徳」が、それによって人が悪《あ》しく行為するところの習慣を意味するならば、いかなる情念も悪徳ではないことはあきらかである。これにたいして、「悪徳」が罪 peccatum、すなわち悪徳的な行為 actus vitiosus を意味するならば、情念が悪徳であることを妨げるものは何もなく、また反対に（情念が）徳の行為と見なされることもあるのであって、それは情念が理性に対立するか、あるいは理性の行為に従うかにもとづくものである。

㈢についてはこう言うべきである。憐れみが徳、つまり徳の行為と言われるのは、アウグスティヌスが『神国論』第九巻（第五章、PL41, 261）においてのべているように、「乏しい者に配分が為され、痛悔する者にゆるしがあたえられる場合のように、正義をそこなわない仕方で憐れみがほどこされるとき、魂のこの運動（憐れみ）は理性に奉仕するものである」ということにもとづいてである。だが、もしも何らかの習慣――人がそれによって条理にかなった仕方で憐れみをほどこすように完成されるところの――が憐れみと呼ばれるのならば、この場合に憐れみと名づけられたものが徳であることを妨げるものは何もない。そして、他の同じような諸情念についても同じ論拠が妥当する。

第二項　倫理徳は情念と共存しうるか

第二については⒆次のように進められる。――倫理徳は情念と共にあることは不可能で

ある、と思われる。なぜなら

(一)　アリストテレスは『トピカ』第四巻(125b22)において、「おだやかな人mitisとは情念の起こらない人であり、情念が起こってもうちまかされない人は堅忍の人patiensである」とのべている。そして、同じことがすべての倫理徳について言える。それゆえ、すべて倫理徳は情念と共にはない。

(二)　『自然学』第七巻(246b2; 247a2)で言われているように、健康が身体の正常な状態recta habitudoであるように、徳は霊魂の正しい状態とも言うべきものである。ここからして、キケロが『トゥスクルム対話録』第四巻(第十三章)において語っているように、徳は霊魂の健康とでも言うべきもののように思われる。ところが、キケロが言うように(同右、第四巻第十章)、霊魂の情念は霊魂の病気のようなものである。しかるに、健康は病気とは相容れないものである。それゆえ、徳も霊魂の情念とは相容れない。

(三)　倫理徳は特殊的なことがらにおいても理性が完全に行使されることを必要とする。ところが、ここでも情念が妨げになる。なぜなら、アリストテレスは『ニコマコス倫理学』第六巻(1140b12)で「快楽は知慮の判断をくるわせる」とのべており、サルスティウスも「それらのもの、つまり霊魂の情念がたちふさがるところでは、霊魂が真なることを見てとるのは容易ではない(192)」と語っている。それゆえ、倫理徳は情念と共にはありえない。

しかし、その反対に、アウグスティヌスは『神国論』第十四巻(第六章、PL41, 409)において「もし意志がゆがんでいれば、これらのゆがんだ運動、つまり情念のゆがんだ運動を生じるであろう。これにたいして、もし意志が正しければ、そうした運動はとがないだけではなく、かえって賞賛すべきものですらあるだろう」とのべている。ところが、いかなる賞賛にあたいするものも倫理徳によって排除されることはない。それゆえ、倫理徳は情念を排除するものではなく、むしろ情念と共存しうるものである。

私は答える――。

アウグスティヌスが『神国論』第九巻(第四章、PL41, 253)においてのべているように、この点をめぐってストア派とペリパトス派との間に見解の不一致があった。つまり、ストア派が知恵ある者、あるいは有徳な者のうちには霊魂の情念はありえないと主張したのにたいして、ペリパトス派――この学派は、アウグスティヌスが語っているように(同右箇所)、アリストテレスによってうちたてられた――は、諸々の情念――ただし中庸の状態へ還元されたものとしてであるが――は倫理徳と同時に存在しうると主張した。

しかし、こうした相違は、アウグスティヌスがのべているように(同右箇所)、かれらの見解 sententia そのものよりは、むしろ言葉の上のもの secundum verba であった。というのも、ストア派は知的な欲求能力――これは意志である――と感覚的な欲求能力――これは怒情的 irascibilis と欲情的 concupiscibilis とに区分される――との間に区別を設けなかったので、次の点に関して霊魂の情念とそれ以外の人間的情動 affectio とを区別しなかったからである。すなわち、ペリパトス派が区別していたように、霊魂の情念は感覚的な欲求能力の運動であるのにたいして、霊魂の情念ではないところの他の諸情動は知的な欲求能力、すなわち意志の運動なのであるが、(ストア派はこのような区別をしないで)この点に関してはたんに、理性と両立しないところの情動はすべて情念である、と言うにとどまった。こうした情動は、もし熟慮からして生じるものであれば、知恵ある者や有徳な者においては見出されえないが、突然生起する場合には、有徳な者においてもそうしたことはありうるのであって、それはアウグスティヌスが引用しているように、次の事情による。すなわち、「幻想と呼ばれる心の映像については、それらが或る時、魂にわき起こってくるかどうかはわれわれの力で制御しうるところではない。そして、それらが怖ろしいことがらからして生ずる場合には、それらは知恵ある者の心をもかき乱さずにはおかないのであり、かくして、これらの情念が理性の働きを妨げるかぎりにおいて、かれはかすかに怖れにゆり動かされるか、あるいは悲しみにおしつけられることになる——ただし、だからといってかれはこうしたことを是認もせず、それらに同意を与えるのでもないが[193]」。

したがって、もし情念が(理性の)秩序からはずれた情動 inordinata affectio を意味するのであれば、熟慮の後でそうした情念に同意が与えられるといった仕方では、情念は有徳な者のうちには見出されえないのであって、これがストア派の主張であった。これにたいして、もし情念が感覚的な欲求能力の運動を意味するものであれば、それらが理性によって秩序づけられたものであるかぎり、それらは有徳な者において見出されることが可能である。ここからしてアリストテレスは『ニコマコス倫理学』第二巻(1104b24)で、「或る人々が徳を何らかの無感受状態 impassibilitas であり静止 quies であると定義しているのは適切ではない、なぜなら端的・無限定的な言い方をしているからであり、むしろ徳は、あるべきでない仕方で・あるべきでない時にあるような、そうした諸情念からの静止である、と付け加えるべきだった」とのべているのである[194]。

㈠については、それゆえ、こう言うべきである。アリストテレスは論理学の諸著作における他の多くの例の場合にもそうしているが、この例を自分の見解をあらわすものとしてではなく、他の人々の見解として挙げているのである。ところが、諸々の徳は霊魂の情念と共にはない、とするのはストア派の見解であって、アリストテレスは「徳は無感受状態ではない⁽¹⁹⁵⁾」と言って、その説を斥《しりぞ》けている。もっとも、「おだやかな人とは情念の起こらない人である」と言われるとき、それは（理性の）秩序をはずれた情念passio inordinataという意味に理解すべきである、と言うことも可能であろう。

㈡についてはこう言うべきである。この議論、およびキケロがこのためにもちだしている同様のすべての議論は、（理性の）秩序をはずれた情動affectio inordinataを意味するかぎりでの情念にかかわっている。

㈢についてはこう言うべきである。理性の判断に先行する情念は、もしそれに同意が与えられるほどにそれが霊魂の中で優勢になったならば、理性の思案と判断を妨げることになる。これにたいして、いわば理性によって命令されたものとして、情念が理性の判断の後に来るならば、それは理性の命令が実現されるのを助けるのである。

第三項　倫理徳は悲しみと共存しうるか

第三については次のように進められる。⑯──徳は悲しみ tristitia と共にはありえない、と思われる。なぜなら

㈠『智書』第八章(第七節)に「(神の知恵は)節制と正義、知慮と徳を教える」とあるように、徳は知恵の結果である。ところが、その後で付け加えられているように(第十六節)「知恵のまじわりは苦さをふくまない」。それゆえに、諸々の徳も悲しみと共にはありえない。

㈡アリストテレスが『ニコマコス倫理学』第七巻(1153b2)および第十巻(1175b17)でのべているところからあきらかなように、悲しみは活動にとっての妨げである。ところが、善い活動にたいする妨げは徳とは相容れない。それゆえに、悲しみは徳とは相容れない。

㈢キケロは『トゥスクルム対話録』第三巻(第七章)において、悲しみを名づけて「魂の一種の病」であるとしている。ところが、魂の病は、魂の善い状態であるところ

の徳とは反対・対立するものである。それゆえ、悲しみは徳とは反対・対立するものであって、徳と共にはありえない。

しかし、その反対に、キリストは徳において完全であった。ところが、かれのうちには悲しみが見出されたのであって、かれは「私の魂は死ぬほどに悲しい」(『マタイ福音書』第二十六章(第三十八節))と語っているのである。それゆえに、悲しみは徳と共にありうる。

私は答える――。

アウグスティヌスが『神国論』第十四巻(第八章、PL41, 411)で語っているように、ストア派は賢者の魂のうちには三つの心的動揺 perturbationes に対応して三つの善い情念 eupatheias があると主張した。すなわち、貪欲《どんよく》 cupiditas にたいして願望 voluptas、歓楽 laetitia にたいして喜悦 gaudium、怖れ metus にたいして用心 cautio が見出される、としたのである。ところが、かれらは賢者の魂のうちに悲しみにかかわるような何かがありうることを否定したのであって、それは二つの理由による。

第一に、悲しみはすでに生起している悪にたいするものだ、というのがその理由である。ところが、ストア派は賢者には何らの悪も生起しえない、と考えたのである。というのも、かれらは、人間にとっての唯一の善は徳であって、諸々の形体的な善は何ら人間にとっての善ではないように、人間にとっての唯一の悪は不徳 inhonestum であるが、これは有徳な者のうちにはありえない、と考えたからである。

しかし、こうした議論は道理にかなったものではない。というのは、人間は霊魂と身体から複合されているところから、身体の生命を維持するのに役立つものは人間にとっての何らかの善だからである。もっとも、人間はそうした善を悪用することがありうるから、最大の善ではないのであるが。したがってまた、こうした善に対立するような悪が賢者のうちに見出されて、おだやかな moderata 悲しみをひきおこす、といったことが可能なのである。さらに、よしんば有徳な者が重大な罪を避けえたとしても、軽い罪を一つも犯さずに生涯をおくる者はひとりもいないのであって、これは『ヨハネ第一書《だいいちしょ》翰《かん》』第一章(第八節)に「もし、罪はないと言うなら、私たちは自分を欺いている」と言われている通りである。第三に、仮に有徳な者が(いま)罪の状態にないとしても、かれはおそらくかつて罪を犯したかもしれないからである。そして、かれがそのことについて悲しむのは賞賛にあたいすることなのであって、それは『コリント人への第二書翰』第七章(第十節)に「神の御心《みこころ》にそった悲しみは、救いにいたる確固とした悔い改めを生じさせる」とある通りである。第四に、かれ(有徳な者)は他の人の罪について悲しむこともできるのであり、それも賞賛にあたいするからである。このようにして、倫理徳は、理性によって抑制された他の諸々の情念と両立するものであるように、悲しみとも両立するのである。

第二に、ストア派の立場のよりどころになっているのは次のような見方である――快楽 delectatio が現在の善にかかわるのにたいして欲望 desiderium は未来の善にかかわるものであるように、悲しみ tristitia は現在の悪にかかわるのにたいして怖れ timor は未来の悪にかかわる。ところが、或る人が自分のもっている善を享受するとか、あるいはもっていない善をもとうと望むなどのことはもとより、未来の悪を避けようとすることでも、徳に属するというふうに考えることができる。しかし、悲しみの場合のように、人間の魂が現在の悪によっておさえつけられる、といったことはまったく理性に反することのように思われる。したがって、悲しみは徳と共にはありえない。（以上がストア派の議論である。）

しかし、こうした議論は道理にかなったものではない。というのも、前述のように（本項主文）、何らかの悪が有徳な者において現存することは可能なのである。たしかに、こうした悪を理性は嫌悪するのであり、ここからして感覚的な欲求能力はこうした悪について悲しむという仕方でもって理性の嫌悪に従う。だが、この悲しみは理性の判断に従って抑制をうける。ところが、前述のように(第一項第二異論解答)、感覚的な欲求能力が理性に合致することは徳に属することである。したがって、悲しむべきことがらについて節度をもって悲しむことは徳に属することであり、アリストテレスも『ニコマコス倫理学』第二巻(1106b20)でそのようにのべている。

またこのことは諸々の悪を避けるのにも役だつ。というのも、諸々の善が(それらにともなう)快楽のゆえにより容易に追求されるように、諸々の悪は(それらにともなう)悲しみのゆえにより強く回避されるからである。

このようなわけで、徳と合致することがらについての悲しみは徳と両立することはできない、なぜなら、徳は自らに固有のことがらについては悦《よろこ》びをおぼえるからだ、と言わなければならない。しかし、徳と何らかの仕方で相反することがらについては、徳は節度ある仕方で悲しむのである。

㈠については、それゆえ、こう言うべきである。この権威ある言葉からして、賢者は知恵について悲しむことはない、ということがあきらかである。だが、かれは知恵の妨げとなることがらについて悲しむ。それゆえに、知恵にたいする何らの妨げもありえない至福なる人々においては、悲しみがはいりこむ余地はないのである。

㈡についてはこう言うべきである。悲しみは、それについてわれわれが悲しむところの活動を妨げるが、それによって悲しみが回避されるようなことがらを、われわれがより速やかに実行するのを助けるのである⒆。

㈢についてはこう言うべきである。節度を欠いた悲しみは魂の病である。しかし抑制された悲しみは、現世の在り方 status praesentis vitae に即して言えば、魂の善く秩序づけられた状態に属することなのである。

第四項　すべて倫理徳は情念にかかわるものであるか

第四については⒇次のように進められる。すべての倫理徳が情念にかかわる、と思われる。なぜなら
㈠　アリストテレスは『ニコマコス倫理学』第二巻(1104b8)において、倫理徳は快楽や悲しみにかかわるとのべている。ところが、前述のように(第二十三問題第四項、第三十一問題第一項、第三十五問題第一、二項)、快楽や悲しみは情念である。それゆえに、すべての

倫理徳は情念にかかわるものである。

(二)『ニコマコス倫理学』第一巻(1103a1)で言われているように、分有によって理性的であるもの rationale per participationem(霊魂の部分)が諸々の倫理徳の基体である。ところが、霊魂のこのような部分は、前述のように(第二十二問題第三項)、そこにおいて諸々の情念が見出されるところのものにほかならない。それゆえに、すべての倫理徳は情念にかかわるものである。

(三) すべての倫理徳のうちには何らかの情念が見出される。それゆえに、すべての倫理徳が情念にかかわるか、あるいは情念にかかわるものは一つもないかである。ところが、たとえば剛毅とか節制のように、或る倫理徳は情念にかかわるものであって、この点、『ニコマコス倫理学』第三巻(1115a6)に言われているごとくである。それゆえに、すべての倫理徳は情念にかかわるものである。

しかし、その反対に、『ニコマコス倫理学』第五巻(1129a4)で言われているように、倫理徳であるところの正義は情念にかかわるものではない(199)。

私は答える――。

倫理徳は霊魂の欲求的な部分を、理性の善 bonum rationis へと秩序づけることによって完成する。ところが、理性の善とは理性に従って節度づけられたか moderatum、あるいは秩序づけられた ordinatum 善である。ここからして、理性によって秩序づけられうるか、あるいは節度づけられうるようなすべてのものについて、倫理徳が成立する。ところが、理性が秩序づけるのは感覚的な欲求能力の情念のみではなく、知的な欲求能力――すなわち意志であって、これは前述のように（第二十二問題第三項）、情念の基体 subjectum ではない――の働き operatio をも秩序づける。したがって、すべての倫理徳が情念にかかわるのではなくて、或るものは情念にかかわり、或るものは働き operatio にかかわるのである。

㈠については、それゆえ、こう言うべきである。すべての倫理徳がそれに固有のことがら propria materia にかかわるような仕方で快楽や悲しみにかかわるのではなくて、むしろ固有の行為にともなう何ものかとしてそれらにかかわるのである。というのも、すべて有徳な者は徳の行為において悦びをおぼえ、徳に反する行為において悲しむからである。ここからしてアリストテレスも、さきに引用した言葉につづけてこうのべている。「もし諸々の徳が行為と情念とにかかわるものであり、すべての行為は快楽と悲しみがともなうものであるとすれば、この理由からして徳は快楽と情念とにかかわるものであることになろう」(1140b13)、つまり(その行為に)ともなう何ものかにかかわる、という仕方で。

(二)についてはこう言うべきである。分有によって理性的であるものにふくまれるのは情念の基体たる感覚的な欲求能力だけではなくて、前述のように(本項主文、第五十六問題第六項第二異論解答)、そのうちに何らの情念も見出されないところの意志もまたそうなのである。

(三)についてはこう言うべきである。或る徳のうちには、それに固有のことがらとしての情念が見出されるが、他の徳においてはそうではない。したがって、後に示されるように(第六十問題第二項)、すべての場合に同じ議論があてはまるのではない。

第五項　或る倫理徳は情念なしにありうるか

第五については次のように進められる。(200)――倫理徳は情念なしにありうる、と思われ

る。なぜなら

㈠　倫理徳は、それがより完全であるのに応じてそれだけ情念にうちかつ。それゆえに、倫理徳はその最も完全な存在 esse において、何らの情念なしに見出される。

㈡　どのようなものでも、自らに反対・対立するもの、ないしは反対・対立するものへと傾かしめるものから分離されているときに完全である。ところが、情念は罪へと傾かしめるのであるが、罪は徳にたいして反対・対立するものであり、ここからして『ローマ人への書翰』第七章（第五節）では「諸々の罪の情念」と呼ばれている。それゆえ、完全な徳はまったく情念なしに見出される。

㈢　アウグスティヌスが『カトリック教会の道徳』第一巻（第六、十一、十三章、PL32, 1315, 1319, 1321）においてあきらかにしているように、われわれは徳にもとづいて神へと合致せしめられる。ところが、神はすべてのことを情念なしに為し給う。それゆえ、最も完全な徳はすべての情念なしに見出される。

しかし、その反対に、『ニコマコス倫理学』第一巻（1099a17）で言われているように、「正しい行為を悦ばないような人は正しい人ではない」。ところが喜悦 gaudium は情念である。それゆえ、正義は情念なしにはありえない。ましてそれ以外の諸々の徳はなおさらのことである。

私は答える——。

もしわれわれが、ストア派が主張したように、無秩序な情動 affectio inordinata を情念と呼ぶならば、完全な徳は情念なしに見出される、ということはあきらかである。これにたいして、もし感覚的な欲求能力のすべての運動を情念と呼ぶならば、情念を固有のことがらとしてこれにかかわる諸々の倫理徳が、情念なしにはありえないことはあきらかである。そのことの根拠は、(もしそうした倫理徳が情念なしにありえたとしたら)倫理徳は感覚的な欲求能力をまったく無用なもの otiosus にしてしまう、という帰結が生じたであろうからである。ところが、徳の機能とは理性に下属するところの諸能力からそれらに固有の活動を取り除いてしまうことではなく、むしろそれらの能力が固有の活動を為すことによって、理性の命令を遂行するのをうながすことなのである。したがって徳は、手足を然《しか》るべき外的行為へと秩序づけるのと同じように、感覚的な欲求能力をそれに固有の節度ある運動へと秩序づけるのである。

しかしながら、情念にではなくて、働き operatio にかかわるところの倫理徳は情念なしにありうる。そして、正義はこの種の倫理徳である。なぜなら、正義を通じて意志はその固有な行為――それは情念ではない――へともたらされるからである。とはいえ、正義の行為には喜悦がともなう――少なくとも意志のうちに。しかし、この場合の喜悦は情念ではない。さらに、もしもこの喜悦が、正義が完成されることを通じて増大せしめられるならば、前述のように(第十七問題第七項、第二十四問題第三項)、より低次の能力はより高次の能力の運動に従うということにもとづいて、この喜悦の満ちあふれ redundantia は感覚的な欲求能力にまでおよぶであろう。このようにして、この種の満ちあふれによって、(倫理徳は)より完全であればあるほど、それだけ情念を生ぜしめるのである。[201]

(一)については、それゆえ、こう言うべきである。徳は無秩序な情念にたいしてはこれにうちかつのであるが、節度ある情念については、それらを生ぜしめるのである。

(二)についてはこう言うべきである。無秩序な情念は罪にさそうのであるが、もしそれらが節度あるものならば、そのようなことはない。

(三)についてはこう言うべきである。どのようなものにおいても、善はそのものの自然本性の在り方 conditio suae naturae にもとづいて考察される。ところが、神や天使においては、人間におけるように感覚的な欲求能力は見出されない。それゆえに、神や天使の善い働き bona operatio は、まったく情念なしであり、それはそうした働きが身体なしに為されるのと同様である。ところが、人間の善い働きは、それが身体の奉仕 ministerium を得て為されるのと同じく、情念をともなうのである。

第六十問題（全五項）
倫理徳相互の区別について

ついで諸々の倫理徳相互の区別について考察しなければならない。そして、この点をめぐって次の五つのことがらが問題とされる。

第一　ただ一つの倫理徳があるだけか
第二　働きにかかわる倫理徳は情念にかかわる倫理徳から区別されるか
第三　働きに関してはただ一つの倫理徳があるだけか
第四　異なった諸々の情念に関しては異なった諸々の倫理徳があるか
第五　倫理徳は諸情念の異なった諸対象にもとづいて区別されるか

第一項　ただ一つの倫理徳があるだけか

第一については次のように進められる。倫理徳はただ一つあるだけだ、と思われる。なぜなら

㈠　諸々の倫理的行為において、それらを方向づけ・導くこと directio が理性――それは知的徳の基体である――の機能であるように、それらを傾かしめること inclinatio は欲求的能力――それは倫理徳の基体である――の機能に属する。ところが、すべての倫理的行為において、それらを方向づけ・導く知的徳は一つ、すなわち知慮 prudentia である。それゆえに、すべての倫理的行為において、それらを傾かしめる倫理徳も一つあるだけである。

㈡　習慣は諸々の質料的な対象 objecta materialia にもとづいてではなく、諸々の対象の形相的側面 formales rationes objectorum にもとづいて区別される。ところが、倫理徳がそれへと向かって秩序づけられる善の形相的側面とは一つのこと、すなわち理性にかなった在り方 modus rationis である。それゆえ、倫理徳はただ一つしかないよう

に思われる。

㈢　前述のように(第一問題第三項)、倫理的なことがらは目的・終極 finis から種的規定 species を受けとる。ところが、すべての倫理徳に共通的な目的は一つ、すなわち幸福 felicitas であり、これにたいして固有的で近接的な目的は無数にある。しかるに、無数の倫理徳があるわけではない。それゆえ、倫理徳はただ一つであるように思われる。

しかし、その反対に、前述のように(第五十六問題第二項)、一つの習慣が複数の異なった能力のうちに見出されることは不可能である。ところが、倫理徳の基体は霊魂の欲求的部分であるが、それは第一部においてのべられたように(第八十問題第二項、第八十一問題第二項)、複数の異なった能力へと区別されている。それゆえ、倫理徳がただ一つであることは不可能である。

私は答える――。

さきに言われたように(第五十八問題第一―三項)、倫理徳とは(霊魂の)欲求的部分における何らかの習慣である。ところで、習慣は前述のように(第五十四問題第二項)、対象の種的な相違に即して種的に異なったものとされる。しかるに、どのような事物についてもそうであるように、欲求対象の種的規定 species は、作動原因 agens に由来するところの種的形相にもとづいてさだまるものである。ところで、働きかけを被るものの質料は作動原因にたいして二つの仕方で関係づけられることに注意しなければならない。すなわち、或る場合には、作動原因の形相を、作動原因において見出されるのと同じ本質側面 ratio に即して受けとるのであって、それはすべての同義的な作動原因 agens univocum において見られるごとくである。この場合には、もし作動原因が種的規定においてつであれば、質料は必然的に一つの種に属するところの形相を受けとるのであって、たとえば火(という同義的な作動原因)によっては、火という種のうちに存在するところの何ものかだけが同義的に univoce 生成せしめられるのである。これにたいして、或る場合に質料は作動原因から形相を、作動原因において見出されるのと同一の本質側面に即してではなしに受けとるのであって、それは動物が太陽によって生成せしめられる場合のように、同義的ならざる生成原因 generans において見られるごとくである。そしてこの場合には、同一の作動原因から質料のうちに受けとられた形相は一つの種に属するものではなく、作動原因の働きかけ influxus を受けとることへの質料の対比性 proportio が多様であるのに応じて多様化される。たとえば、太陽の一つの働きからして、質料の多様な対比性にもとづいて、多様な種に属する諸々の動物が腐敗 putrefactio を通じて生成されるのである。(203)

ところで、倫理的なことがらにおいては、理性は命令し・動かすものであり、これにたいして欲求能力は命令され、動かされるものとして位置づけられることはあきらかである。しかるに、欲求能力は理性の働きかけ impressio をいわば同義的に受けとるのではない。なぜなら、『ニコマコス倫理学』第一巻(1102b13)で言われているように、欲求能力は本質的に per essentiam ではなく、分有的に per participationem 理性的なものとなるのだからである。ここからして、理性の働きかけを受ける諸々の欲求対象は、それらが多様な仕方で理性に関係づけられるのに応じて、多様な種に属するものとして確立される。このようなわけで、倫理徳はただ一つではなくて、多様な種がそこで見出される、という帰結が生ずるのである。

(一)については、それゆえ、こう言うべきである。理性の対象は「真」verum である。ところで、すべての倫理的なことがら、すなわち、為すべき偶然的なことがら contingentia agibilia においてそれらが「真」たることの意味 ratio は同一である。ここからして、それらすべてにおいて導くところの徳 virtus dirigens はただ一つ、すなわち知慮である。これにたいして、欲求的な力の対象は欲求すべき善 bonum appetibile であり、それについては、導く理性 ratio dirigens への多様な関係に応じて、多様な意味 ratio が見出されるのである。

㈡についてはこう言うべきである。当の形相的な要素は、作動原因が一であることのゆえに類的には genere 一つであるが、受けとるもの(質料)における多様な関係のゆえに種的に specie 多様化されるのであって、この点、前述のごとくである(本項主文)。

㈢についてはこう言うべきである。倫理的なことがらは、その種的規定 species を究極目的からではなく、諸々の近接目的から受けとる。ところで、それら近接目的は数的には numero たしかに無際限であるとはいえ、種的には specie 無際限ではない。

第二項　働きにかかわる倫理徳は情念にかかわる倫理徳から区別されるか

第二については(204)次のように進められる。——諸々の倫理徳は、(その中の)或るものは働き operatio にかかわるものであり、或るものは情念 passio にかかわる、ということ

によって相互に区別されているのではない、と思われる。なぜなら

㈠　アリストテレスは『ニコマコス倫理学』第二巻(1104b27)において「倫理的な徳は、快楽と苦痛(悲しみ)にかかわることがらにおいて最善の仕方で行為することを可能にする」とのべている。ところが、前述のように(第三十一問題第一項、第三十五問題第一項)、快楽と悲しみとは何らかの情念である。それゆえ、情念にかかわる徳は同時にまた働きにかかわるものでもある――徳が(或る仕方で)働きを為さしめるものであるかぎりにおいて。

㈡　情念は外的行為の根源 principium である。それゆえ、もしも或る徳が情念を正しいものとする rectificare ものであれば、それはまた結果的に行為をも正しいものとするものでなければならない。それゆえ、同一の倫理徳が情念および働き・行為にかかわるものである。

㈢　感覚的欲求能力はすべての外的行為に向かって善く、あるいは悪い仕方で動かされる。ところが、情念とは感覚的欲求能力の運動である。それゆえ、働きにかかわる徳が同時に情念にかかわるのである。

しかし、その反対に、アリストテレスは『ニコマコス倫理学』第五巻(1129a4)においい

て正義は働き・行為 operatio にかかわるものとしているが、節制 temperantia(第二巻、1107b4)、剛毅 fortitudo(第二巻、1107a33)、および穏和 mansuetudo(第四巻、1125b27)は、何らかの情念 passio にかかわるものとされている。

私は答える――。

働き・行為および情念は二つの仕方で徳に関係づけられることが可能である。その一つは(徳の)結果 effectus としてである。そして、この場合には、前述のように(第五十九問題第四項第一異論解答)、すべての倫理徳はみずからが生ぜしめるところの或る善い働き・行為、および情念であるところの或る快楽あるいは悲しみを有するのである。次に、働き・行為は倫理徳にたいして、倫理徳がかかわるところのことがら materia として関係づけられることが可能である。そして、この意味においては働き・行為にかかわる倫理徳と、情念にかかわる倫理徳とは異なったものでなければならない。その根拠は、或る行為に関するかぎり、その善・悪は、人間がそうした行為にたいしてどのような情動を有するかにはかかわりなく、それ自体にもとづいて定まってくるということである。すなわち、そうした行為における善・悪はそれらが他者にたいして均衡 commensuratio であるかどうかにもとづいて確定されるのである。そして、こうした行為においては諸々の行為をそれ自体として導くところの何らかの徳がなければならないのであって、このことは買売、およびそこにおいては他者にたいする負い目 debitum の有・無といった要素が見出されるような、この種の行為について言えることである。このようなわけで、正義およびその諸部分は、本来的に言って、それに固有のことがらとして働き・行為にかかわる。これにたいして、或る行為においては、(行為の)善・悪はただ行為主体 operans への均衡にもとづいてのみ確定される。それゆえに、これらの行為においては、(行為の)善・悪は、人間がこうしたことがらにたいして有する情動の善・悪にもとづいて考察しなければならない。このようなわけで、こうしたことがらにおける徳は、節制、剛毅および他のこの種の徳においてあきらかなように、主要的に、内的な情動 affectio――霊魂の情念と呼ばれるところの――にかかわるものでなければならない。

ところが、他者に向けられた行為において、徳の善 bonum virtutis が魂の無秩序な情念のゆえにおろそかにされる、ということがある。その場合には、外的行為の均衡が破壊されてしまうかぎりにおいては、正義が破壊されるのであるが、内的な情念の均衡が破壊されるかぎりにおいては他の或る徳が破壊されるのである。すなわち、或る人が怒りにかられて誰か他の人をなぐった場合、当の不当な打撃行為そのものにおいて正義が破壊されるのであるが、他方また怒りが節度を超えていることにおいて穏和さ mansuetudo が破壊されることになる。同じことは他の徳の場合にもあきらかである。

右にのべたところから異論にたいする解答はあきらかである。というのも、第一の議論は徳の結果であるかぎりにおいての働き・行為にかかわるものである。他の二つの議論は働き・行為と情念とが同一のものへ向かって合流する、ということにもとづいて展開されている。しかしながら、前述の理由からして(本項主文)、或る場合には徳は働き・行為に主要的にかかわるものであり、他の場合には情念にかかわるものなのである。

第三項　働きに関してはただ一つの倫理徳があるだけか

第三については次のように進められる。――働き・行為 operatio にかかわる倫理徳はただ一つしかない、と思われる。なぜなら

㈠　すべての外的行為の正しさ rectitudo は正義 justitia に属するように思われる。ところが、正義は一つの徳である。それゆえ、働き・行為にかかわる徳はただ一つであ

る。

㈡　ひとりの人間の善 bonum unius に秩序づけられている行為と大衆の善 bonum multitudinis に秩序づけられている行為との間には最大の相違があるように思われる。しかし、こうした差異のゆえに倫理徳が区別されることはない。というのも、アリストテレスは『ニコマコス倫理学』第五巻(1130a12)において「人々の行為を共通善へと秩序づけるところの法的正義[205] justitia legalis は、人の行為をただひとりの人間へと秩序づける徳からは、たんに観念の上で secundum rationem 異なっているのみである」とのべているからである。それゆえ、働き・行為の多様性は倫理徳の多様性を生ぜしめるものではない。

㈢　もし諸々の異なった行為に関して異なった倫理徳があるとしたら、行為の多様性にもとづいて倫理徳の多様性があるとしなければならないであろう。しかし、じっさいにはあきらかにそうではない。なぜなら、『ニコマコス倫理学』第五巻(1130b30)においてあきらかにされているように、様々な種類の交換 commutatio、および配分 distributio においても正しさを確立することが正義に属することだからである。それゆえ、諸々の多様な行為について多様な徳が見出されるわけではない。

しかし、その反対に、敬神(206) religio は孝養(207) pietas とは異なった徳である。しかし、これらは共に何らかの働き・行為にかかわっている。

私は答える――。

働き・行為にかかわるすべての倫理徳は正義の或る一般的な本質側面 ratio generalis――それは他者にたいする負い目 debitum に即して捉えられる――に関しては合致するが、(正義にかかわる)様々の特殊的な本質側面 ratio specialis に即して区別させるのである。その理由は次のごとくである。すなわち、前述のように(第二項)、外的行為における理性の秩序 ordo rationis は(行為する)人間の情動 affectio への均衡に即してではなく、それ自体における事物の適合性そのもの ipsa convenientia に即して確立される。そして、この適合性にもとづいて負い目という本質側面 ratio debiti が成立し、それが正義の本質 ratio justitiae をなすものにほかならない。というのも、負い目を帰することが正義に属する、というふうに思われるからである。ここからして、働き・行為にかかわるこの種の徳はすべて、何らかの仕方で正義の本質をふくんでいるのである。

しかしながら、負い目 debitum といっても、その意味 ratio はすべての場合に同一なのではない。というのも、同等の者にたいして何かを負う場合と、目上あるいは目下の者にたいして負う場合とでは違いがあるし、また契約 pactum あるいは約束 promissus にもとづいて生じるものと、好意 beneficium を受けたことにもとづいて生じる負い目とは違ったものだからである。そして、こうした負い目の異なった意味に即して様々の徳が区別される。たとえば、敬神とは、それによって神にたいする負い目が、孝養とはそれによって両親や祖国にたいする負い目が帰せられるところの徳である。また報恩 gratia とは、それによって恩人 benefactor にたいする負い目が帰せられる徳であり、他のものについても同様である。

㈠については、それゆえ、こう言うべきである。本来の意味での proprire dicta 正義とは一つの特殊的な徳 virtus specialis であって、それは完全な意味での負い目、すなわち等価に即した secundum aequivalentiam 返却が可能であるような負い目にかかわる徳である。しかし、何らかの意味で負い目が返済される場合、広い意味で正義という名称が用いられるのであって、この意味での正義は一つの特殊的な徳ではない。

㈡についてはこう言うべきである。共通善の実現をめざすところの正義[208]は、或る人の私的な善 bonum privatum へと秩序づけられた正義とは異なった徳である。ここからして、共通的なる正[209] jus commune は私的な正 jus privatum から区別されるのであって、キケロは『弁論術』第二巻(第五十三章)において人をその祖国の善へと秩序づける一つの特殊的な徳として孝養・祖国愛 pietas をあげているのである。しかし、人を共通善へと秩序づけるところの正義は、(一つの特殊的な徳であるのみでなく)その命令 imperium という機能を通じて一般的な generalis 徳である。なぜなら、それは諸々の徳に属するすべての行為をみずからの目的、すなわち共通善へと秩序づけるからである。(210) ところが或る徳は、こうした正義(の徳)の命令の下にあるかぎりにおいて、それもまた正義という名称を受けとる。この場合、当の徳は法的正義 justitia legalis とは、たんに観念の上で ratione 異なるだけである――ちょうど、自分自身からして活動する徳と、他の徳の命令に従って活動するところの徳とが、たんに観念の上で区別されるように。

㈢についてはこう言うべきである。特殊的な正義に属するところのすべての働きにおいて、同一の意味での負い目が見出される。それゆえ、そこには同一の正義の徳が見出されるのであり、とりわけ諸々の交換に関するかぎりでは然《しか》りである。それというのも、おそらく配分正義は交換正義とは別の種 species に属すると思われるからである。だが、この点については後で(第二部の第二部第六十一問題第一項)問題としてとりあげる。

第四項　異なった諸々の情念に関しては異なった諸々の倫理徳があるか

第四については次のように進められる。——異なった諸々の情念に関して異なった諸々の倫理徳があるのではない、と思われる。なぜなら

㈠　始源 principium と終極 finis とにおいて一致するところの諸々のものにおいては一つの習慣が見出されるのであって、この点はとくに諸々の学知 scientiae においてあきらかな通りである。ところが前述のように（第二十五問題第一、二、四項、第二十七問題第四項）、すべての情念について一つの始源、すなわち愛 amor が見出され、そしてすべての情念が同一の終極、すなわち快 delectatio もしくは悲しみ tristitia へと行きつく。それゆえ、すべての情念についてただ一つの倫理徳が見出される。

㈡　もし諸々の異なった情念について異なった倫理徳があったならば、情念の数だけ倫理徳があるということになるだろう。しかし、じっさいにそうではないことはあきらかである。なぜなら、諸々の対立的な情念について一つの倫理徳が見出されるからであ

って、たとえば怖れ timor と怖れ知らず audacia については剛毅 fortitudo が、快楽と悲しみについては節制 temperantia が見出されるのがその例である。それゆえに、諸々の異なった情念について異なった倫理徳が見出される必要はない。

㈢　さきにあきらかにされたように（第二十三問題第四項）、愛 amor と欲情 concupiscentia および快楽 delectatio は種的に specie 異なった情念である。ところが、これらすべてについて一つの徳、すなわち節制が見出される。それゆえ、諸々の異なった情念について異なった倫理徳が見出されるのではない。

しかし、その反対に、『ニコマコス倫理学』第三巻（1115a6）および第四巻（1125b26）で言われているように、怖れと怖れ知らずについては剛毅が、欲情については節制が、怒りについては穏和が見出される。

私は答える――。

すべての情念についてただ一つの倫理徳が見出されるのみだ、とすることは不可能である。というのも、さきに言われたように（第二十三問題第一項）、或る情念は怒情的欲求能力 irascibilis に、或る情念は欲情的欲求能力 concupiscibilis に属するというふうに、諸々の異なった能力 potentia に属するところの情念が存在するからである。

とはいっても、諸々の情念において見出される多様性がすべて、倫理徳を多様化するのに充分(な根拠)であるわけではない。それは次の理由による。第一に、喜悦と悲しみ、怖れと怖れ知らず、および他のこの種の情念のように、或る情念は反対・対立 contrarietas という仕方で相互に対立している。このような仕方で対立しているような情念については、一つにして同一の倫理徳がかかわるのでなければならない。というのも、倫理徳は何らかの中庸性 medietas に存するのであるが、反対・対立的な諸情念の間の中庸 medium は(一つにして)同一の根拠 ratio に即して確立されるのであって、それは自然的事物においても反対・対立的なもの、たとえば白いものと黒いものとの間の中間者 medium が(一つにして)同一のものであるのと同様である。

第二に、理性に対立するものへと駆りたてるにせよ、あるいは理性にかなうものから引きはなすにせよ、とにかく同一の仕方で理性と相反するような様々の情念が見出される。したがって、欲情的欲求能力に属する様々の情念 passiones concupiscibilis は様々の異なった倫理徳に属するのではない——なぜなら、それら情念の運動は何らかの秩序に従って、すなわち善いものを手にいれるか・悪いものを避けるというふうに、同一のことに秩序づけられたものとして相互に続いて生じるものだからである。たとえば、愛

amor からして欲情 concupiscentia が発出し、欲情からして快楽 delectatio へ到達するというふうに。また、右とは対立的な諸情念についても同一の論拠 ratio があてはまる――なぜなら、憎しみ odium から逃避 fuga あるいは嫌悪 abominatio が生じ、それは悲しみ tristitia へと導くからである。

　これにたいして、怒情的欲求能力の諸情念 passiones irascibilis は一つの秩序に属するのではなく、異なったものへと秩序づけられている。というのは、怖れ知らず audacia と怖れ timor は何らかの大きな危険へと関係づけられ、希望 spes と絶望 desperatio は何らかの(到達)困難な善に、他方、怒り ira は害悪をもたらした何らかの対立者にうちかつことへと関係づけられているからである。

　それゆえに、こうした諸情念については異なった徳が秩序づけられているのであって、たとえば、欲情的欲求能力の諸情念については節制[211] temperantia、怖れや怖れ知らずについては剛毅[212] fortitudo、希望や絶望については高邁《こうまい》[213] magnanimitas、怒りについては穏和[214] mansuetudo が秩序づけられている。

　㈠については、それゆえ、こう言うべきである。すべての情念は一つの共通的な始源および終極において一致するが、一つの固有的な始源、もしくは終極において一致するのではない。したがって、このことは倫理徳が一つであることを確立するのに充分ではない。

(二)についてはこう言うべきである。自然的事物において一方の端から遠ざかり・他の端へと接近するということが同一の原理によるものであり、また、理性の領域においても反対・対立するところのものの根拠 ratio は同一である。そのように、自然本性の仕方でもって理性に一致するところの倫理徳も、反対・対立的な諸情念について一つだけ見出される。

(三)についてはこう言うべきである。前述のように(本項主文)、これら三つの情念は何らかの秩序にもとづいて同一の対象へと秩序づけられており、それゆえに同一の倫理徳に属するのである。

第五項　倫理徳は情念の異なった諸対象にもとづいて区別されるか

第五については次のように進められる[215]。――倫理徳は情念の異なった諸対象にもとづいて区別されるのではない、と思われる。なぜなら

(一)　情念の諸対象が存在するのと同じように働き・行為の諸対象が存在する。ところが、働き・行為にかかわる倫理徳は、働き・行為の対象にもとづいて区別されるのではないのであって、たとえば家や馬を買ったり、売ったりすることは同一の正義の徳に属するのである。それゆえに、情念にかかわるところの倫理徳も、情念の諸対象によって多様化されるのではない。

(二)　情念は感覚的な欲求能力の何らかの活動 actus あるいは運動 motus である。ところが、諸々の習慣を多様化するためには、活動・行為 actus を多様化する場合よりも、より大きな相違 diversitas が必要とされる。それゆえ、多様な対象であっても、それらが情念の種を多様化することがないのなら、それらが倫理徳の種を多様化することもな

いであろう。このようにして、すべての快楽について一つの倫理徳が見出されるであろうし、他の(情念)についても同様である。

(三) より大・より小 magis et minus ということで種的な区別が生ぜしめられることはない。ところが、様々の快楽的なことがらは、より大・より小という観点からだけ区別される。したがって、すべての快楽的なことがらは徳の一つの種に属する。そして同じ理由からして、すべての怖るべきことがら、ならびに他のことがらについても同様である。それゆえ、倫理徳は情念の諸対象にもとづいて区別されるのではない。

(四) 徳は善を為《な》さしめるものであるように、悪を阻止するものである。ところが、諸々の善いものの欲情については様々の徳が見出されるのであって、たとえば触れることの快楽への欲情に関しては節制 temperantia があり、遊び ludus の快楽に関しては機知(216) eutrapelia がある。それゆえ、悪いことがらの怖れに関しても、様々の徳があるのでなければならない。

しかし、その反対に、貞潔(217) castitas は性的な快楽にかかわるものであるのにたいして、禁欲(218) abstinentia は食事の快楽にかかわり、機知 eutrapelia は遊びの快楽にかかわるものである。

私は答える——。

徳の完全性は理性に依存するが、情念の完全性は感覚的な欲求能力に依存する。ここからして、諸々の徳は理性への関連にもとづいて区別・多様化されるが、諸々の情念は欲求能力への関連にもとづいて多様化されるのでなければならない。したがって、諸々の情念の対象は、それらが感覚的な欲求能力にたいして様々の異なった仕方で関連づけられていることにもとづいて情念の様々に異なった種を生ぜしめるが、理性にたいして関連づけられていることにもとづいては、徳の様々に異なった種を生ぜしめる。ところが、理性の運動と感覚的な欲求能力の運動とは同一ではない。ここからして、対象における或る相違が情念の区別・多様性を生ぜしめつつも、徳の区別・多様性を生ぜしめない、ということには何らの差支えもない。それは、前述のように(第四項)、一つの徳が多くの情念にかかわるような場合である。さらにまた、対象における或る相違が徳の区別・多様性を生ぜしめて、情念の区別・多様性を生ぜしめないこともありうるのであって、一つの情念、たとえば快楽 delectatio について様々の徳が秩序づけられる場合がそれにあたる。

そして、前述のように(第四項)、異なった諸能力に属するところの異なった諸情念は常に異なった諸徳に属するところからして、諸能力の区別・多様性に対応するところの諸対象の区別・多様性は、常に徳の異なった種を生ぜしめる。たとえば、或るものは無条件的に absolute 善いものであり、或るものは善いものであるが或る(到達の)困難さ arduitas をともなう、といった(対象における)区別がそれにあたる。

ところで、理性は何らかの順序をもって人間の低次の諸部分を支配し、さらにその支配を外的な事物にもおしひろげるものであるから、情念の一つの対象が感覚、想像力、あるいは理性によって捉えられるのに応じて、さらにまた(その対象が)霊魂、身体、あるいは外的事物に属するのに応じて、それは理性にたいして様々の異なった関係に立ち、その結果としてことがらの本性上、諸々の徳を多様化することになるのである。

したがって、愛、欲情および快楽の対象であるところの人間の善は、身体的感覚に属するものとして、あるいは霊魂の内的把捉に属するものとして受けとられることができる。そして、この善は、或る人の身体に関してにせよ、あるいは霊魂に関してにせよ、かれ自身としての善へと関係づけられるか、あるいは他者との関連において当の人間の善へと関係づけられるか、のいずれかである。そしてこのような区別・多様性はすべて、理性への異なった関係づけのゆえに、徳を区別・多様化するものである。

したがって、もし何らかの善が考察され、それがもし触覚 sensus tactus によって捉えられるものであり、食事および性的欲望にかかわる快楽がそうであるように、個体あるいは種としての人間的生命の維持に属するところの善であるならば、それは節制temperantiaの徳に属するであろう。これにたいして、他の諸々の感覚に属する快楽について言えば、それらは強烈なものではないところから、理性にたいして何らかの困難を提示することはない。それゆえ、それらに関しては或る徳がふりあてられることはない——『ニコマコス倫理学』第二巻(1105a9)で言われているように、「徳は、技術もそうであるように、困難なことにかかわるものなのである」。

これにたいして、感覚ではなく内的なちからによって捉えられ、人間自身——かれ自身における——に属するものとして捉えられた善は、金銭とか名誉のようなものである。そのうちの金銭はそれ自体からして身体の善へと秩序づけられることが可能であり、他方、名誉は精神によって把捉されることに存する。ところで、これらの善は欲情的な欲求能力にかかわるものとして、無条件的な仕方で考察されることも、あるいは怒情的な欲求能力にかかわるものとして、何らかの困難さを考慮にいれつつ考察されることも可能である。じっさい、こうした区別は触覚をよろこばせるところの諸々の善においては行われる余地のないものであって、それというのも、そうした善は何か最低次のものであり、非理性的な動物と共通であるかぎりでの人間に属するものだからである。ここからして、無条件的な仕方で、すなわち欲情、快楽あるいは愛amorの対象であるかぎりで捉えられた金銭という善に関しては、寛厚[220] liberalitas の徳がある。これにたいして、希望 spes の対象であるかぎりにおいて、つまり（到達の）困難さという面をふくめて捉えられたこの種の善に関しては豪気[221] magnificentia の徳がある。他方、名誉と呼ばれる善に関しては、もしもそれが愛の対象であるかぎりにおいて、つまり無条件的な仕方で捉えられた場合には、功名心 philotimia[222]、つまり名誉愛 amor honoris と呼ばれるところの、何らかの徳がある。これにたいして、（そうした善が）希望の対象であるかぎりにおいて、つまり（到達の）困難さをふくめて考察される場合には、高邁[223] magnanimitas の徳がある。ここからして、寛厚と功名心とは欲情的な欲求能力のうちに、豪気と高邁とは怒情的な欲求能力のうちに見出されるように思われる。

他方、他者との関係において捉えられた人間の善は、（到達の）困難さという面をふくむことはなく、欲情的能力の諸情念の対象がそうであるように、無条件的な仕方で捉えられたものとして解されている。ところで、こうした善は或る人にとって――かれが他者と交渉するにさいして――こころよいものでありうる。それはまじめに為されることがら、つまり理性によって然《しか》るべき・正しい目的へと秩序づけられた諸行為において起こることも、あるいは戯れに為されることがら、つまりただ楽しみへと秩序づけられた諸行為――それらは前者と同じ仕方で理性に関係づけられるのではない――起こることもありうる。しかるに、まじめなことがらにおいて、或る人は自らを二つの仕方で他者にたいして示す。その一つは、ふさわしい言葉と行動でもって(共にいることが)楽しい者としてふるまう場合であり、これはアリストテレスが友愛[224] amicitia と名づけたところの徳にあたるものであって、これを愛想好《よ》さ affabilitas と呼ぶこともできよう。もう一つは、或る人が言行において自らを包み隠すことなく・明白に他者に示す場合であり、これは前者とは異なる徳であって、アリストテレスはそれを真実[225] veritas と呼んでいる。というのも、明白・率直さ manifestatio のほうが楽しさ delectatio よりも理性により接近しているからであり、また遊戯的なことよりもまじめなことが理性により接近しているからである。ここからして、遊戯の楽しさに関しても別の徳がふりあてられており、アリストテレスはそれを機知[226] eutrapelia と名づけている。

　このような次第で、アリストテレスに従えば[227]、情念にかかわるものとして十個の倫理徳があることがあきらかである、すなわち、剛毅、節制、寛厚、豪気、高邁、功名心、穏和、友愛、真実、および機知がそれである。そして、それらは様々の異なったことがら materia、ないしは様々の異なった情念 passio、様々の異なった対象 objectum にもとづいて区別されている。したがって、もし行為にかかわる徳である正義を加えるならば、倫理徳は全部で十一あることになろう。

㈠については、それゆえ、こう言うべきである。種的に同一である行為の対象はすべて理性にたいして同一の関係をもつが、種的に同一である情念のすべての対象が理性にたいして同一の関係をもつのではない。なぜなら行為は、情念とはちがって、理性にさからうということはないからである。

㈡についてはこう言うべきである。前述のように(本項主文)、諸々の情念と諸々の徳とは、それぞれ別の根拠 ratio からして区別されるのである。

㈢についてはこう言うべきである。より大・より小ということは、そのことが理性への異なった関係によるのでなければ、種的差異を生ぜしめるものではない。

㈣についてはこう言うべきである。善は悪よりもより力強く fortius 動かすものである。なぜなら、ディオニシウスが『神名論』第四章(PG3, 732)においてのべているように、悪は善のちからによってでなければ働きを為さないからである。したがって、悪は、それが強烈 excellens であるのでなかったら、理性にたいして、何らかの徳が必要とされるような困難な事態 difficultas をつくりだすことはない——そうした特別に強烈な悪は情念の一つの類について一つ存在するように考えられる。このようなわけで、怒りに関してはただ一つの徳、すなわち穏和(228) mansuetudo が措定されるだけである。同様に怖れ知らず（の情念）に関してもただ一つ、すなわち剛毅(229)（の徳）fortitudoが措定される。しかし、善はたとえ当の情念の類において特別に強烈なものではなくても、徳が必要とされるような困難な事態をもたらすものである。それゆえに、諸々の欲情に関しては、前述のように（本項主文）、様々の異なった倫理徳が措定されるのである。

第六十一問題（全五項）

枢要徳について

この点については次の五つのことが問題とされる。

第一　諸々の倫理徳は枢要的 cardinales もしくは主要的 principales と呼ばれるべきか

第二　それらの数について

第三　どのようなものがあるか

第四　それらは相互に異なっているか

第五　それらが国家社会的 politicae、浄化的 purgatoriae、浄霊的 purgati animi、および範型的 exemplares 諸徳へと分類されるのは適当であるか

第一項　諸々の倫理徳は枢要的もしくは主要的と呼ばれるべきか

第一については㉚次のように進められる。——諸々の倫理徳は枢要的㉛ cardinales もしくは主要的 principales と呼ばれるべきではない、と思われる。なぜなら

㈠『カテゴリー論』(14b33)で言われているように、互いに反対・対立するものとして区分されているものは、本性上同時的なものであり、したがってその一つが他のものよりも主要的であることはない。ところが、すべての徳は徳という類のうちで互いに反対・対立するものとして区分されている。それゆえ、それらのうちのいずれも主要的と呼ばれるべきではない。

㈡ 目的 finis は、目的へのてだてたるもの ea quae sunt ad finem よりもより主要的である。ところが、対神徳 virtutes theologicae が目的にかかわるものであるのにたいして、倫理徳は目的へのてだてたるものにかかわる。それゆえ、倫理徳は主要的、ないしは枢要的と呼ばれるべきではなく、むしろ対神徳がそのように呼ばれるべきである。

(三)　本質によって per essentiam 何ものかであるところのものは、分有によって per participationem そうであるものよりも、より主要的である。ところが、さきにのべられたように（第五十六問題第五項第二異論解答、第五十八問題第三項）、知的徳が本質によって理性的であるものに属するのにたいして、倫理徳は分有によって理性的であるものに属する。それゆえ、倫理徳ではなく、むしろ知的徳が主要的なものである。

しかし、その反対に、アンブロシウスは[232]『ルカ福音書註解』において、「心の貧しいあなたたちは幸いである」（『ルカ福音書』第六章第二節）という箇所を解説してこうのべている——「われわれは四個の枢要徳、すなわち節制、正義、知慮、剛毅があるのを知っている」。ところが、これらは倫理徳である。それゆえ、倫理徳は枢要徳である。

私は答える——。

われわれが何らの限定もなく simpliciter 徳について語る場合、そこでは人間的な徳 virtus humana について語られていると了解される。ところで、さきにのべられたように（第五十六問題第三項）、人間的な徳の中で徳の完全な意味に即して secundum perfectam rationem virtutis 語られるのは、欲求が正しいものであることを要求するような徳である。というのも、このような徳は善く行為する技能 facultas をつくりだすだけでなく、善い行為の実行そのもの ipse usus を生ぜしめるからである。これにたいして、欲求の正しさを要求しないところの徳は、徳の不完全な意味に即して secundum imperfectam rationem virtutis 語られる。なぜなら、そのような徳は善く行為する技能をつくりだすのみで、善い行為の実行を生ぜしめることはないからである。ところが、完全なものが不完全なものよりもより主要的であることは明白である。それゆえ、欲求の正しさをふくむような諸徳が主要的なものと言われる。ところが、それにあたるのは倫理徳であって、知的徳の中では知慮 prudentia だけがそれにあたる。前述のところからあきらかなように(第五十七問題第四項、第五十八問題第三項第一異論解答)、知慮もまた、それがかかわることがら materia にもとづいて、何らかの意味で倫理的な徳なのである。ここからして、主要的、もしくは枢要的と呼ばれる徳が倫理徳のうちに位置づけられることは適切である㉝。

(一)については、それゆえ、こう言うべきである。同語同義的な類 genus univocum がその種へと区分される際には、区分された諸部分は類の意味内容 ratio generis に即して言えば同等である――ただ、事物の本性 natura rei に即して言うならば、人間が他の諸動物にくらべてそうであるように、一つの種が他のものよりもより主要的であり、より完全であろうが、しかし、多くのものについてより先・より後なる仕方で secundum prius et posterius 語られるような、何らかの類比的なもの analogum の区分がなされる場合には、共通の意味内容 communis ratio に即しても、その中の一つが他のものよりもより主要的であることを妨げるものは何もない。たとえば、実体は付帯的なるものよりもより主要的な仕方で「存在するもの」ens と呼ばれるのである。そして、徳が様々の異なった徳の類へと区分されるのはこのような仕方によるものであり、それは理性の善 bonum rationis がすべてのものにおいて同一の秩序 ordo に即して見出されるのではない、ということによる。

(二)についてはこう言うべきである。対神徳は前述のように(第五十八問題第三項第三異論解答)、人間を超えるものである。したがって、本来的にはそれらは人間的と呼ばれるのではなく、むしろ超人間的 suprahumanae もしくは神的 divinae と呼ばれるのである。

(三)についてはこう言うべきである。知慮以外の知的徳は、その基体 subjectum に関して言えば、倫理徳よりもより主要的であるとはいえ、徳の本質側面 ratio virtutis に関して言えばより主要的なものではない。というのは、徳は欲求の対象であるところの善にかかわるものだからである。

第二項　四個の枢要徳が存在するか

第二については次のように進められる。㉞——四個の枢要徳が存在するのではない、と思われる。なぜなら

(一)　前述のところからあきらかなように（第五十八問題第四項）、知慮は他の諸々の倫理徳を導くものである。ところが、他のものを導くものはより主要的である。それゆえ、知慮のみが主要的な徳である。

(二)　主要的な徳は何らかの意味で倫理的なものである。ところが、『ニコマコス倫理学』第六巻（1139a24）で言われているように、われわれは実践理性 ratio practica と正しい欲求能力 appetitus rectus によって倫理的行為へと秩序づけられる。それゆえ、ただ二つの枢要徳が存在するのみである。

(三)　他の諸々の徳の間にあっても、一つが他のものよりもより主要的である。ところが、徳が主要的なものと言われるためには、すべての徳にたいして主要的である必要はなく、或るものにたいして主要的であればよい。それゆえ、（四個よりも）はるかに数多

くの主要的な徳が存在するように思われる。

しかし、その反対に、グレゴリウスは『道徳論』第二巻（第四十九章、PL75, 592）において善い業《わざ》というものの全構造が四個の徳においてそびえたっている、とのべている。

私は答える——。

何らかの事物の数を確定するにさいしては、形相的原理principia formaliaにもとづくことも、あるいは基体subjectaにもとづくことも可能である。そして、このいずれの方法による場合にも、四個の枢要徳が見出される。

というのも、われわれがここで語っているのは徳についてであるが、それの形相的原理とは理性の善bonum rationisである。ところで、こうした善は二つの仕方で考察することが可能である。その一つは、理性が行う考察そのものipsa consideratioのうちに存するかぎりでの善であり、この面において一つの主要的徳が成立するのであって、それが知慮prudentiaと呼ばれるのである。もう一つは、何らかのものに関して理性の秩序ordo rationisがうちたてられることにもとづく善である。そして、このような善は行為・働きoperatioにかかわるか——その場合には正義（と呼ばれる主要的徳）justitia

が成立する――、あるいは情念 passio にかかわるかである。この後者の場合、二つの（主要的）徳が存在するのでなければならない。というのも、情念に関して理性の秩序を確立することが必要となるのは、それら情念が理性にさからうことの考慮にもとづくからである。ところで、こうした理性への背反は二つの仕方で起こりうる。その一つは、情念が理性に反するようなことへと駆りたてることにもとづいてであり、この場合には情念を抑制することが必要となり、ここからして（当の主要的徳は）節制 temperantia と名づけられる。もう一つは、たとえば、危険とか労苦への怖れがそうするように、情念が（われわれを）理性の命ずるところから引きさがらせることにもとづくものであって、この場合には、人はひるんでしまうことのないよう、理性の命ずるところに固くとどまる力を与えられる必要がある。ここからして（当の主要的徳は）剛毅 fortitudo と名づけられる。

同様に、（徳の）基体にもとづいて考察した場合にも、同じ数（の枢要徳）が見出される。というのも、われわれがここで語っている徳については四重の基体が見出されるのである。すなわち、（その一つは）本質によって理性的であるようなもの（能力）rationale per essentiam であり、それを完成するのが知慮である。（もう一つは）分有によって理性的であるようなもの（能力）rationale per participationem であり、これは三つに区分される。すなわち、正義の基体であるところの意志、節制の基体である欲情的な欲求能力、および剛毅の基体たる怒情的な欲求能力の三つである。

㈠については、それゆえ、こう言うべきである。知慮は端的に言って simpliciter すべての徳よりもより主要的である。しかし、他の徳も、それぞれの類において主要的であるとされるのである。

㈡についてはこう言うべきである。前述のように（本項主文）、分有によって理性的なものは三つのものへと区分されるのである。

㈢についてはこう言うべきである。その中の一つが他のものよりもより主要的であるような他のすべての徳は、前述の四個の徳へと――その基体に関しても、また形相的原理に関するかぎりにおいても――還元されるのである。

第三項　前述の徳よりもむしろ他の徳が主要的と呼ばれるべきであるか

第三については次のように進められる。㉟――前述の徳よりはむしろ他の徳が主要的と呼ばれるべきである、と思われる。なぜなら

㈠　それぞれの類において最大であるものがより主要的であるように思われる。ところが、『ニコマコス倫理学』第四巻(1123b30)において言われているように、高邁《こうまい》 magnanimitas はすべての徳において偉大なことをなしとげるものである。それゆえ、高邁こそ何にもまして主要的徳と呼ばれるべきである。

㈡　それによって他の諸徳が強められるようなものこそ、何にもまして主要的な徳であると考えられる。ところが、そのようなものとは謙遜《けんそん》 humilitas である。というのも、グレゴリウスは『福音書講話』第一巻(第七講話、PL76, 1103)において、謙遜をぬきにして他の諸徳をよせ集める者は、いわば強風に向かって藁《わら》を運んでいるようなものだ、とのべているからである。それゆえ、謙遜こそ何にもまして主要的であるように思われる。

(三)　最も完全であるものこそ、何にもまして主要的であるように思われる。ところが、『ヤコボ書翰《しょかん》』第一章(第四節)に「忍耐は全き業を為す」と言われているのにもとづいて、このことは忍耐 patientia についてあてはまることである。それゆえ、忍耐が主要的なものとされるべきである。

しかし、その反対に、キケロは『弁論術』第二巻(第五十三章)において、これら四つに、他のすべての徳を還元させている。

私は答える——。

前述のように(第二項)、こうした四個の枢要徳は、われわれがここで語っている徳㉓㊱にふくまれる四つの形相的な側面 ratio formalis にもとづいて受けとられている。ところで、そうした形相的な側面は或る行為や情念のうちに主要的に見出される。たとえば、前述のように(第五十七問題第六項)、理性による考察のうちに存するところの善は、主要的には理性による命令 imperium そのもののうちに見出されるのであって、思案 consilium のうちにも、判断 judicium のうちにも見出されるのではない。同様に、正しさ rectum とか負い目 debitum などの側面にもとづいて、諸々の行為のうちに措定されるものとしての理性の善は、主要的に言って、他者にたいして均等さ aequalitas を保ちつつ為されるところの、諸々の交換および配分のうちに見出される。これにたいして、情念を抑制することに存する善は、主要的には、抑制することの最も困難な諸情念、すなわち触覚にかかわる諸々の快楽のうちに見出される。他方、襲いかかる情念に対抗して理性の善のうちに固くとどまることに存する善は、何にもまして、それにたいして耐えることが最も困難であるところの、死の危険のうちに見出される。

したがって、われわれは前述の四個の徳を二つの仕方で考察することが可能である。その一つは、共通的な形相的側面にもとづくものであって、この場合にはそれらの徳は、いわばすべての徳にたいして一般的・類的であるものとして、主要的なものと言われる。(237) たとえば、理性による考察を善く為さしめるような徳はすべて知慮と呼ばれる。また、諸々の行為において負い目および正しさという善を実現させるような徳はすべて正義と呼ばれる。そして情念を抑制し、制御する徳はすべて節制と呼ばれ、何らかの情念に対抗して霊魂を堅固なものとする徳はすべて剛毅と呼ばれるのである。そして、聖なる教師たち(238) sacri doctores、ならびに哲学者たち(239) philosophi もふくめて、多くの人々がこの意味でこれらの徳について語っている。そして、この意味では他の諸徳はそれらの下にふくまれるのである。

ここからして、異論はすべて無効である。他方、前述の諸徳は他の仕方で、すなわちこれらの徳がそれぞれのことがらにおける格別なもの praecipuum から名づけられているかぎりにおいて考察されることが可能である。(240) そして、この場合には右の諸徳は、他の諸徳から区別された、特殊的な徳であることになる。しかしこれらの徳は、それらがかかわることがらの主要性 principalitas のゆえに、他の諸徳との関係において主要的なものと言われる。たとえば、(思案とか判断ではなく)命令することにかかわる徳が知慮と呼ばれ、同等の者が相互に負うている行為 actio debita にかかわる徳が正義であり、触覚の快楽にまつわる欲情を抑制するのが節制であり、死の危険に対抗してわれわれを強める徳が剛毅であるように。

このように見た場合にも異論は無効なものとなる。なぜなら、他の諸徳も何らかの他の主要性をもちうるのであるが、前述のように(本項主文)、これらの徳はそれらがかかわることがらのゆえに主要的と言われるのだからである。

第四項　四個の枢要徳は相互に異なっているか

第四については次のように進められる。[241]——前述の四個の枢要徳は異なった徳ではなく、相互に区別されてはいない、と思われる。なぜなら

㈠　グレゴリウスは『道徳論』第二十二巻（第一章、PL76, 212）において、次のようにのべている。「正しく、知慮あるのでなかったら真の知慮ではない。剛毅で、正しく、節制であり、剛毅であるのでなかったら真の知慮ではない。知慮あり、節制で、正しくあるのでなかったら完全な節制とは言えない。また、知慮あり、剛毅で、節制であるのでなかったら十全な剛毅ではない。知慮あり、剛毅で、節制であるのでなかったら真の正義ではない。」だが、こうしたことは、もし前述の四個の徳が相互に区別されていたならば、ありえなかったであろう。というのも、同一の類に属する諸々の異なった種が互いにそれぞれの名を与えあうことはないからである。それゆえ、前述の諸徳は相互に区別されているのではない。

㈡　相互に区別されている事物においては、その中の一つに属するものが他のものに帰属せしめられることはない。ところが、節制に属することが剛毅にたいして帰属せし

められている。というのも、アンブロシウスは『義務論』第一巻(第三十六章、PL16, 82)においで、「だれかが自己に打ちかって、いかなる魅惑によっても弱められたり、曲げられたりすることがない場合、そうした徳は正当にも剛毅と呼ばれる」とのべているのである。またかれは節制について「われわれが、為すべきであるとか言うべきであるとか判断するところのすべてのことについて、節度あるいは秩序を確保するものである」(同右、第二十四章、PL16, 62)とのべている。それゆえ、これらの徳は相互に区別されてはいないように思われる。

(三)　アリストテレスは『ニコマコス倫理学』第二巻(1105a31)において、徳が成立するためには次のことが必要とされるとのべている。「すなわち、第一に、かれが(自分のすることを)知っていて、第二に、選択し、しかもこのこと(目的)のゆえに選択し、第三には、(選択したこと)を堅固かつ不動的に保持して、それを実行にうつすという条件を満たすならば。」ところが、これらのうち第一のものは、為すべきことがらにかかわる正しい理性であるところの知慮に属するように思われる。第二、つまり選択することは節制に属するように思われる――節制によって或る人は情念からではなく、諸々の情念を抑制して、選択にもとづいて行為するのである。第三、つまり然《しか》るべき・正しい目的finis debitus のゆえに或る人が行動することは、何らかの正しさをふくむものであり、それは正義に属するように思われる。もう一つ、つまり、堅固さと不動とは剛毅に属する。それゆえ、これら諸徳のどれもがすべての徳にとって共通的である。それゆえに、それらは相互に区別されているのではない。

しかし、その反対に、アウグスティヌスは、『カトリック教会の道徳』第一巻（第十五章、PL32, 1322）において、「徳は愛そのものの異なった諸情動に応じて四個に区分されたものとして語られる」とのべ、それを前述の四個の徳にあてはめている。それゆえ、前述の四個の徳は相互に区分されている。

私は答える——。

さきに言われたように（第三項）、前述の四個の徳は様々の異なった論者によって二つの仕方で理解されている。というのも、或る人々㉔㉒はそれらを、すべての徳において見出されるところの、人間精神の或る一般的条件を表示しているもの、というふうに理解しているからである。このように理解した場合には、知慮はあらゆる行為もしくはことがらにおける思慮・分別 discretio のもつ、或る正しさ以外の何ものでもないことになろう。これにたいして正義は、人がそれによってあらゆることがらにおいて為すべきことを実行するところの、精神の或る正しさにほかならない。また節制とは、あらゆる情念あるいは行為に、それらが然るべき限度を超えてしまうことのないよう、節度 modus を課するところの精神の或る状態にほかならないものとなろう。さらに剛毅は、霊魂が情念のあらゆる攻撃や行為にともなうあらゆる労苦にもまけず、理性と合致するところを堅持することを可能にするような、霊魂の或る状態にほかならないことになろう。

ところが、これら四個の徳を右のように区別すると、正義、節制、剛毅に関しては、有徳な習慣 habitus virtuosus としての区別が為されないことになってしまう。というのも、いかなる倫理徳にたいしても、それが習慣 habitus があるということからして、自分と反対のものによって動かされることがないという、一種の堅固さ firmitas がともなってくるのであるが、このことは剛毅に属するとされたのである。また、(いかなる倫理徳でも)それが徳であるということからして、正しさ、あるいは負い目という側面をふくむところの、善へと秩序づけられていることがともなうのであるが、そのことは正義に属することだと言われた。さらに、(いかなる倫理徳でも)それが理性を分有するところの倫理徳であることにもとづいて、すべてのことがらにおいて理性的な節度を守り、自らの限界を超え出ることをしないのであるが、このことは節制に属することだとされたのである。ただ、知慮に帰属せしめられた、思慮・分別 discretio をもつということだけが、他の三つの徳から区別されているように思われる——それは、このことが本質的に理性そのものに属することであるのにたいして、他の三つは理性が情念あるいは行為にたいして適用されるという仕方で、理性を何らか分有することを意味するかぎりにおいてである。このようなわけで、右にのべたところに従えば、たしかに知慮は他の三つから区別された徳であることになろうが、他の三つの徳は相互には区別されないことになろう。というのも、一つにして同一の徳が、習慣でもあり、徳でもあり、倫理徳でもあることがあきらかだからである。

これにたいして、他の論者たちは——そしてこの見解のほうがより優れたものである——これら四個の徳をそれらが特定のことがら materia specialis へと規定されているかぎりで理解した。すなわち、前述のように(第三項)、それら徳の各々が一つの(特定の)ことがら・領域——そこにおいて徳の名称の源泉たる、あの一般的条件 conditio generalis が主要的に推奨されるところの——へと規定されているかぎりにおいて。そして、このように見た場合には、前述の諸徳は、対象の相違にもとづいて区別された、(相互に)異なった習慣であることがあきらかであろう。

(一)についてはは、それゆえ、こう言うべきである。グレゴリウスは前述の四個の徳について、第一の意味にもとづいて語っている。あるいは、こうも言えるであろう――これら四個の徳は一種の満ちあふれ redundantia にもとづいて相互に名づけられているのである。というのも、知慮に属するところのものが、他の諸徳が知慮によって導かれるかぎりにおいて、(知慮から満ちあふれて)他の諸徳の中に流れこんでいるからである。他方、他の諸徳の各々も、より困難なことを為しうるものはより困難でないことをも為しうる、との理由からして、その満ちあふれが他の諸徳へと流れこんでいる。ここからして、触覚の快楽にたいする欲情を、それが節度を超えることのないよう抑制――これはきわめて困難なわざである――できる者は、まさにそのことからして、死の危険に直面した際に怖れ知らず(の情念)が節度を超えることのないように抑制する――これははるかに容易である――ことがよりよく出来る habilior ようになる。この意味で、剛毅は節制あるものと言われるのである。また、剛毅の満ちあふれが節制に流れこむことからして、節制もまた剛毅なるものと言われる。すなわち、それは剛毅の徳によって死の危険にたいしてくじけない精神をもつ――これは最も困難である――者は、快楽の攻撃にたいしても精神の堅固さをもって対抗することがよりよく出来る、というかぎりにおいてである。なぜなら、キケロが『義務について』第一巻(第二十章)においてのべているように、「怖れによってうちくだかれない者が情欲によってうちくだかれる、といったことは首尾一貫しないことであり、労苦によってうちひしがれないことを立証した者が快楽によってうちまかされることもありそうにない」ことだからである。

㈡にたいする解答も、右にのべたことからしてあきらかである。というのも、節制はすべてのことがらにおいて節度を保持するし、剛毅は諸々の快楽の魅惑にたいして精神を堅固なものとして保つからである。そして、このことはこれらの徳が、諸々の徳の或る一般的な条件を名づけたものであるかぎりにおいてでもあり、また前述の満ちあふれという仕方においてでもある。

㈢アリストテレスが措定した、諸徳がそなえているべきこれら四つの一般的条件は、前述の諸徳に固有のものではない。しかし、それらは前述したような仕方で(本項主文)、それらに帰属せしめられることができるのである。

第五項　枢要徳が国家社会的、浄化的、浄霊的、および範型的徳へと分類されるのは適当であるか

第五については次のように進められる。(244)——これらの四個の徳が範型的 exemplares、浄霊的 purgati animi、浄化的 purgatoriae、および国家社会的 politicae 諸徳へと分類されるのは適当ではない、と思われる。なぜなら

(一) マクロビウスが『スキピオの夢について』第一巻(第八章)においてのべているように、「範型的な徳とは神の精神そのもののうちに存在しているところの諸徳である」。ところが、アリストテレスは『ニコマコス倫理学』第十巻(1178b10)において、「神にたいして正義、剛毅、節制、知慮(などの徳)を帰属させることはおかしなことである」とのべている。それゆえ、この種の徳が範型的であることは不可能である。

(二) 浄霊的な徳と呼ばれるのは、情念をともなわないような諸徳である。というのも、マクロビウスは前述の箇所で「浄霊にそなわる節制の徳は地上的な情欲を抑制する必要はなく、まったくそうした情欲を忘却しているのであり、これにたいして剛毅の徳は情念にうちかつ必要はなく、情念をまったく知らない」とのべている。ところが、さきに(第五十九問題第五項)この種の徳は情念なしにはありえない、とのべられた。それゆえ、こうした浄霊的な徳のようなものは存在しえない。

(三) 浄化的な徳は「人間的なことがらから何らかの逃避をし、もっぱら神的なことがらに専念する人々」に属する、とマクロビウスは同じ箇所でのべている。ところが、こ

うした在り方は悪徳的であるように思われる。というのも、キケロは『義務について』第一巻（第二十一章）において、「諸々の公権とか公職など、多くの人々が有難がるものを、自分は軽蔑するのだと称する人々は、私の考えでは、賞賛にあたいしないだけではなく、むしろ悪徳の一例とすべきである」と語っているからである。それゆえ、浄化的な徳のようなものは存在しない。

㈣ 国家社会的な徳とは、「それによって善き人々が国家のために配慮し、都市を防衛する」（第六章）ような徳である、とマクロビウスはのべている。ところが、アリストテレスが『ニコマコス倫理学』第五巻（1129b15）でのべているように、共通善へと秩序づけられているのは法的正義 justitia legalis だけである。それゆえ他の諸徳は国家社会的と呼ばれるべきではない。

しかし、その反対に、マクロビウスは同じ箇所でこうのべている。「プラトンと共に、哲学の教師たちの間にあって最も卓越しているプロティノスは、こう語っている。四組に分かれた諸々の徳には四つの種類がある。その中で第一のものは国家社会的と呼ばれ、第二は浄化的、これにたいして第三はすでに浄化された霊・精神に属する諸徳であり、第四は範型的と呼ばれる。」

私は答える――。

アウグスティヌスが『カトリック教会の道徳』第一巻(第六章、PL32, 1314)において語っているように、「霊魂は、そのうちに徳が生まれ出ることが可能となるように、何かに従うことが必要である。ところが、この何かとは神であり、そして、もしわれわれがかれに従うならば、われわれは善く生きるであろう」。それゆえに、神のうちに万物の理念 ratio は先在しているように、人間的な徳の範型 exemplar が神のうちに先在しているのでなければならない。したがって、徳はこのようなものとして考察されることが可能であり、つまり範型因的に exemplariter 神のうちに存在するかぎりにおいて考察されうる。そして、このような意味で範型的な徳が語られるのである。すなわち、神的精神そのものが神において知慮と呼ばれる。これにたいして、(神における)節制とは神的精神の志向 intentio が自分自身へと転じられること conversio であり、それはあたかもわれわれにおいて、欲情的な欲求能力が理性に合致せしめられることからして、節制が語られるのと同じである。他方、神の剛毅とはその不可変性 immutablitas である。また神の正義とは、プロティノスが語ったように(マクロビウス、前掲箇所)、神がその業《わざ》において永遠法を遵守《じゅんしゅ》することにほかならない。

ところで、人間はその自然本性に即して国家社会的動物㉔⑤ animal politicum であるがゆえに、こうした諸徳は、それらが人間の自然本性の条件に即して人間のうちに見出されるかぎりにおいて、国家社会的と呼ばれる。それはすなわち、人間が人生の諸々のことがらを遂行するにあたって、こうした諸徳にもとづいて正しくふるまうかぎりにおいてである。この意味でわれわれはこれまで、こうした諸徳について語ってきたのである。㉔⑥

しかし、アリストテレスでさえ『ニコマコス倫理学』第十巻(1177b26)においてそのようにのべており、またそのことは『マタイ福音書』第五章(第四十八節)に「あなたたちの天の父が完全であるように、あなたたちも完全な者となりなさい」とあるように、聖書においても繰り返しわれわれに勧告が為されているのであるが、できうるかぎり神的なものに近づくこともまた人間としてのつとめである。それゆえ、人間的な徳である国家社会的な徳と、神的な徳である範型的な徳との間に、何らかの中間的な諸徳を措定することが必要である。ところで、そうした諸徳は運動 motus と(運動の)終極 terminus とが異なったものであるのと同様の仕方で区別される。すなわち、その中の或るものは、途上にあり、神的類似へと向かいつつある者たちの徳である。そして、こうした徳が浄化的な徳 virtus purgatoria と呼ばれる。すなわち、このような徳としての知慮は神的なことがらを観照することによってすべての地上的なものを軽蔑し、霊魂のすべての思念 cogitatio をただ神へと方向づける。これにたいして節制は、耐えられるかぎり（自然が許容するかぎり）身体の行使のために必要とされるものを無視する。また霊魂が身体から離れ、天上界へと近づくことのために怖れないようにするのが、剛毅のつとめである。さらに正義は、このようにひとたびとると決めた道をたどろうと魂の底から同意することに存する。

これにたいして他の或るものは既に神的類似に到達した者たちの徳であり、それらは既に浄化された精神の徳 virtus jam purgati animi と呼ばれる。すなわち、このような徳としての知慮は神的なことがらのみを直観し、節制は何ら地上的な情欲を知らず、剛毅は情念とまったくかかわりあわず、正義は神的精神を模倣しながら、恒久的な契約でもって神的精神との交わりを保つということになるのである。われわれは、こうした徳は至福な人々 beati とか、この世において最高の完全性に達した人々に属する、と言うのである。

㈠については、それゆえ、こう言うべきである。アリストテレスは、これらの徳が人間的なことがらにかかわるものであるかぎりにおいて、それらについて語っている。たとえば、正義は売買に、剛毅は怖れに、節制は欲情にかかわるかぎりにおいて語られており、このような仕方でそれらの徳を神に帰属させることはたしかにおかしなことである。

㈡についてはこう言うべきである。人間的な徳、すなわちこの世界において共同生活を営んでいる人々の徳は情念にかかわるものである。ところが、十全な至福に到達した人々の徳は情念とはかかわりがない。ここからしてプロティノスは(マクロビウス、前掲箇所)、「国家社会的な徳は情念を抑制する」つまり中庸へともたらすとのべ、「第二の諸徳」つまり浄化的な徳は情念を「取り除く」、浄霊に属する「第三の諸徳」は情念を「忘却する」と語っている。ところが「第四の諸徳」すなわち範型的な諸徳においては「(情念の)名をあげることすら罪である」とのべている。もっとも、ここでかれは或る無秩序な運動を意味するかぎりでの情念について語っているのだ、と言うこともできるであろうが㉗。

㈢についてはこう言うべきである。どうしても引き受けなければならない場合に、人間的なことがらから逃避するのは悪徳的であり、それ以外の場合には徳にかなったやり方である。そのため、キケロはすこし前のところで(『義務について』第一巻第二十一章)次のように前置きをのべている。「おそらく、高い才能を学問に捧げた人々についてはかれらが公事respublicaから身をひいていることをとがめだてすべきではなかろう。また、健康がすぐれないとか、その他のより重大な理由にはばまれた人々が公事から遠ざかって、公事を執行する権力と栄誉とを他の人々に譲る場合も同じであろう。これはアウグスティヌスが『神国論』第十九巻（第十九章、PL41, 647）においてのべているところと合致する。――「真理への愛は聖なる閑暇を追求する。他方、愛が要求する場合、われわれは正当な業務を引き受ける。もしこのような重荷を課せられていないならば、われわれは真理の研究と観照に専念すべきである。しかし、もしそうした重荷が課せられたら、愛が要求するままにそれを引き受けるべきである。」

㈣についてはこう言うべきである。共通善に直接的にかかわるのは法的正義のみである。しかし、アリストテレスが『ニコマコス倫理学』第五巻（1129b31）においてのべているように、法的正義は命令することによって他のすべての徳を共通善へと関係づける。というのも、ここで語られているかぎりでの国家社会的な諸徳のつとめとは、共同体のために善い働きをすることだけではなく、共同体の部分、すなわち家とか、或る個人のためにも善い働きをすることだからである。

第六十二問題(全四項)
対神徳について

つづいて諸々の対神徳 virtutes theologicae について考察しなければならない。そして、この点をめぐって次の四つのことがらが問題にされる。

第一　対神徳なるものが存在するか
第二　対神徳は知的および倫理徳から区別されるか
第三　対神徳はいくつあり、またどのようなものがあるか
第四　それらの順序について

第一項　対神徳なるものが存在するか

第一については次のように進められる[248]。――対神徳なるものは存在しない、と思われる。なぜなら

㈠『自然学』第七巻（246b23）で言われているように、「徳は最善なるものへ向かってのの完全なるものの秩序づけである。だが、完全なるものとは自然本性にもとづいて秩序づけられたもののことを言うのである」。しかるに、神的なるものは人間の自然本性を超え出ている。それゆえ、対神徳は人間の徳ではない。

㈡対神徳とはいわば神的な徳 quasi virtus divina という意味である。ところが、前述のように（第六十一問題第五項）、神的な徳とは範型的な徳であり、それらはわれわれのうちにではなく、神のうちにある。それゆえ、対神徳は人間の徳ではない。

㈢対神徳と呼ばれるのは、それによってわれわれが、事物の第一の始源 primum principium であって究極の目的 finis ultimus である神へと秩序づけられるところのものである。ところが、人間は理性および意志の本性そのものからして、第一の始源およ

び究極の目的への秩序づけを有する。それゆえ、それによって理性と意志が神へと秩序づけられるような、対神徳のような何らかの習慣は必要とはされない。

⑳しかし、その反対に、法の諸規定・掟 praecepta は諸々の徳の行為にかかわるものである。㉔ところが、神法 lex divina のうちには信仰、希望および愛徳の行為について規定・掟が与えられている。すなわち、『集会書』第二章（第八―十節）に「あなたがた神をおそれる者よ、かれを信じよ」とあり、さらに「かれに希望をよせよ」また「かれを愛せよ」とある。

それゆえに、信仰、希望、愛徳は神へと（われわれを）秩序づける徳である。したがって、それらは対神徳である。

私は答える――。

前述のところからあきらかなように（第五問題第七項）、徳によって人間は、それらによってかれが至福へと秩序づけられるような、そうした諸行為を為しうるように完成される。ところが、前述のように（第五問題第五項）、人間の至福 beatitudo もしくは幸福 felicitas には二つのものがある。その一つは人間の自然本性に対比的 proportionata であり、つまり、人間はその自然本性にそなわった諸根源 principia suae naturae によってそれに到達することができる。これにたいして、もう一つの至福は人間の自然本性を超え出るものであって、それへと人間は神性を何らかの仕方で分有することにもとづいて、ただ神的なちから virtus divina によってのみ到達することができる。この意味で『ペテロの第二書翰』第一章(第四節)に、われわれはキリストによって「神性にあずかる者」consortes divinae naturae たらしめられた、と言われているのである。そして、このような至福は人間の自然本性にたいする対比 proportio を超え出ているため、人間に自然本性的にそなわっている諸根源——それでもって人間がかれなりに secundum suam proportionem 善く行為することのできる——では、人間を前述の至福へと秩序づけるのに充分ではない。ここからして、ちょうど自然本性的な根源によって人間が自然本性に対応する目的 finis connaturalis へと秩序づけられるように——だが、これも神的な助力なしにではないが——人間がそれによって超自然的な至福へと秩序づけられるような、何らかの諸根源が神的に人間に付け加えられることが必要なのである。

そして、このような諸根源が対神徳 virtutes theologicae と呼ばれる。その理由は、一つにはそれらによってわれわれが神へと正しく秩序づけられるかぎりにおいて、それらは神を対象 objectum とするものであること、またそれらはただ神によってのみわれわれに注入される infunduntur こと、さらに聖書にふくまれている神的な啓示 revelatio divina によってのみこれらの徳のことがわれわれに伝達された、といったことである。

㈠については、それゆえ、こう言うべきである。或る自然本性は二つの仕方で或る事物にたいして帰属させられることが可能である。その一つは本質的な仕方において essentialiter であり、この意味ではこうした対神徳は人間の自然本性を超え出ている。もう一つは分有的な仕方において participative であり、その例は点火された材木が火の自然本性を分有する場合であり、この意味では、前述のように(本項主文)、人間は或る意味で神的本性を分有する者 particeps divinae naturae たらしめられるのである。そしてこのような意味で、これらの(対神)徳は分有された本性に即して人間に適合するのである。

㈡についてはこう言うべきである。これらの徳が神的と言われるのは、神がそれらによって有徳であるという意味においてではなく、われわれが神によって、また神への秩序づけにおいて有徳な者たらしめられる、との意味においてなのである。したがって、それらは範型的 exemplares ではなく、模型的 exemplatae なのである。

㈢についてはこう言うべきである。理性と意志は、神が自然本性の始源であり目的であるかぎりにおいて、神へと自然本性的に naturaliter 秩序づけられている——だがそれはあくまで自然本性に対比した程度に即してである。しかし、神が超自然的な至福の対象であるかぎりにおいては、理性と意志はその自然本性に即しては神へと充分に sufficienter 秩序づけられてはいないのである。

第二項　対神徳は知的および倫理的な徳から区別されるか

第二については㉕次のように進められる。——対神徳は倫理的および知的徳から区別されるのではない、と思われる。なぜなら

㈠　もし諸々の対神徳が人間の霊魂のうちにあるとしたら、それらは人間霊魂をその認識的部分に即してか、あるいは欲求的部分に即して完成するのでなければならない。ところが、認識的部分を完成する徳は知的徳と呼ばれ、これにたいして欲求的部分を完成する徳は倫理徳である。それゆえ、対神徳は倫理的および知的徳から区別されるのではない。

㈡　対神徳と呼ばれるのはわれわれを神へと秩序づける徳である。ところが、知的徳の中にはわれわれを神へと秩序づけるような徳がある。それは知恵 sapientia であり、これは最高の原因を考察するものであるかぎりにおいて、神的なことがらにかかわる。それゆえ、対神徳は知的徳から区別されない。

㈢　アウグスティヌスは『カトリック教会の道徳』第一巻（第十五章、PL32, 1322）において、四個の枢要徳について、それらが愛の秩序 ordo amoris であることをあきらかにしている。ところが、愛 amor は愛徳 caritas であり、この後者は対神徳とされている。それゆえ、倫理徳は対神徳から区別されない。

しかし、その反対に、人間の自然本性を超えるものは人間の自然本性に即したものから区別される。ところが、前述のところからあきらかなように（第五十八問題第三項）、対神徳が人間の本性を超えるものであるのにたいして、知的および倫理的な徳は自然本性に即して人間に適合するものである。それゆえ、それらは相互に区別されている。

私は答える――。

前述のように（第五十四問題第一項第一異論解答）、習慣は対象の形相的相違にもとづいて種的に区別される。ところが、対神徳の対象は神自身であり、神はわれわれの理性による認識を超え出るものたるかぎりで、諸々の事物の究極的目的である。これにたいして、知的および倫理的な徳の対象は人間的理性によって把握され[251]うるようなものである。ここからして、対神徳は倫理的および知的徳から種的に区別される。[252]

㈠については、それゆえ、こう言うべきである。知的および倫理的な徳は人間の知性および欲求能力を人間の自然本性に対比した限度で完成するが、対神徳は超自然的な仕方で完成するのである。

㈡についてはこう言うべきである。アリストテレスが『ニコマコス倫理学』第六巻(1139b17)において知的徳であるとしている知恵は、神的なことがらを、人間的理性によって探求可能なかぎりにおいて考察するものである。これにたいして、対神徳は神的なことがらに、それらが人間的理性を超え出るかぎりにおいてかかわるのである。

㈢についてはこう言うべきである。愛徳 caritas は愛 amor であるが、すべての愛が愛徳であるわけではない。それゆえ、「すべての徳は愛の秩序である」と語られるとき、そのことは一般的な意味での愛についてであるとも、あるいは愛徳という愛について言われているとも理解できる。もし一般的な意味での愛についてであるとしたら、いずれの枢要徳についても秩序にかなった情動 affectio が必要とされ、そして前述のように（第二十七問題第四項、第二十八問題第六項第二異論解答、第四十一問題第二項第一異論解答）、すべての情動の根元 radix および根源 principium は愛であるかぎりにおいて、いずれの徳も愛の秩序である、というふうに言われる。これにたいして、もしそのことが愛徳という愛について言われていると解するならば、それは他のいずれの徳も本質的に言って愛徳である、という意味に理解すべきではなく、むしろ後であきらかにされるように（第六十五問題第二、四項、第二部の第二部第二十三問題第七項）、他のすべての徳は或る仕方で愛徳に依存している、という意味に理解すべきである。

第三項　信仰、希望および愛徳が対神徳であるとするのは適当であるか

第三については次のように進められる。(253)　――信仰 fides、希望 spes および愛徳 caritas という三つの対神徳があるとされているのは適当ではない、と思われる。なぜなら

㈠　対神徳が神的至福にたいしてもつ関係は、自然本性の傾向性 inclinatio naturae が自然本性に適合した connaturalis 目的にたいしてもつのと同様なものである。ところが、自然本性に適合した目的へと秩序づけられた諸々の徳の間にあってはただ一つの自然本性的な徳 virtus naturalis、すなわち諸原理の直知 intellectus principiorum があるとされている。したがって、対神徳もただ一つだけある、とすべきである。

㈡　対神徳は知的および倫理的徳よりもより完全な徳である。ところが、信仰は諸々の知的徳の一つとされているのではなく、何か徳よりもおとったものとされている――なぜなら、それは不完全な認識(254) cognitio imperfecta だからである。同様にまた、希望も倫理徳の一つとされているのではなく、何か徳よりもおとったものとされている――なぜなら、それは情念 passio だからである。(255) それゆえ、それらはなおさらのこと対神徳であるとされるべきではない。

㈢　対神徳は人間の霊魂を神へと秩序づける。ところが、人間の霊魂は、知性と意志とがそこにふくまれる知的部分を通じてでなければ、神へと秩序づけられることはできない。それゆえ、対神徳は、知性を完成するものが一つと、もう一つ意志を完成するものとの二つだけでなければならない。

しかし、その反対に、使徒パウロは『コリント人への第一書翰』第十三章(第十三節)で「それで、信仰、希望、愛徳のこの三つは、最後まで残る」とのべている。

私は答える――。

さきに言われたように(第一項)、対神徳は次の仕方で、つまり人間が自然本性的な傾向性によって自らの自然本性に適合した目的へと秩序づけられるように、人間を超自然的な至福へと秩序づける。ところが(自然本性的な傾向性による)この秩序づけは次の二つのことにもとづいて行われる。すなわち、第一に、知性の自然本性的な光 lumen naturale によってわれわれに知られた第一の普遍的な諸原理をふくむかぎりでの理性あるいは知性にもとづいてであって、理性は思弁的なことがらにおいても実践的なことがらにおいても、これらの原理から出発するのである。第二に、理性の善へと自然本性的に向かうところの意志の正しさ rectitudo を通じてである。

しかし、この二つは『コリント人への第一書翰』第二章(第九節)で「目が見もせず、耳が聞きもせず、人の心に思い浮かびもしなかったことを、神は自分を愛する者たちに準備した」と言われているところによると、超自然的な至福の段階まではとどかない。ここからして、これら両者に関して、人間を超自然的な目的へと秩序づけるために、人間に何らかのものが超自然的に付加されることが必要であった。ところで、その第一として、知性に関しては、神的な光 lumen divinum によって把捉されるところの、何らかの超自然的な諸原理 principia supernaturalia が人間に付加されたのであって、これが諸々の信ずべきことがら(256) credibilia である。信仰はそれらにかかわる。第二に、意志が当の(超自然的な)目的へと秩序づけられるのであるが、これには次の二つの面がある。一つには、当の目的へと——到達可能であるようなものへと向かう仕方で——向かっていく意図の運動 motus intentionis に関してであり、これは希望に属することである。もう一つは、それによって意志が或る仕方で当の目的へと変容せしめられるところの、何らかの霊的一致 unio spiritualis に関してであって、これは愛徳によって為されることである。というのも、どのようなものの欲求能力も自らと自然本性的に適合した目的へと自然本性的に動かされ、また向かっていくのであり、そしてこうした運動は事物がその目的にたいしてもつところの何らかの合致 conformitas からして発出するものだからである。

(一)については、それゆえ、こう言うべきである。知性はそれによって認識を行うための可知的形象 species intelligibilis を必要とする。そして、このゆえに知性のうちには、能力 potentia に加えて或る自然本性的な習慣 habitus naturalis がなければならないのである。しかし、意志が目的へと自然本性的に秩序づけられるには——目的の意図に関しても、目的との合致に関しても——意志の本性そのもので充分なのである。(257) だが自然本性を超えることがらに関しては、右の二つのいずれに関しても、能力の自然本性をもってしては充分ではない。それゆえに、それら両者に関して、超自然的な習慣 habitus supernaturalis の付加が為されることが必要なのである。

(二)についてはこう言うべきである。信仰および希望は何らかの不完全性をふくんでいる。なぜなら、信仰は視《み》られざることがらに、そして希望は所有されざることがらにかかわるからである。ここからして、人間的な力 potestas humana の下にあることがらについて信仰とか希望をもつことは、徳たることの本質 ratio virtutis に達しないことである。しかし、人間本性の力を超えることがらについて信仰や希望をもつことは、人間に対比的な proportionata すべての徳(ちから) virtus を超え出ることであり、それは『コリント人への第一書翰』第一章(第二十五節)に「神の弱さは人間よりも強い」と言われている通りである。

(三)についてはこう言うべきである。欲求能力には二つのこと、すなわち目的へと向かう運動 motus in finem、および愛による目的との合致 conformatio ad finem が属する。

このようなわけで、人間的な欲求能力においては、二つの対神徳、すなわち希望と愛徳とがなければならないのである。

第四項　信仰は希望よりも、そして希望は愛徳よりもより先であるか

第四については[258]次のように進められる。——信仰は希望よりもより先であり、そして希望は愛徳よりもより先である、といった諸々の対神徳の間の順序は存在しない、と思われる。なぜなら

㈠　根元 radix は、当の根元から出てくるものよりもより先である。ところが、愛徳は『エフェソ人への書翰』第三章（第十七節）に「愛に根ざし、もとづくもの」と言われているように、すべての徳の根元である。それゆえ、愛は他の諸徳よりもより先なるものである。

㈡　アウグスティヌスは『キリスト教の教えについて』第一巻（第三十七章、PL34, 35）に

おいて、「或る人が存在すると信じていないようなものを愛することはありえない。だが、もし信じて愛しているなら、かれは善を為すことによって、ついには希望するにいたる」とのべている。それゆえ、信仰は愛徳に先行し、愛徳は希望に先行するように思われる。

㈢　愛 amor は前述のように（第二項第三異論解答）、すべての情動 affectio の根源である。ところが、希望は何らかの情動を名づけたものである。というのも、それは前述のように（第二十三問題第四項）、一種の情念 passio だからである。それゆえ、愛 amor であるところの愛徳は希望よりもより先なるものである。

しかし、その反対に、使徒パウロは『コリント人への第一書翰』第十三章（第十三節）において「しかし、いま残っているのは信仰、希望、愛である」とのべて、（その順序に）それらを枚挙している。

私は答える――。

順序 ordo には二つの種類、すなわち生成 generatio と完全性 perfectio のそれとがある。ところで、生成の順序――それによれば質料が形相に、未完成なものが完成されたものに先立つ――に従って言えば、同一の人間においては、行為に即して言うと、信仰が希望に、そして希望が愛徳に先行する。というのも、習慣（としての対神徳）は同時に注入される（ので、そこでは順序は問題にならない）からである。（右の順序を主張する理由は）感覚あるいは知性によって捉えられたものでなければ、欲求的運動が――希望する、あるいは愛するといった仕方で――何らかのものへと向かうことはありえない。ところが、知性は信仰によって、希望や愛徳の対象となるものを捉える。ここからして、生成の順序から言えば、信仰が希望と愛徳に先行するのでなければならない。

同様に、或る人は或るものを自分にとっての善 bonum suum として捉える、ということにもとづいてそのものを愛する。ところが、われわれが善いものを手に入れることができるという希望を或る人にかける場合、そのことによって、われわれが希望をかけている人を、われわれ自身にとっての善というふうに見なすのである。ここからして、われわれが或る人に希望をかけるというそのことからして、われわれはその人を愛する方向へ向かう。このようなわけで、生成の順序においては、行為に即して見た場合、希望は愛徳に先行する。

しかし、完全性の順序に従って言えば、信仰も希望も愛徳によって形相を与えられ(259)、徳としての完全性を獲得するとの意味において、愛徳が信仰と希望に先行する。というのも、後でのべるように（第二部の第二部第二十三問題第八項）、愛徳がすべての徳にとっての形相であるかぎりにおいて、それはすべての徳の母であり、根元 radix だからである。

㈠　右にのべたところから、第一の異論にたいする解答はあきらかである。

㈡についてはこう言うべきである。アウグスティヌスは、或る人がすでにもっている功徳 meritum からして至福に到達しようと希望する、という場合の希望について語っている。ところが、このことは（愛徳によって）形相を与えられた希望 spes formata に属するのであって、こうした希望は愛徳にともなうものである。しかし、或る人が愛徳をもつのに先立って、すでにかれがもっている功徳からしてではなく、自分がもつことを希望している功徳からして希望する、ということが可能なのである。

㈢についてはこう言うべきである。さきに情念について論じた際にのべたように（第四十問題第七項）、希望は二つのことにかかわっている。その一つは、主要的対象としてそれにかかわっているところのもので、すなわち希望されているところの善である。そして、このものに関しては常に愛 amor が希望に先行する。というのも、欲求され、愛されるのでなかったら、いかなる善も希望されることはないからである。第二に、希望は、その人によって善いものを手に入れることができるというふうに、希望をかけているところの人間にもかかわっている。そして、このことに関して言えば、最初はたしかに希望が愛に先行する――後では、当の愛によって希望が増強させられるのであるが。というのも、われわれは或る人を通じて或る善いものを手に入れることができるというふうに考えるところからして、その人を愛しはじめるのであるが、後ではその人を愛しているというそのことからして、かれにより強く希望をかけるようになるからである。

第六十三問題(全四項)
徳の原因について

次に諸々の徳の原因 causa について考察しなければならない。そして、この点をめぐって次の四つのことがらが問題にされる。

第一　徳は自然本性からして a natura われわれのうちに見出されるか

第二　或る徳は諸々の行為の習慣化 assuetudo からしてわれわれのうちに生ぜしめられるか

第三　或る倫理徳は注入 infusio によってわれわれのうちに見出されるか

第四　行為の習慣化からして獲得された徳は注入的な徳と同じ種に属するか

第一項　徳は自然本性からしてわれわれのうちに見出されるか

第一については⑳次のように進められる。――徳は自然本性からしてわれわれのうちにある、と思われる。なぜなら

(一) ダマスケヌス㉑は「諸々の徳は自然本性的であり、万人のうちにひとしく見出される」とのべている。またアントニウス㉒は「もし意志が自然本性を変化させたならば、それはゆがんだ意志である。もし自然本性の状態が保持されるならば、その意志は有徳である」と語っている。そして『マタイ福音書』第四章（第二十三節）「イエスはガリラヤ全土を回って……」について『註釈』㉓はこうのべている。「かれは自然本性的な正義㉔、すなわち人が自然本性的にそなえている貞潔、正義、謙遜《けんそん》を教えた。」

(二) 徳の善 bonum virtutis は前述のところからあきらかなように（第五十五問題第四項第二異論解答）、理性にかなうということに存する。ところが、理性にかなうものは人間にとって自然本性的である――なぜなら、理性は人間の自然本性に属するものであるから。それゆえに、徳は自然本性的に人間のうちに見出される。

(三)　われわれのうちに生まれたときから見出されるものが、われわれにとって自然本性的であると言われる。ところが、徳は或る人々においては生まれたときから見出される。というのも『ヨブ記』第三十一章(第十八節)に「幼いときから憐れみの心が私と共に大きくなり、それは私と一緒に母親の胎《はら》から出てきた」と言われているからである。それゆえ、徳は自然本性的に人間のうちに見出される。

しかし、その反対に、自然本性的に人間のうちに見出されるものはすべての人間に共通であって、罪によって取り去られることはない、なぜなら、ディオニシウスが『神名論』第四章(第二十三節、PG3, 725)においてのべているように、「悪霊たちにおいてさえも自然本性的に賦与された善きものは残存する」からである。ところが徳はすべての人間のうちに見出されるものではなく、また罪によって投げ出される。それゆえ、それは自然本性的に人間のうちに見出されるのではない。

私は答える――。

形体的な形相 forma corporalis に関して、或る人々は、それらは全体的に(事物の)内部に由来すると主張しており、たとえば諸形相の隠在 latitatio という立場をとる人々がそうである。(265) これにたいして、或る人々は全体的に外部に由来すると説いており、たとえば形体的な形相は或る離在的な原因からくるとの立場をとる人々がそうである。(266) ところが、或る人々によると（形体的な形相は）それらが質料のうちに可能態において先在しているかぎりにおいては、部分的に partim 内部に由来し、またそれらが能動因 agens によって現実態へとたかめられるかぎりにおいては、部分的に partim 外部から由来するものなのである。(267)

そのように諸々の学知 scientiae や徳 virtutes に関しても、或る人々はそれらは全体的に内部に由来するというふうに、すなわち、すべての徳と学知が自然本性的に naturaliter 霊魂のうちに先在する、と主張した。他方、身体の重圧 gravitas からして霊魂にもたらされる学知や徳にとっての邪魔ものは、ちょうど鉄が磨かれて光りかがやくように、学習 disciplina とか習練 exercitium によって取りのぞかれるのである。そして、これがプラトン派の見解であった。これにたいして、他の人々は（学知や徳は）全体的に外部から、すなわち能動知性(268) intellectus agens の働きかけに由来すると主張したのであって、たとえばアヴィセンナの立場がそうである。さらに別の人々は、学知や徳はそれらへの適性 aptitudo に即して言えば、自然本性からしてわれわれのうちにあるが、その完成態 perfectio に即して言えばそうではないと主張したのであって、たとえばアリストテレスは『ニコマコス倫理学』第二巻（1103a25）においてそのようにのべている。そして、この見解がより真なるものである。

このことをあきらかにするためには、或ることは或る人間にとって二つの仕方で自然本性的と言われることを考察しなければならない。その一つは種的本性 natura speciei からしてであり、もう一つは個的本性 natura individui からしてである。ところで、どのようなものもその形相にもとづいて種（的規定）を受けとり、質料にもとづいて個別化されるのであり、そして人間の形相は理性的霊魂であって、質料は身体なのであってみれば、次の結論が生ずる。すなわち、理性的霊魂に即して人間に適合するところのものは、種としての側面においてかれにとって自然本性的であり、これにたいして身体の特定の体質 complexio に即して、人間にとって自然本性的であるところのものは、個的本性に即してかれにとって自然本性的なのである。というのも、身体に関して、種に即して人間にとって自然本性的であるところのものは、或る意味で霊魂に帰着せしめられるのであって、それはすなわち、かくかくの身体がかくかくの霊魂に対比的 proportionatum であるかぎりにおいてである。

ところで、このいずれの仕方においても、徳は人間にとって何らかの発端 inchoatio に即して言えば自然本性的である。すなわち、種的本性に関しては、人間の理性のうちに、知られるべきことがらと為されるべきことがらについての自然本性的に認識された何らかの原理――これらは知的徳および倫理徳のいわば萌芽・種子 seminalia のようなものである――が、自然本性的に内在しているかぎりにおいて、また意志のうちに理性にかなった善にたいする何らかの自然本性的な欲求が内在しているかぎりにおいて（徳は人間にとって自然本性的なの）である。

しかし個的本性に関しては、身体の状態 dispositio からして、或る人々が何らかの徳にたいしてより適当に、あるいは不適当に秩序づけられているかぎりにおいて（徳は人間にとって自然本性的なの）である。どうしてこのことが起こるかと言えば、感覚的能力のうちの或るものは身体の或る部分の現実態であり、（このため）後者の状態からしてこうした能力の活動が支援されたり、あるいは妨害されたりするのであり、したがってまた、これら感覚的能力が奉仕している理性的能力の活動も影響されるからである。このようなわけで、ひとりの人間は学知への自然本性的な適性 aptitudo naturalis を、他の者は剛毅への、また他の者は節制への自然本性的な適性をもつのである。

このような仕方で、知的ならびに倫理徳は何らかの発端的な適性 inchoatio aptitudinis に即して言えば、自然本性的にわれわれのうちに内在する。しかし、これらの徳の完成態・成就 consummatio は自然本性的ではない。なぜなら、自然本性は一つのものへと確定されているのであるが、こうした諸徳の完成態はただ一つの活動様式にもとづいてではなく、諸徳がかかわるところの多様なことがら、および多様な状況にもとづいて、多様な仕方で成就されるからである。

このような理由で、諸々の徳は、適性および発端に関して言えば、われわれのうちに自然本性からして見出されるが、完全性に即して言えばそうではないことが明白である。ただし、対神徳は別であって、それらは全体的に外部に由来する。

右にのべたところからして、異論にたいする解答はあきらかである。すなわち、最初の二つの議論は、われわれが理性的なものであるかぎり、諸徳の萌芽・種子は自然本性的にわれわれのうちに内在する、ということにもとづいて展開されている。これにたいして第三の議論は、われわれが生まれたときからもっている、身体の自然本性的な状態からして、或る人は憐れみの心への適性を、他の者は節度を保って生活することへの、また他の者は他の徳への適性を有する、ということにもとづいて進められているのである。

第二項　或る徳は行為の習慣化からしてわれわれのうちに生ぜしめられるか

第二については次のように進められる。[269]——諸々の徳は行為の習慣化 assuetudo からしては、われわれのうちに生ぜしめられえない、と思われる。なぜなら

(一)『ローマ人への書翰《しょかん》』第十四章(第二十三節)「信仰にもとづいていないものはすべて罪である」について、アウグスティヌスに依拠する『註釈』[270]はこうのべている。「不信のともがらの全生活が罪であり、最高の善なしには善いものは何もない。真理の認識が欠けているところにおいては、最善の習俗のうちに見出されるにせよ、徳はいつわりのものである。」ところが『エフェソ人への書翰』第二章(第八節)に「あなたがたは恩寵《おんちょう》により、信仰によって救われた」とあるように、信仰は行為によって獲得されるものではなく、神によってわれわれのうちに生ぜしめられるのである。それゆえ、いかなる徳も行為の習慣化からしてわれわれのうちに獲得されることはありえない。

(二)　罪は徳と反対・対立するものであるから、徳とは相容れないものである。ところ

が、『智書』第八章で（第二十一節）「私は神がその力を与えてくださるのでなかったら純潔ではありえなかったであろう、ということを学んだ」と言われているところによると、人間は神の恩寵によるのでなかったら罪を避けることはできない。それゆえまた、いかなる徳も行為の習慣化からしてわれわれのうちに生ぜしめられることはありえず、ただ神の賜物《たまもの》による。

㈢　徳へと導くところの諸行為は、徳の完全性に達していない。ところが、結果が原因よりも完全であることは不可能である。それゆえ、徳が、徳に先行する諸行為によって生ぜしめられることは不可能である。

しかし、その反対に、ディオニシウスは『神名論』第四章（第二十節、PG3, 717）において、「善は悪よりもより力強い virtuosius」とのべている。ところが、悪い行為からして悪徳の習慣が生ぜしめられる。それゆえ、なおさらのこと諸々の善い行為からして徳の習慣が生ぜしめられる。

私は答える——。

諸々の行為によって習慣が生みだされること generatio については、さきに一般的な仕方でのべた(第五十一問題第二、三項)。いまとくに徳に関しては、さきに言われたように(第五十五問題第三、四項)、人間の徳は人間を善へ向かって完成するものであることを考察に入れなければならない。ところで、善の特質はアウグスティヌスが『善の本性について』第三章(PL42, 553)において言うように、「適度 modus、形象 species、および秩序[27] ordo に」存し、あるいは『智書』第十一章(第二十節)に言うように「数 numerus、重さ pondus、および尺度 mensura に」存するものであるところから、人間の善は何らかの規則 regula にもとづいて考察されるのでなければならない。そうした規則とは、前述のように(第十九問題第三、四項)、二重であって、すなわち人間理性 ratio humana と神法 lex divina である。ところで、神法はより上位の規則であるところから、より多くのものに適用されるのであって、人間理性によって規制されるところのものは何でも神法によっても規制されるが、その逆のことは言えないのである。

したがって、人間理性の規則に即して規定されるところの善へと秩序づけられた人間の徳は、人間的行為によって生ぜしめられることが可能であって、それはこうした行為が理性――それの力能 potestas および規則の下に右の善は成立する――から出てくるかぎりにおいてである。これにたいして、人間理性によってではなく、神法によって規定されるかぎりにおいての善へと人間を秩序づける徳は、理性を根源とするところの人間的行為によって生ぜしめられることはできない。それはただ神の働き operatio divina ㉗によってのみ、われわれのうちに生ぜしめられる。このようなわけで、アウグスティヌスはこの後者の徳を定義するにさいして、徳の定義のうちで「それを神はわれわれのうちに・われわれなしにつくりだす」とのべたのである。

そして第一の(異論における)議論は、右にのべられた徳[273]について妥当するものである。

(二)についてはこう言うべきである。神によって注入された徳は、とりわけそれが完全な状態にあるものとして考察された場合[274]、何らの大罪 peccatum mortale とも相容れるものではない。しかるに、人間的な仕方で獲得された徳は、何らかの罪――大罪をすらふくめて――の行為と両立しうる。なぜなら、前述のように(第四十九問題第三項)、われわれにおける習慣の行使はわれわれの意志に従属しているからである。ところが、一回の罪の行為によって、獲得的な徳の習慣が破壊されることはない。というのも、習慣にたいして直接に反対・対立するのは行為ではなく、習慣だからである。したがって、人は恩寵なしには、いちども大罪を犯さない、という仕方で大罪を避けることは不可能であるが、だからといって(その場合でも)、それによって大多数の場合に ut in pluribus 悪行から――わけても甚だしく理性に反するような悪行から――遠ざかりうるような、そうした徳の習慣を獲得できなくなるというわけではない。さらに、人が恩寵なしにはけっして避けることのできないような何らかの大罪がある——すなわち、それは恩寵の賜物としてわれわれのうちにある対神徳に直接に対立するところの大罪である。だが、これについては後で(第百九問題第四項)より明確にされるであろう。

㈢については、こう言うべきである。前述のように(本問題第一項、第五十一問題第一項)、諸々の獲得的な徳については、その種子 semina とも言うべきもの、あるいは根源 principia が自然本性に即して secundum naturam われわれのうちに先在している。ところで、こうした根源は、その力によって獲得されるところの諸徳よりもより高次 nobiliora である。たとえば、思弁的諸原理の直知は諸結論の学知(論証知)よりもより高次であり、理性の自然本性的な正しさ rectitudo は、理性を分有することによって実現されるところの、欲求能力の修正 rectificatio よりもより高次である。ところが、そうした修正が倫理徳に属する。このようなわけで、人間的行為はそれらがより高次の根源 principia altiora から出てくるものたるかぎりにおいて、人間的な獲得的徳を生ぜしめることができるのである。

第三項　或る倫理徳は注入によってわれわれのうちにあるか

第三については次のように進められる。㉗⑸――対神徳の他には、神によってわれわれに注入されるような他の徳はない、と思われる。なぜなら

㈠　二次的原因 causa secunda によって為《な》されうることがらは、時としておそらく奇跡的に miraculose 為されるのを除けば、神によって直接・無媒介的に immediate 為されることはない。なぜならディオニシウスが『天上位階論』第四章（第三節、PG3, 181）においてのべているように、「究極のことども ultima を中間のもの media を通じて実現にもたらすのが神性の法 lex divinitatis である」から。ところが、知的および倫理徳は、前述のように（第二項）、われわれの行為によってわれわれのうちに生ぜしめられることが可能である。それゆえ、注入によってわれわれのうちに生ぜしめられるのは適当ではない。

㈡　神の業《わざ》のうちに何か余分のものが見出されることは、自然の業におけるよりもさらにずっとありえぬことである。ところが、われわれを超自然的な善 bonum supernaturaleへと秩序づけるには対神徳で充分である。それゆえ、神によってわれわれのうちに生ぜしめられることが必要とされるような、別の超自然的徳というものはない。

㈢　自然は一つのもので為しうることを二つのもので為すことはなく、ましてや神がそのようなことを為すはずはない。ところが『ヘブライ人への書翰』第一章(第六節)についての『註釈㉗⑹』に言うように、「神はわれわれの霊魂に徳の種子をまきつけた」。それゆえ、神がわれわれのうちに他の徳を注入によって生ぜしめることは必要ではない。

しかし、その反対に、『智書』第八章(第七節)において、「(神的知恵は)節度sobrietasと正義、知恵と徳virtusとを教える」と言われている。

私は答える——。

諸々の結果はその原因および根源に対比的proportionatiでなければならない。ところが、前述のように(第一項、第五十一問題第一項)、われわれの行為によって獲得されるところの徳は、知的徳にせよ、倫理徳にせよ、すべてわれわれのうちに先在するところの何らかの自然本性的根源principia naturaliaからして発出する。ところで、これら自然本性的な根源にあたるものとして、神はわれわれに、それによってわれわれが超自然的な目的へと秩序づけられるところの、諸々の対神徳を授けているのであって、これは前述の通りである(第六十二問題第一項)。ここからして、これら対神徳にたいしても、われわれのうちに神によって生ぜしめられた別の諸徳が比例的に対応していなければならない――つまり、それらの徳が対神徳にたいしてもつ関係は、倫理的および知的な諸徳が、徳の自然本性的根源にたいしてもつ関係にあたるのである。

㈠については、それゆえ、こう言うべきである。たしかに何らかの倫理的および知的な諸徳はわれわれのうちに、われわれの行為によって生ぜしめられることが可能である。だが、それらは対神徳に対比するものではない。それゆえに、それら(対神徳)に対比的であるような別の諸徳が、直接に神によって生ぜしめられることが必要なのである。

㈡についてはこう言うべきである。対神徳はわれわれを超自然的目的へと、何らかの発端に即して言えば充分に秩序づける――すなわち、直接的に神自身へと秩序づけるかぎりにおいて。しかし、他のことがらに関しては――もちろん、神への秩序づけにおいてであるが――霊魂は他の注入的な徳によって完成されることを必要とするのである。

㈢についてはこう言うべきである。これら自然本性的にうえつけられた諸根源のちから virtus のおよぶ範囲は、自然本性に対比した限度を超えることはない。それゆえに、超自然的な目的への秩序づけにおいては、人間は他の付け加えられた根源によって完成されることを必要とするのである。

第四項　行為の習慣化からして獲得された徳は注入的な徳と同じ種に属するか

第四については㉗次のように進められる。――諸々の注入的な徳は獲得的な徳とは異なった種に属するのではない、と思われる。なぜなら

(一)　注入的な徳 virtus infusa と獲得的な徳 virtus acquisita とは、前述したところによると(第三項)、ただ究極目的への秩序づけに即してのみ異なっているように思われる。ところが、習慣および人間的行為は究極目的からではなく、近接的目的から種(的規定) species を受けとる。それゆえに、注入による倫理的あるいは知的な徳は、獲得的な徳から種的に異なっているのではない。

(二)　諸々の習慣はそれらの働き・現実態 actus を通じて認識される。ところが、注入

的ならびに獲得的な（徳としての）節制の働きは同一である——すなわち、触覚の欲情concupiscentiaを統御することにほかならない。それゆえ、それらは種的に異なっているのではない。

㈢　獲得的な徳と注入的な徳が異なったものであるのは、神によって直接・無媒介的に生ぜしめられるか、被造物によって生ぜしめられるかにもとづいている。ところが、神が（直接に）形成した人間と、自然が生みだした人間とは種的に同一であり、神が生まれつきの盲者に与えた目と（自然の）形成力が生ぜしめた目は種的に同一である。それゆえ、獲得的な徳と注入的な徳とは種的に同一であるように思われる。

しかし、その反対に、定義において言いあらわされているどのような種差も、それが変化せしめられたならば、種的な違いを生ぜしめる。ところが、注入的な徳の定義には、さきに言われたように（第二項、第五十五問題第四項）、「それを神はわれわれのうちに、われわれなしにつくりだす」という規定がふくまれている。それゆえ、それにたいしては右の規定があてはまらないところの獲得的な徳は、注入的な徳と同一の種に属するのではない。

私は答える――。

諸々の習慣は二つの仕方で種的に区別される。その一つは、前述のように（第五十四問題第二項、第五十六問題第二項、第六十問題第一項）、対象の種的および形相的側面 ratio specialis et formalis にもとづくものである。ところが、いかなる徳の対象も、それに固有のことがらにおいて考察された善であり、たとえば節制の対象と言えば、触覚にかかわる欲情において生じる諸々の快楽の善である。ところで、こうした対象の形相的側面は、これら諸情念に関して節度 modus を確立するところの理性に由来し、これにたいして質料的要素とはそうした欲情の側に見出されるところのものである。しかるに、この種の欲情に関して、人間的理性の規則にもとづいて課せられる節度と、神的規則にもとづいて課せられる節度とは、その本質 ratio を異にするものであることはあきらかである。たとえば食物の摂取について言うと、人間的理性にもとづいて確定される節度は、身体の健康をそこなわないようにとか、理性の働きを妨げないように、といったものである。これにたいして、神法の規則にもとづいて要求されるのは、人は飲食とか、そうしたことがらに関して禁欲することによって「自分の体をむちうって服従させる」（『コリント人への第一書翰』第九章（第二十七節））べきだ、ということである。このようなわけで、注入的な（徳としての）節制と獲得的な（徳としての）節制とが種的に異なることはあきらかであり、他の諸徳についても同じことが言える。

諸々の習慣が区別されるもう一つの仕方は、習慣がそれへと秩序づけられているところのものにもとづくものである。というのも、人間の健康と馬の健康とは、それらが秩序づけられている自然本性が異なったものであるところから、種的に同一ではないのである。これと同じ意味でアリストテレスは『政治学』第三巻(1276b31)において「諸々の市民の徳は、かれらが異なった政治体制へと適切に関係づけられているのに応じて、多様なのである」とのべている。またこのような意味において、人々がそれによって「聖なる民に属する者、神の家族の一員」(『エフェソ人への書翰』第二章(第二十節))であることへと善く秩序づけられるところの注入的な倫理徳と、それにもとづいて人々が人間的なことがらへと善く秩序づけられるところの、他の獲得的な徳とは、種的に異なったものなのである。

(一)については、それゆえ、こう言うべきである。注入的な徳と獲得的な徳は、究極目的への秩序づけに即して異なっているのみでなく、固有の対象への秩序づけに即しても異なっているのであって、この点、前述のごとくである。

(二)についてはこう言うべきである。前述のように(本項主文)、獲得的な節制と注入的な節制は、触覚の快楽にかかわる欲情を、それぞれ異なった根拠からして抑制するのであり、したがってそれらは同一の働きをもつことはないのである。

㈢については こう言うべきである。神が生まれつきの盲者に目(視力)を授けたのは、他の諸々の目がそれを為すために自然本性に即して形成されたのと、同じ働きを為すためであり、そのゆえに同一の種に属するものだったのである。仮に神が、行為によって獲得されるのと同じような徳を、人間のうちに奇跡的に生ぜしめることを欲したのであったならば、同じことが言えたであろう。しかし前述のように(本項主文)、ここで提起されている問題はそのようなものではないのである。

第六十四問題（全四項）
徳の中庸について

つづいて諸々の徳の固有性 proprietates について考察しなければならない。すなわち、第一に徳の中庸 medium について、第二に諸々の徳の結合 connexio について、第三にそれらの等しさ aequalitas について、第四にそれらの存続 duratio について。

第一については次の四点が問題となる。

第一　倫理徳は中庸に存するか
第二　倫理徳の中庸は事物の中庸 medium rei か理性の中庸 medium rationis か
第三　知的徳は中庸に存するか
第四　対神徳は中庸に存するか

第一項　倫理徳は中庸に存するか

第一については(278)次のように進められる。――倫理徳は中庸に存するのではない、と思われる。なぜなら

(一)　究極 ultimum ということは中庸・中間 medium の観念と相容れない。ところが、徳という観念には究極ということがふくまれている。というのも『天界論』第一巻(281a11)で「徳(ちから)は能力・可能性 potentia の究極である」と言われているからである。それゆえ、倫理徳は中庸に存するのではない。

(二)　最大 maximum であるところのものは中庸・中間ではない。ところが倫理徳の中の或るものは何らかの最大なるものをめざすのであって、『ニコマコス倫理学』(279)で言われているように、たとえば高邁《こうまい》 magnanimitas は最大の名誉に、そして豪気 magnificentia は最大の消費にかかわるのである。それゆえ、すべての倫理徳が中庸に存するのではない。

(三)　もし中庸を保つことが倫理徳の本質に属するのであったならば、倫理徳は極端な

るもの extremum へ向かうことによって完成されるのではなく、むしろ破壊されることになったであろう。しかるに、何らかの倫理徳は極端へと向かうことによって完成されるのである。たとえば、すべての性的快楽から遠ざかるところの純潔 virginitas は、かくして極端の位置をしめると共に、最も完全な貞潔 castitas である。また、貧しい者にすべてを与えることは最も完全な憐れみ misericordia あるいは寛厚 liberalitas である。それゆえ、中庸をまもることは倫理徳の本質に属するのではないように思われる。

しかし、その反対に、アリストテレスは『ニコマコス倫理学』第二巻(1106b36)において「倫理徳は中庸を保つところの、選択にかかわる習慣である」とのべている。

私は答える——。

前述のところからあきらかなように(第五十五問題第三項)、徳はその本質からして de sui ratione、人間を善へと秩序づける。ところが、倫理徳は本来的に言って、霊魂の欲求的部分を何らかの特定のことがらに関して完成するものである。しかるに、欲求対象にかかわる欲求運動にとっての規準 mensura および規則 regula とは理性そのものである。ところで、およそ規準や規則を受けとるもの mensuratum et regulatum の善とは、自らの規則に合致することに存するのであって、たとえば(技術によって)製作されたものにおける善は、当の技術の規則に従うということにほかならない。したがって、こうしたことがらにおける悪とは、何かが自らの規則あるいは規準と合致しない、ということに由来する。ところで、そのようなことは、すべて規則や規準を受けとるものにおいてあきらかに見られるように、規準を超過するか、あるいはそこまで達しないか、のいずれかによって起こるものである。それゆえに、倫理徳の善とは、理性の規準と適合することに存する、ということがあきらかである。ところが超過と不足との間にあって、中間・中庸の位置をしめるものこそ(規準への)等しさ aequalitas あるいは合致 conformitas であることは明白である。ここからして、倫理徳は中庸に存するということがあきらかに見てとられる。

(一)については、それゆえ、こう言うべきである。倫理徳がその善性 bonitas をもつのは理性の規則からしてであるが、それがかかわることがらは諸々の情念あるいは行為である。それゆえ、もしも倫理徳が理性との関連において見られた場合には、理性に属するところのものに即して、一方の極端、つまり(理性の規準にたいする)合致 conformitas という側面をもつことになる。これにたいして、超過と不足とはもう一方の極端、すなわち不一致 deformitas という側面をもつことになる。他方、倫理徳がそれのかかわることがらに即して考察された場合には、諸々の情念を理性の規則に従属させるかぎりにおいて、中庸という側面をもつのである。ここからしてアリストテレスは『ニコマコス倫理学』第二巻(1107a7)において、「徳は、その実体に即して言えば中庸である」と言っているが、それは徳の規則がそれに固有のことがらにたいして課せられるかぎりにおいてであり、これにたいして、それが「最善のものであり、善いものであること――つまり理性との合致――に即して言えば、極端である」と語っている。

㈡についてはこう言うべきである。諸々の行為や情念において、中庸とか極端は多様な状況(280) circumstantia にもとづいて考察される。ここからして、他の状況に即して言えば、理性への合致のゆえに中庸とされるところのことが、或る徳においては一つの状況に即して極端と見なされる、ということも可能なのである。そして、豪気とか高邁における事情はそのようなものである。すなわち、豪気な人や高邁な人がめざすことがらが、量的にそれ自体で考察されるならば、極端とか最大と言われもしよう。しかしその同じことが他の諸状況との関連において見られるならば、中庸という側面を示すのである――なぜなら、こうした徳はそのような(最大の)ことがらを理性の規則にもとづいて追求するからであり、すなわち、そのように為すべきところにおいて、為すべき時に、また正しい目的のために、である。これにたいして、為すべきではない時に、為すべきではないところにおいて、あるいは正しくない目的のために、そうした最大のものを追求したならば、超過 excessus ということになろう。他方、そうすべきであるところにおいて、そうすべき時に、こうした最大のものを追求しなかったならば、不足・欠陥 defectus におちいることになろう。そしてアリストテレスが『ニコマコス倫理学』第四巻(1123b13)において「高邁な人とは(かれが追求することがらの)大きさに即して言えば極端であるが、為すべきことを為しているという点では中庸である」と語っているのはこのことにほかならない。

㈢についてはこう言うべきである。高邁について言われたのと同じことが純潔や清貧についても言える。というのも、純潔がすべての性的なことがらから、そして清貧がすべての富から遠ざかるのは、正しい目的のために、また正しい仕方で、すなわち、神の命令に従い、永遠の生命のためにそうするのだからである。これにたいして、もしこのことが正しくない仕方で、すなわち何らかの許されざる迷信にもとづいて、あるいはまた虚栄のために為されるならば、超過であろう。他方、為されるべきときに、あるいは為されるべき仕方でこのことが為されなかったならば、不足という仕方での悪徳であって、それは純潔あるいは清貧の誓願に違反する人々において見られるごとくである。

第二項　倫理徳の中庸は事物の中庸か、それとも理性の中庸か

第二については次のように進められる。[281]——倫理徳の中庸は理性の中庸 medium rationis ではなく、事物の中庸 medium rei である、と思われる。なぜなら

(一)　倫理徳の善は中庸を保つことに存する。ところが『形而上学』第六巻(1027b26)で言われているように、善は事物そのもののうちに見出される。それゆえ、倫理徳の中庸は事物の中庸である。

(二)　理性は認識能力 vis apprehensiva である。ところが、倫理徳は諸々の認識の中庸ではなく、むしろ諸々の行為および情念の中庸に存する。それゆえ、倫理徳の中庸は理性の中庸ではなく、事物の中庸に存する。

(三)　算数的あるいは幾何学的比例に即して解されるところの中庸は事物の中庸である。ところが、『ニコマコス倫理学』第五巻(1131b13; 1132a2)で言われているように、正義(の徳)が保つ中庸とはそのようなものである。それゆえ、倫理徳の中庸は理性の中庸では

なく、事物のそれである。

しかし、その反対に、アリストテレスは『ニコマコス倫理学』第二巻(1106b36)において、「倫理徳は理性によって確定された、われわれにとっての quoad nos 中庸に存する」とのべている。

私は答える――。

理性の中庸 medium rationis は二つの仕方で理解することが可能である。その一つは、いわば理性の働きそのものが中庸へともたらされるというふうに、中庸が理性の働きそのものにおいて保たれることに即して理解される場合である。そしてこの意味では、倫理徳は理性の働きを完成するのではなく、欲求能力の働きを完成するのであるから、倫理徳の中庸は理性の中庸ではない。第二に、理性によって何らかのことがらのうちに確立されるところのものが理性の中庸と呼ばれることが可能である。そして、この意味ではすべての倫理徳の中庸は理性の中庸である。なぜなら、前述のように(第一項)、倫理徳は正しい理性 ratio recta に合致することを通じて、中庸を保つと言われるからである。

しかし、時として理性の中庸が事物の中庸でもある、ということが起るのであって、その場合には倫理徳の中庸は、たとえば正義の場合がそうであるように、事物の中庸であるのでなければならない。しかし、時としては理性の中庸は事物の中庸ではなく、われわれにたいする関連からして理解される。そして(正義以外の)他のすべての倫理徳における中庸はこのようなものである。その理由は次のごとくである——正義は行為にかかわるものであるが、諸々の行為は外的事物とのかかわりにおいて成立する。そして、それら外的事物においては、さきに言われたように(第六十問題第二項)、正しさ rectum は端的に simpliciter、そしてそれ自体において secundum se 確立されなければならない。このようなわけで、正義においては理性の中庸は事物の中庸と同一である——それはつまり、正義が各人にたいしてかれの分を過不足なしに与えるかぎりにおいてである。(282) これにたいして、他の諸々の倫理徳は内的な情念にかかわるものであるが、それら情念においては——人々が多様な仕方で情念に関係づけられていることからして——正しさ rectum が同一の仕方で確立されることは不可能である。このゆえに、諸々の情念に関する理性の正しさ rectitudo は、情念によって動かされるわれわれとの関連において確立されるのでなければならない。

右に言われたところからして、諸々の異論にたいする解答はあきらかである。というのも、最初の二つの議論は、理性の働きそのものにおいて見出されるところの理性の中庸に関するものであり、他方、第三の議論は正義(の徳)における中庸に関して論を進めているからである。

第三項　知的徳は中庸に存するか

第三については次のように進められる。[283]——諸々の知的徳は中庸に存するのではない、と思われる。なぜなら

(一)　諸々の倫理徳は、理性の規則に合致するかぎりにおいて中庸を保つ。ところが知的徳は理性そのもののうちに見出される。したがって、知的徳はより高次の規則をもつとは思われない。それゆえ、知的徳は中庸に存するのではない。

(二)　倫理徳の中庸は知的徳によって確定される。というのも『ニコマコス倫理学』第二巻(1106b36)に「徳は、賢明な人が確定するであろうような、そのような仕方で理性に

よって確定された中庸に存する」と言われているからである。したがって、もし知的徳がさらにまた中庸に存するとしたら、その中庸が何か他の徳によって確定されることが必要になるであろう。こうして、無際限な徳の系列が結果することになるであろう。

㈢ アリストテレスが『形而上学』第十巻(1057a30)であきらかにしているように、厳密に言えば中庸・中間 medium は反対・対立するものの間に見出される。しかるに知性においては何ら反対・対立的なものがあろうとは思われない。なぜなら、たとえば白いものと黒いもの、健康なものと病めるもののように、反対・対立的なものですら知性のうちにあるかぎりでは反対・対立的ではなく、同時に認識されるからである。それゆえ、知的な徳においては中庸は見出されない。

しかし、その反対に、『ニコマコス倫理学』第六巻(1139b16)で言われているように、「技術(知) ars は知的徳である」が、やはり同書、第二巻(1106b13)で言われているように、「技術には何らかの中庸が見出される」。それゆえ、知的徳は中庸に存する。

私は答える――。

前述のように(第一項)、何らかの事物の善は規則あるいは規準――それを超過する

transcendere か、それに達しない deficere ことが起こりうるような――に合致することにもとづくところの中庸に存する。ところが、前述のように（第五十六問題第三項）、倫理徳と同じく、知的徳は善へと秩序づけられている。ここからして、知的徳の善が規準へと関係づけられているかぎりにおいて、知的徳の善は中庸という本質 ratio medii をもつ。しかるに、知的徳の善と言えば「真」verum にほかならない。この場合、『ニコマコス倫理学』第六巻（1139a29）で言われているように、思弁的な徳の「真」は端的な意味でのそれであり、実践的な徳の「真」は正しい欲求 appetitus rectus への合致にもとづいて語られるものである。(284)

ところで、端的に考察された、われわれの知性の真とは、事物を規準とすることによって成立するものである。なぜなら、『形而上学』第十巻（1053a33）で言われているように、事物がわれわれの知性にとっての規準だからである。(285) というのも、われわれが考え、言いあらわすことの真理は、事物があるか、あらぬかということにもとづいてきまってくるからである。このようなわけで、思弁的な知的徳は事物そのものへと合致することによる、何らかの中庸に存するのであって、それは知性が在るものを在ると言い、あるいは、在らぬことを在らぬと言う――そのことが「真」の意味するところ ratio veri である――ことにもとづいて成立する。これにたいして、超過は虚偽なる肯定、すなわち、在らぬものが在ると語られることを通じて成立し、他方、不足は虚偽なる否定、すなわち、在るものが在らぬと語られることを通じて成立するのである。

これにたいして、実践的な知的徳の真は、事物との関連において考察されたかぎりでは、やはり規準を受けとるもの mensuratum という側面をおびる。したがって、思弁的な知的徳の場合と同じように、実践的な知的徳においても、その中庸は事物への合致ということを通じて理解されるのである。

しかるに、欲求との関係においては(実践的な知的徳は)規則であり規準 regula et mensura であるとの側面をおびる。ここからして、倫理徳に属するものと同様の中庸、すなわち理性の正しさ rectitudo rationis が知慮 prudentia そのものにも属するのである。しかし、当の中庸は知慮においては規則・規準を与えるものに属するものとして見出されるのにたいして、倫理徳においてはむしろ、規準・規則を受けとるものにおける仕方で見出される。これと同様に、超過と不足は両者においてそれぞれ違った仕方で理解されるのである。

㈠については、それゆえ、こう言うべきである。前述のように(本項主文)、知的徳もまたみずからにとっての規準を有するのであって、それへの合致を通じて、知的徳における中庸なるものが理解されるのである。

㈡についてはこう言うべきである。徳の系列において無際限に進行することは必然的ではない。なぜなら、知的徳にとっての規準や規則は、何か他の類に属する徳ではなく、事物そのものだからである。

㈢についてはこう言うべきである。それ自体としては反対・対立的な事物も、精神のうちにおいては反対・対立性 contrarietas を有しない。なぜなら、一方は他方を認識するための根拠だからである。それにしても、知性のうちには肯定と否定という反対・対立性が見出されるのであって、それらは『命題論』の終り(23a27)で言われているように、反対・対立的なものである。というのも、「在る」esse と「在らぬ」non esse とは、もし(それらによって)意味表示されたもの自体が、事物において見出されるかぎりにおいて考察されるならば、反対・対立的ではなく、むしろ矛盾的に contradictorie 対立するものと解されるであろう――なぜなら、一方は「在るもの」ens であり、他方は「純粋に在らぬもの」pure non ens だからである――とはいえ、もし精神の作用との関係において考えられた場合には、両者(「在る」と「在らぬ」)は共に何ごとかを措定するものである。このようなわけで、「在る」esse と「在らぬ」non esse とは(事物自体においては)矛盾・対立的なものである。しかし、「善いものは善いものである」という見解

opinio と、「善いものは善いものではあらぬ」という見解とは反対・対立的である。そして知的徳はこうした反対・対立的なものの間における中庸なのである。

第四項 対神徳は中庸に存するか

第四については次のように進められる。──対神徳は中庸に存するものである、と思われる。なぜなら

(一) (対神徳以外の)他の諸々の徳の善は中庸に存する。しかるに、対神徳はその善性において他の諸徳を超え出ている。それゆえ、対神徳は(他の諸徳よりも)はるかにまさって中庸に存するものである。

(二) 倫理徳の中庸は欲求能力が理性によって規制されることにもとづいて成立するのであるが、これにたいして知的徳の中庸はわれわれの知性が事物から規準を受けとることにもとづいて成立する。しかるに、対神徳は前述のように(第六十二問題第三項)、知性と欲求能力の両者を完成するものである。それゆえ、対神徳もまた中庸に存する。

(三)　対神徳である希望 spes は絶望 desperatio と慢心 praesumptio との間の中庸である。同様に信仰 fides もボエティウス[287]が語っているように、反対・対立的な異端の間の中道を進む。というのも、われわれがキリストにおいては一つのペルソナ persona と二つの本性 natura[288] があると信仰告白するのは、二つのペルソナと二つの本性があるとするネストリウスの異端と、一つのペルソナと一つの本性があるとするエウティケス[289]の異端との間の中庸だからである。それゆえ、対神徳は中庸に存する。

しかし、その反対に、中庸をもって徳となすようなすべてのことがらにおいては、不足 defectus ということによってと同じく、超過 excessus ということによって罪を犯すことがありうるものである。ところが、対神徳の対象である神に関して言えば、超過ということによって罪を犯すことはない。というのも、『集会書』第四十三章（第三十三節）に「あなたがたの力のかぎり、神を祝福して、かれを高めよ。なぜなら、神はすべての賛美よりも大いなる御方だからである」と言われているからである。それゆえ、対神徳は中庸に存するのではない。

私は答える――。

前述のように(第一項)、徳の中庸は、それの規則 regula あるいは規準 mensura——それを超過したり、あるいはそれに達しないことが起こりうるかぎりにおいて——にたいする合致を通じて成立する。ところで、対神徳については、規準は二つの意味で理解することが可能である。すなわち、その一つは徳の本質そのもの ipsa ratio virtutis に即しての理解である。そして、この場合には対神徳の規準および規則は神自身である。というのも、われわれの信仰は神的真理に即して、愛徳は神の善性に即して、他方、希望は神の全能と慈悲の偉大さに即して規制されるからである。そして、こうした規準は人間のちからのすべてを超え出るものであり、したがって人間は、神が愛されるべきであるその極みまで愛することはけっしてできず、また神を信じ、希望すべきであるその極みまで信じ、あるいは希望することもできない。したがって、ましてそこで超過が見出されることなど、とうていありえないことである。このようなわけで、こうした徳の善は中庸に存するものではなく、むしろ最高の極みにより接近すればするほど、より善いのである。

これにたいして、対神徳のもう一つの規則あるいは規準は、われわれに関連するものである。なぜなら、われわれは、われわれがそこに達すべきほどには、神のもとへと到りつくことはできないとはいえ、われわれが置かれている状態に対応する規準に従って、信じ、希望し、そして愛することによって神へと到りつかなければならないからである。ここからして、対神徳に関して、われわれに関連して、中庸および極端が、付帯的な仕方で per accidens 考察されることが可能である。(290)

(一)については、それゆえ、こう言うべきである。知的および倫理徳の善は、それを超え出る transcendere ということがありうるような、そうした規則あるいは規準にたいする合致を通じて成立するところの中庸に存する。ところが、こうした事態は、前述のように(本項主文)、それ自体において考察された対神徳においては見出されないのである。

(二)についてはこう言うべきである。倫理徳および知的徳は、われわれの知性および欲求能力を被造的な creata 規準および規則への秩序づけにおいて完成する。しかるに、対神徳は創られざる increata 規準および規則への秩序づけにおいてそのことを為すのであり、したがってそこには類似の論拠は見出されない。

(三)についてはこう言うべきである。希望が慢心と絶望との中庸であるのはわれわれとの関連においてであり、すなわち、或る人は自らの置かれている状態を超えるような善を神から希望することのゆえをもって慢心していると言われ、あるいは自らの状態からいって希望しうることを希望しない(ことのゆえをもって、絶望していると言われるのである)。これにたいして神との関連においては、希望の過剰なるものはありえない――神の善性は無限だからである。同様にまた、前述のところからあきらかなように(第三項第三異論解答)、信仰が反対・対立的な異端の中庸であるのは、対象――それは神であり、神をだれかがあまりに信じすぎるといったことはありえない――への関連においてではなく、むしろ当の人間的見解が反対・対立的な見解の間にあって中庸をえているかぎりにおいてである。

第六十五問題（全五項）
諸々の徳の結合について

次に諸々の徳の間の結合 connexio について考察しなければならない。そして、この点をめぐって次の五つのことが問題となる。

第一　諸々の倫理徳は相互に結びついているか
第二　倫理徳は愛徳 caritas なしにもありうるか
第三　愛徳は諸々の倫理徳なしにもありうるか
第四　信仰 fides および希望 spes は愛徳なしにもありうるか
第五　愛徳は信仰、希望なしにもありうるか

第一項　諸々の倫理徳は相互に結びついているか

第一については㉑次のように進められる。諸々の倫理徳は必然性をもって ex necessitate 結びついているのではない、と思われる。なぜなら

㈠『ニコマコス倫理学』第二巻(1103a31)で証明されているように、倫理徳は時として行為の修練 exercitium からして生ぜしめられる。しかるに、人間は他の徳の行為に関して修練を積むことなしに、或る徳の行為に関して修練を積むことが可能である。それゆえ、他の徳なしに、或る一つの倫理徳が所有されることが可能である。

㈡　豪気 magnificentia や高邁《こうまい》 magnanimitas は何らかの倫理徳である。しかるに、或る人は豪気や高邁の徳をもつことなしに、他の倫理徳をもつことが可能である。というのも、アリストテレスは『ニコマコス倫理学』第四巻(1122b26)で「貧しい者は豪気ではありえない」とのべているが、かれが他の何らかの諸徳をもつことは可能である。また「小さなものに値し、また自分を小さなものに値すると見なす人は、節制ある人ではあるが、高邁な人ではない」(1123b5)ともものべている。それゆえ、倫理徳は(相互に)結び

ついていない。

㈢　倫理徳が霊魂の欲求的部分を完成するものであるように、知的徳は認識的部分を完成する。しかるに、知的徳は(相互に)結びついていない。というのも、或る人は他の学知 scientia をもつことなしに一つの学知をもつことが可能だからである。それゆえ、倫理徳も(相互に)結びついてはいない。

㈣　もし倫理徳が(相互に)結びついているとしたら、このことはそれらが知慮 prudentia において結びつけられている、という理由による他は考えられない。しかし、このことは諸々の倫理徳を結びつけるには充分ではない。というのも、或る人は他の徳に属するところの為すべきことがら agibilia に関して知慮をもつことなしに、或る一つの徳に属するところの為すべきことがらに関して知慮をもつことが可能であるように思われるからである。それは、或る人が他の領域に関しては技術 ars を身につけることなしに、或る製作すべきことがら factbilia に関して技術をもつことも可能であるのと同様である。ところが、知慮とは為すべきことがらにおける正しい理性 recta ratio である。それゆえ、諸々の倫理徳が(相互に)結びつくことは必然的ではない。

しかし、その反対に、アンブロシウスは『ルカ福音書』第六章(第二十節)の註釈(PL15,

1738)において、「諸々の徳は相互に結びつき、つなぎ合わされており、このため一つの徳をもつ者は多くの徳をもっているように思われる」とのべている。またアウグスティヌスも『三位一体論』第六巻(第四章、PL42, 927)において、「人間精神のうちに見出される諸々の徳はけっして相互にきり離されていない」と語っている。そしてグレゴリウスは『道徳論』第二十二巻(第一章、PL76, 212)において、「他の諸々の徳をともなわない一つの徳は、まったく徳ではないか、あるいは不完全である」とのべている。さらにキケロは『トゥスクルム対話録』第二巻(第十四章)において「もしあなたが一つの徳をもっていないことを告白するならば、何らの徳ももたないであろうということにならざるをえない」と語っている。

私は答える――。

倫理徳は完全なものとしてか、あるいは不完全なものとして解されることが可能である。不完全な倫理徳とは、たとえば節制あるいは剛毅を例にとって言うと、われわれのうちに見出される、何らかの種類の善い行為を為すことへの或る傾向性 inclinatio――こうした傾向性が生具的なもの a natura であろうと、習慣づけからして ex assuetudine 生じたものであろうと――にほかならない。(292) そしてこのように解した場合には、諸々の倫理徳は(相互に)結びついてはいない。というのも、或る人が生まれながらの体質 complexio からして、あるいは何らかの習慣 consuetudo からして寛厚 liberalitas の行為を為すのには迅速であるが、貞潔 castitas の行為を為すのには迅速ではない、ということをわれわれは見てとるからである。

これにたいして完全な倫理徳とは、善い行為 opus bonum を善く bene 為すことへと傾かしめる習慣 habitus である。そして、倫理徳をこのように解した場合には、ほとんどすべての論者が主張しているように、それらは(相互に)結びついていると言わなければならない。そのことについては、或る人々が枢要徳を異なった仕方で区別しているのに対応して、二つの論拠が与えられる。というのも、前述のように(第六十一問題第三項第四異論解答)、或る人々は倫理徳を徳の何らかの一般的な条件 conditio にもとづいて、つまり、分別 discretio が知慮に、正しさ rectitudo が正義に、抑制 moderantia が節制に、堅固さ firmitas が剛毅に属するというふうに——それらがどのようなことがらにかかわっているにせよ——区別している。そして、この立場に従えば、結びつきの論拠はあきらかである。というのも、堅固さは、そこに抑制、ないしは正しさ、分別がともなっていなかったならば、徳として賞賛されることはないからであり、他の条件についても同じことが言える。そして、グレゴリウスが(前掲箇所において)次のようにのべる際に与えているのはこうした結びつきの論拠なのである——「諸々の徳は、もしそれらが結びついていなかったら、徳の本質に即して完全なものであることはできない。なぜなら知慮は、それが正しく・抑制され・堅固であるのでなかったら、真の知慮であるとも言えないからである」。そして、同じことを他の諸徳についても続けてのべている。また、アウグスティヌスが（前掲箇所において）与えているのも同じ論拠である。

他方、他の人々は前述の諸徳を（それらがかかわる）ことがら materia にもとづいて区別している。そしてアリストテレスが『ニコマコス倫理学』第六巻（1144b36）において与えている結びつきの論拠はこの立場にもとづくものである。すなわち、前述のように（第五十八問題第四項）、正しい選択を為すことが倫理徳にとって固有的なことである——というのも（倫理徳は）選択にかかわる習慣であるから——からして、いかなる倫理徳も知慮なしには所有されえない。ところが正しい選択を為すためには、正しい目的 finis debitus への傾向性——これは倫理徳という習慣によって直接的に生ぜしめられる——だけでは充分ではなく、さらにまた、ひとは目的へのてだてたることがら ea quae sunt ad finem を正しく recte* えらばなければならない。このことは、目的へのてだてたることがらを思案し、判断し、命令するところの知慮によって為される。（このように、いかなる倫理徳も知慮なしには所有されえないのである。）また同じように、知慮も倫理徳が所有されることなしには所有されえない――なぜなら、知慮は為すべきことがらに関する正しい理性であるが、理性は為すべきことがらの(諸)目的を原理としてそこから出発するのであり、そして人がそれらの目的へと正しく秩序づけられるのは倫理徳によってだからである。ここからして、思弁的な学知 scientia が諸原理の直知 intellectus なしには所有されえないように、知慮も諸々の倫理徳なしには所有されえないのである。(293) このことからして、諸々の倫理徳は(相互に)結びついている、という結論があきらかに導き出される。

(一)については、それゆえ、こう言うべきである。倫理徳の中の或るものは、人間を共通的な状態 status communis に即して、すなわち、すべての種類の人間生活において一般的・共通的にそれを為すべき機会があるような、そうしたことがらに関するかぎりにおいて完成する。ここからして、人間は同時に、すべての倫理徳がかかわることがらに関して修練を積むことが必要である。こうして、もしかれが善く行為することによって、すべてのことがらに関して修練を積むならば、すべての倫理徳の習慣を獲得するであろう。これにたいして、もしかれが一つのことがらに関しては善く行為することによって修練を積みつつも、他のことがらではそうしなかったならば――たとえば、怒りに関しては善くふるまいつつも、欲情に関してはそうしないというふうに――かれはたしかに怒りを抑制するための何らかの習慣を獲得するであろう。しかし、この習慣は知慮の欠陥——つまり、欲情に関しては知慮がそこなわれているのである——のゆえに、徳の本質 ratio virtutis をそなえていない。それは、知慮が欠けている場合には、自然本性的な傾向性もまた徳たるの完全な本質を有しないのと同様である。

これにたいして、豪気や高邁のように、人間を或る優越的な状態 aliquis eminens status に即して完成するような、何らかの倫理徳がある。そして、こうした徳がかかわることがらに関する修練の機会は、だれにでも共通的に与えられるわけではないので、獲得的な徳を問題にするかぎり、だれかがこうした徳の習慣を現実に有することなしに、他の倫理徳をもつということがありうる。にもかかわらず、或るひとが他の諸徳を獲得したあかつきには、これらの徳をも近接的な可能態 potentia propinqua において有するのである。というのも、或るひとが修練を積むことによって、些少《さしょう》な贈物や消費に関して寛厚の習慣を身につけている場合には、もしかれが多額の金を所有するようになっても、僅《わず》かの修練でもって豪気の習慣を獲得するであろうからである。それは幾何学者がちょっとした勉強でもって、これまで一度も考察したことのなかった或る結論についての学知を獲得するようなものである。しかるに、われわれは、われわれが迅速にもちうるようなものに関して、そのものをもつと言われるのであって、それはアリストテレスが『自然学』第二巻(197a29)において「ほとんど欠けるところのないものは、いわば何ら欠けるところがないように思われる」とのべているところにもとづく。

右にのべたことによって、(二)にたいする解答はあきらかである。

(三)についてはこう言うべきである。種々の学知や技術においてあきらかに見られるように、諸々の知的徳は相互に秩序づけられてはいないような、多様なことがらにかかわっている。それゆえに、諸々の知的徳の間には、諸々の情念や行為——それらはあきらかに相互的な秩序・関連 ordo を有する——にかかわる倫理徳において見出されるような結合は見出されない。すなわち、すべての情念は或る第一の諸情念、すなわち愛 amor と憎しみ odium から発出し、他の何らかの諸情念、すなわち悦楽 delectatio と悲しみ tristitia へと行きつくのである。また同じように、倫理徳がかかわることがらたるすべての行為は相互的に、また情念にたいしても秩序づけを有する。このようなわけで、諸々の倫理徳がかかわることがらの全体が知慮という一つの本質側面 una ratio の下にふくまれるのである。

他方、すべての可知的なるものは第一の諸原理にたいする秩序づけをもつ。そして、この意味では、前述のように(本項主文)、知慮が倫理徳に依存するように、すべての知的徳は諸原理の直知(という知的徳)に依存する。しかしながら、倫理徳が知慮に依存する――というのも、前述のように(第九問題第一項、第五十八問題第五項第一異論解答)、或る意味で欲求は理性を、そして理性は欲求を動かすのであるから――ようには諸原理の直知(という知的徳)がそれらにかかわるところの普遍的諸原理は、諸々の結論――その他の知的徳はそれらにかかわる――に依存するのではない。

(四)についてはこう言うべきである。それへ向かって倫理徳がわれわれを傾かしめるところのものは、知慮との関係では原理という位置にたつ。だが、つくりだされるべきもの factibilia は、技術との関係で原理の位置にたつのではなく、たんに素材 materia として位置づけられるにとどまる。しかるに、理性は素材的なことがらに関しては、一つの部分では正しく、他の部分ではそうではない、といったことがありうるが、もし何かの原理に関して間違っていたら、けっして正しい理性と呼ばれることはできない。たとえば、もしなんびとかが「すべて全体はその部分よりも大である」という原理に関して誤りを犯すならば、幾何学的な学知を獲得することはできないであろう。なぜなら、諸々の結論においては真理から甚だしく離れてしまわざるをえないからである。さらにまた、前述のように(第三異論解答)、為すべきことがら agibilia は相互に秩序づけられているが、つくりだされるべきもの factibilia はそうではない。それゆえに、為すべきことがらの一つの部分に関する知慮の欠陥は、他の諸々の為すべきことがらに関しても欠陥を導き出すことになるであろうが、つくりだされるべきものに関してはそのようなことは起こらないのである。

＊　ピオ版では「直接的に」directe とあるが、レオ版の読み方に従う。

第二項　倫理徳は愛徳なしにありうるか

第二については次のように進められる。[294]――倫理徳は愛徳 caritas なしにありうる、と思われる。なぜなら

㈠　プロスペルス[295]の『命題論集』に「愛徳をのぞくすべての徳は善い者にも悪《あ》しき者どもにも共通である」[296]と言われている。ところが、同じ箇所で言われているように、「愛徳は善い者においてのみ見出される」。それゆえ、他の諸々の徳は愛徳なしに所有されることが可能である。

㈡　『ニコマコス倫理学』第二巻(1103a31)で言われているように、倫理徳は人間的行為によって獲得されることが可能である。ところが『ローマ人への書翰《しょかん》』第五章(第五

節）に「神の愛 caritas は、われわれに与えられた聖霊によってわれわれの心に注がれている」とあるのに従うと、愛徳 caritas は注入 infusio によるのでなければ所有されえない。それゆえ、他の諸徳は愛徳なしに所有されることが可能である。

㈢ 諸々の倫理徳は、それらが知慮に依存しているかぎりにおいて、相互に結びついている。ところが『エフェソ人への書翰』第三章（第十九節）「（人間の）知をはるかに超えるキリストの愛 caritas を……」とあるのに従うと、愛徳 caritas は知慮に依存しているのではなく、むしろ知慮を超え出ている。それゆえ、諸々の倫理徳は愛徳と結びついているのではなく、むしろ愛徳なしに存在しうるのである。

しかし、その反対に、『ヨハネの第一書翰』第三章（第十四節）に「愛しない者は死のうちにとどまる」と言われている。しかるに、霊的生命 vita spiritualis は諸々の徳によって完成される。というのも、諸々の徳はアウグスティヌスが『自由意思論』第二巻（第十九章、PL32, 1268）でのべているように、「それによって人が正しく生きるところのもの」だからである。それゆえ、それらは愛徳という愛 dilectio caritatis なしにはありえない。

私は答える――。

前述のように（第六十三問題第二項）、人間の自然本性的な能力 facultas を超えないところの目的への秩序づけにおいて善い行為を生ぜしめるかぎりでの倫理徳は、人間的活動を通じて獲得されることが可能である。そして、このように獲得された徳は愛徳なしにも存在しうるのであって、そのことは多くの異教徒たち gentiles において見られたごとくである。しかるに、超自然的な究極目的への秩序づけにおいて善い行為を生ぜしめるものとしての倫理徳について言えば、それらは完全かつ真実に perfecte et vere 徳の本質を有するのであり、人間的行為をもって獲得されることは不可能であって、神によって注入されるのである。そしてこのような倫理徳は愛徳なしには存在しえない。というのも、さきに（第一項、第五十八問題第四、五項）他の諸々の倫理徳は知慮なしにはありえないと言われた。しかるに、知慮の推論の働き ratio がそこから出発するところの、何らかの目的へと（人を）善く秩序づけるのは倫理徳であるかぎりにおいて、知慮は倫理徳なしにはありえない。ところが、知慮が正しく推論をなしうるためには、人が究極目的に関して善く秩序づけられる――これは愛徳によって為される――ことのほうが、他の諸目的に関して善く秩序づけられる――これは倫理徳によって為される――ことよりも、はるかに必要度が高いのである。それはちょうど、思弁的領域において正しい推論が為されるために、第一の、論証不可能な原理――すなわち、矛盾・対立的なることがらは同時に真ではありえない、という原理——が最も必要とされるのと同じである。ここからして、注入的な知慮も、したがってまた、知慮なしにはありえないところの他の諸々の倫理徳も、愛徳なしにはありえないことがあきらかであろう。

右にのべたところから、諸々の注入的な徳のみが完全であり、そして端的・無条件的に simpliciter 徳と呼ばれるべきことがあきらかである——なぜなら、それらが端的な意味での究極目的へと人間を善く秩序づけるからである。(297) これにたいして、他の諸徳、すなわち獲得的徳は相対的な意味で secundum quid 徳ではあるが、端的・無条件的な意味では simpliciter 徳ではない。というのも、それらは或る類における究極目的に関しては人間を善く秩序づけるが、端的な意味での究極目的に関してそのことをするのではないからである。ここからして、『ローマ人への書翰』第十四章(第二十三節)「信仰から出るのではないことは、すべて罪である」についてのアウグスティヌスの註釈は次のようにのべている——「真理の認識が欠けているところにおいては、最善の習俗のうちにおいてさえも徳は偽りのものである」。

(一)については、それゆえ、こう言うべきである。その箇所では「徳」は徳の不完全な本質 ratio imperfecta virtutis に即して解されている。もしそうでなく、倫理徳が徳の完全な本質 ratio perfecta virtutis に即して解されたならば、「(徳は)その持主を善い者たらしめる」[298] のであり、したがって悪しき者どもにおいては存在しえなかったであろう。

(二)についてはこう言うべきである。この議論は獲得的な倫理徳について進められているのである。

(三)についてはこう言うべきである。たとえ愛徳が学知 scientia や知慮 prudentia を超え出るとしても、前述のように(本項主文)、知慮は愛徳に依存するのであり、したがって、すべての注入的な倫理徳も然《しか》りである。

第三項　愛徳は他の諸倫理徳なしにありうるか

第三については次のように進められる[299]。——愛徳は他の諸々の倫理徳なしに所有されることが可能である、と思われる。なぜなら

(一)　一つのもので充分であるようなことにたいして、多くのものが秩序づけられることは不適当である。しかるに『コリント人への第一書翰』第十三章(第四節)で「愛 caritas は忍耐づよく、親切である」と言われているところからあきらかなように、徳のすべての業《わざ》を成就するのには愛徳 caritas だけで充分である。それゆえに、もし愛徳が所有されたならば、他の諸々の徳は余分であるように思われる。

(二) 徳の習慣を有する者は、当の徳に属することがらを容易に行い、またそれらの行為はかれにとってそれ自身において快適である。ここからして、『ニコマコス倫理学』第二巻(1104b3)で言われているように、「習慣(が形成されていること)の徴《しる》しは、行為が為《な》される際に感じられる悦楽である」。しかるに、多くの人が――大罪 peccatum mortale におちいることなしに生きているところからして――愛徳を有している(と見なされる)にもかかわらず、諸々の徳の業を為すのに困難を経験し、またそれらの業はかれらにとってそれ自身としては快適ではなく、ただ愛徳との関連においてのみ悦《よろこ》ばしいものである。それゆえに、他の諸々の徳を有しないような多くの人が愛徳を有している。

(三) 愛徳はすべての聖者において見出されるものである。しかるに、何らかの徳を欠いているような若干の聖者が存在する。というのもベーダ(300)は、『ルカ福音書』第十七章(第十節)について、聖者たちはかれらが所有している徳を誇りにするというよりは、むしろ何らかの徳を身につけていないことのゆえにへりくだるのである、と語っているからである。それゆえ、愛徳を有する者は必然的にすべての倫理徳を有するということにはならない。

しかし、その反対に、律法の全体 tota lex が愛徳によって成就される。というのも『ローマ人への書翰』第十三章（第八節）に「隣人を愛する者は律法を全うした者である」と言われているからである。ところが律法の全体を成就することはすべての倫理徳によるのでなければ不可能である——なぜなら『ニコマコス倫理学』第五巻（1129b23）で言われているように、（律）法 lex は諸々の徳のすべての行為を命令するからである。それゆえ、愛徳を有する者はすべての倫理徳を身につけている。アウグスティヌスも或る書翰[301]において「愛徳は自らのうちにすべての枢要徳をふくむ」と語っているのである。

私は答える——。

愛徳と同時にすべての倫理徳が注入されるのである。その理由は、神が自然の業 opera naturae においてよりも恩寵《おんちょう》の業 opera gratiae においてより不完全に働きを為すことはない、ということである。ところが、自然の業においてわれわれは次のようなことを見てとる——すなわち、およそ或る事物に何らかの業を為すための根源が見出される場合、そこにはかならずそうした業を遂行するのに必要なことがらもまた見出されるのである。たとえば、諸々の動物において、何らかの働きを為すための能力 potestas が霊魂にそなわっている場合、そうした働きが遂行されるのを可能ならしめる身体器官 organa も見出されるのである。しかるに、愛徳は、それが人間を究極目的へと秩序づけるものであるかぎりにおいて、究極目的へと秩序づけられうるようなすべての善き業にとっての根源であることは明白である。ここからして、愛徳と同時に、人がそれによってそれぞれの種類の善き業を遂行するところの、倫理徳のすべてが注入されるのでなければならない。

こうして、諸々の注入的な倫理徳は、知慮のゆえにのみではなく、また愛徳のゆえにも(相互に)結びつきを有することがあきらかである。また、大罪(302) peccatum mortale によって愛徳を喪失する者は、すべての注入的な倫理徳をも喪失する、ということも明白である。

㈠については、それゆえ、こう言うべきである。下位の能力の行為が完全なものであるためには、上位の能力においてのみでなく、下位の能力においても完全性が見出されることが必要である。というのは、もしも主要的な能動者 agens principale が適当な状態にあったとしても、もし手段・器具 instrumentum がよく秩序づけられていなかったならば、完全な働きは生じないであろうからである。ここからして、人間が目的へのてだてたることがらに関して善く行為することができるためには、かれを目的に関して善く秩序づけてくれるような徳だけでなく、かれを目的へのてだてたることがらに関して善く秩序づけてくれるような諸徳をも身につけることが必要である。というのは、目的にかかわるところの徳は、目的へのてだてたることがらとの関係で言うと、主要的であり、(後者を)動かすものとして位置づけられるからである。したがって、愛徳と共に他の諸倫理徳をも身につけることが必要不可欠なのである。

(二)についてはこう言うべきである。時として、習慣が身についていても働きを為すにさいして困難を経験し、したがってまた、外部からやってくる何らかの妨げのゆえに、当の働きを為すことに悦びも満足も感じられない、といったことがありうる。たとえば、学知の習慣を有する者が眠気あるいは何らかの病気のゆえに、認識を行うのに困難を経験する、といった場合である。同様に、注入的な倫理徳の習慣も、時として、以前の行為の結果として反対・対立的な何らかの状態が残っているために、働きを為すにさいして困難を経験することがある。ところが、こうした困難は獲得的な倫理徳においては生じることはない——なぜなら、行為の修練によって——それによってそうした倫理徳が獲得されるのであるが——反対・対立的な状態も取りのぞかれてしまうからである。

㈢についてはこう言うべきである。聖者の中の或る者が何らかの徳を有しないと言われるのは、すべての徳の習慣を身につけてはいるのだが、すでにのべた理由からして（第二異論解答）、そうした徳の行為を為すにあたって困難を経験するかぎりにおいてなのである。

第四項　信仰および希望は愛徳なしにありうるか

第四については次のように進められる。㉚――信仰と希望が愛徳なしに見出されることはけっしてない、と思われる。なぜなら

㈠　対神徳は倫理徳よりも――たとえ後者が注入的徳であっても――より優れたものであるように思われる。ところが注入的な倫理徳は愛徳なしにはありえない。それゆえ、信仰および希望も愛徳なしにはありえない。

㈡　アウグスティヌスが『ヨハネ福音書講解』第二十六講（PL35, 1607）でのべているように「なんびとも、（みずから）意志するのでなければ信じることはない nullus credit nisi volens」。ところが、前述のように（第六十二問題第三項）、愛徳は意志のうちに、それの完全性として見出される。それゆえ、信仰は愛徳なしにはありえない。

㈢　アウグスティヌスは『エンキリディオン』第八章（PL40, 235）において、希望は愛 amor なしにはありえない、とのべている。しかるに、（ここで）愛というのは愛徳 caritas のことである――というのも、そこで語られているのはそのような愛だからである。それゆえ、希望は愛徳なしにはありえない。

しかし、その反対に、『マタイ福音書』第一章（第二節）についての『註釈(304)』において「信仰は希望を生み、希望は愛を生む」と言われている。しかるに、生みだす者は生みだされたものよりもより先なるものであり、後者なしに存在しうる。それゆえ、信仰は希望なしに、そして希望は愛徳なしにありうる。

私は答える――。

信仰および希望は、諸々の倫理徳と同じように、二つの仕方で考察されることが可能である。その一つは何らかの発端の状態 inchoatio に即してであり、もう一つは徳の完全な存在 perfectum esse virtutis に即してである。というのも、徳は為されるべき善き業《わざ》へと秩序づけられているところから、何らかの徳は、それが完全に善き perfecte bonum 業へ導きうる、ということからして完全なものと言われるからである。ところが、そのためには、そこで為されたことが善い bonum だけでなく、そのことが善く bene 為されることも必要とされる。もしそうではなくて、仮に為されたことが善ではあっても、善く為されたのでなかったら、それは完全に善いものではないであろう。ここからしてまた、こうした業の根源たる習慣も、完全な仕方で徳の本質をもつものではないであろう。たとえば、もし或る人が正しいことを為したならば、かれはたしかに善いことを為している。だが、かれがそのことを善く為すのでなかったならば、すなわち正しい選択 electio recta――それは知慮を通じて為される――にもとづいて為すのでなかったならば、完全な徳の行為とは言えないであろう。このようなわけで、知慮を欠いた正義は完全な徳ではありえないのである。

したがって、信仰および希望は、愛徳なしにも、たしかに或る意味では存在しうる。しかし、それらは愛徳なしには完全な徳たるの本質をそなえることはないのである。というのも、信仰の行為とは神を信じる(305) credere Deo ことであり、他方、信じるとは自らの意志でもって或る人に承認を与える(306) alicui propria oluntate assentire ことであるから、もし然《しか》るべき・正しい仕方で debito modo 意志するのでなかったら、信仰の行為は完全なものとはならないであろう。ところで、然るべき・正しい仕方で意志するとは、愛徳――それは意志を完成する――をもって意志することである。というのも、アウグスティヌスが『神国論』第十四巻(第九章、PL41, 413)でのべているように、意志の正しい運動はすべて正しい愛から発出するものだからである。このように、信仰はたしかに愛徳なしにありうるが、完全な徳としてではないのであって、それは節制や剛毅が知慮なしにありうるのと同様である。

そして、これと同様のことを希望についても言うべきである。というのも、希望の行為とは神から将来の至福 beatitudo futura を期待することであるが、この行為は、もしそれが当人の有する功徳 meritum――それは愛徳なしにはありえないことである――からして為されるならば、完全なものであろう。他方、もしかれがこのことを、いまだ所有してはいないが、将来において獲得すべく企図している功徳からして期待するならば、それは不完全な行為であろう。そして、そのことは愛徳なしにも可能である。

したがって、信仰および希望は愛徳なしに存在しうる。しかし、愛徳なしには、それらは本来的な意味では徳ではない。というのも、『ニコマコス倫理学』第二巻(1106a23)で言われているように、それにもとづいてわれわれが何か善いことを為すだけでなく、さらにまた、それにもとづいて(当の善いことを)善く為す、ということが徳の本質に属するからである。

㈠については、それゆえ、こう言うべきである。諸々の倫理徳は知慮に依存している。他方、注入的な知慮も愛徳なしには知慮たるの本質をもつことはできない——その理由は、そのときには第一の根源、すなわち究極目的への正しい関連づけが欠如することになるからである。これにたいして、信仰および希望は、それぞれに固有の本質に即して言えば、知慮にも、愛徳にも依存してはいない。したがって、前述のように(本項主文)、(その意味では)愛徳なしにもありうる——愛なしには徳ではありえないのであるが。

㈡についてはこう言うべきである。この議論は徳の完全な本質をそなえた信仰について進められているのである。

㈢についてはこう言うべきである。この箇所でアウグスティヌスは、或る人がすでに有する功徳からして将来の至福を期待する、という意味での希望について語っている。そのことは愛徳なしには成立しないのである。

第五項　愛徳は信仰や希望なしにありうるか

第五については(307)次のように進められる。――愛徳は信仰や希望なしにもありうる、と思われる。なぜなら

(一)　愛徳は神への愛 amor Dei である。ところが神は信仰、あるいは将来の至福にたいする希望を前提しないでも、自然本性的に naturaliter われわれによって愛されることができる。それゆえ、愛徳は信仰や希望なしにもありうる。

(二)　『エフェソ人への書翰』第三章(第十七節)に「愛に根ざし、愛に基礎をおく」と言われているのに従うと、愛徳はすべての徳の根元である。ところが時として枝はなくて根がある、という場合もある。それゆえ、時として愛徳は信仰、希望、およびその他の諸徳なしにありうる。

(三)　キリストのうちには完全な愛徳があった。しかし、後でのべるように(第三部第七問題第三、四項)、かれは完全な把握者 comprehensor であったから、信仰や希望を有する余地はなかった。それゆえ、愛徳は信仰や希望なしにありうる。

しかし、その反対に、『ヘブライ人への書翰』第十一章(第六節)で「信仰がなければ神に悦ばれることはできない」と言われているが、このことは『箴言《しんげん》』第八(第十七節)で「私を愛する者を私は愛する」と言われているところからあきらかなように、何より第一に愛徳に属することである。さらに、前述のように(第六十二問題第四項)、希望は愛徳へと(われわれを)導くものである。それゆえ、信仰や希望なしに愛徳をもつことは不可能である。

私は答える――。

愛徳はたんに神への愛を意味するのみでなく、また神にたいする何らかの友愛(308) amicitia を意味する。ところが『ニコマコス倫理学』第八巻(1155b28; 1161b11)で言われているように、友愛は愛 amor の上に何らかの相互的な交わりをともなうところの、相互的な愛のお返しという要素を付加する。そして、このことが愛徳に属するものであることは、『ヨハネ第一書翰』第四章(第十六節)で「愛(徳)のうちにとどまる者は、神のうちにとどまり、神もかれのうちにとどまる」と言われており、また『コリント人への第一書翰』第一章(第九節)で「神は誠実であり、かれによってあなたがたは神の御子との交わりに招き入れられた」と言われているのに照らしてあきらかである。ところで、人間と神との間のこうした交わり societas――それは人間が神とかわす何らかの親密な語り合い familiaris conversatio である――は、ここ、現在の生において恩寵 gratia によって開始されるが、将来の生において栄光 gloria をもって完成される。そして、この両者は共に信仰と希望によって把握されるのである。ここからして、もしだれかが或る他の人との間で何らかの交わり、あるいは親密な語り合いをもちうることを信じないか、あるいは絶望したならば、その人と友愛を結ぶことはできないのであるが、そのように次の場合には神との友愛、すなわち愛徳をもつこともできない。すなわち、或る人が信仰――それによって、右にのべたような人間と神との間の交わりや語り合いを信じるところの――をもたず、またこうした交わりに到達することを希望しなかったならば、愛徳をもつことはできないのである。このようなわけで、愛徳は信仰および希望なしにはけっしてありえない。

㈠については、それゆえ、こう言うべきである。愛徳はただ神にたいする何らかの種類の愛であるのではなく、それによって、われわれが信仰と希望とによってそれへと秩序づけられているところの、至福の対象として神が愛されるような、そうした神への愛を言うのである。

(二)についてはこう言うべきである。愛徳が信仰および希望の根元であるのは、それらに徳たるの完全性を与えるかぎりにおいてである。しかるに、前述のように(第六十二問題第四項)、信仰と希望は、それぞれの固有な本質に即して愛徳の前提となるものであり、したがって愛徳はそれらなしにはありえない。

(三)についてはこう言うべきである。キリストにおいて信仰と希望が不在であったのは、それらにふくまれている不完全な要素のゆえにである。だが、キリストは信仰のかわりに明白な直視 aperta visio を、希望のかわりに十全なる把握 plena comprehensio を有していた。こうして、かれらのうちには完全な愛徳があったのである。

第六十六問題（全六項）
諸々の徳の間の等しさについて

つづいて諸々の徳の間の等しさ aequalitas について考察しなければならない。そして、この点をめぐって次の六つのことが問題となる。

第一　徳に（より）大・（より）小がありうるか
第二　同一人物のうちに同時に存在する徳はすべて等しいものであるか
第三　倫理徳と知的徳との比較について
第四　諸々の倫理徳相互間の比較について
第五　諸々の知的徳相互間の比較について
第六　諸々の対神徳相互間の比較について

第一項　徳に(より)大・(より)小がありうるか

第一については次のように進められる[309]。――徳に大・小はありえない、と思われる。

なぜなら

㈠　『黙示録』第二十一章（第十六節）に「エルサレムの都の縦と横の長さは等しい」とあるが、そこで言いあらわされているのは、その箇所で『註釈[310]』がのべているように諸々の徳のことである。それゆえ、すべての徳は等しいものであり、一つの徳が他の徳よりもより大きいことはありえない。

㈡　その本質が最大なることに存するようなすべてのものは、より大・より小であることは不可能である。しかるに、徳の本質は最大なることに存する。というのも、アリストテレスが『天界論』第一巻（281a11）でのべているように、徳（ちから）virtus とは「能力の究極」ultimum potentiae であり、またアウグスティヌスが『自由意思論』第二巻（第十八章、PL32, 1267）で語っているように「諸々の徳は、なんびとも悪《あ》しく用いることのできないような最大の善である」からである。それゆえ、一つの徳は他の徳よりもより大・より小ではありえないように思われる。

㈢　結果の量はそれを生ずる能動因のちから virtus にもとづいてはかられる。ところが、完全な諸徳、つまり注入的徳は神によって生ぜしめられたものであるが、神のちから virtus は一様であり、無限である。それゆえ、一つの徳が他の徳よりもより大きいことは不可能であるように思われる。

しかし、その反対に、増強 augmentum あるいは過剰 superabundantia がありうるようなところでは、常に不等性がありうる。ところが諸々の徳においては過剰と増強が見出される。というのも『マタイ福音書』第五章(第二十節)において「もしあなたがたの義 justitia が、律法学者やファリサイ人の義にまさるものでないなら、あなたがたは天の御国に入らないだろう」と言われており、また『箴言《しんげん》』第十五章(第五節)には「正能の満ちあふれるところには最大のちから virtus がある」と言われているからである。それゆえ、一つの徳は他の徳よりもより大あるいはより小でありうるように思われる。

私は答える――。

一つの徳が他の徳よりもより大でありうるかが問題とされる場合、この問いは二つの仕方で理解することができる。その一つは、種的に異なった諸々の徳について問われる場合であり、この場合には一つの徳が他の徳よりもより大であることはあきらかである。というのも、原因は常にその結果よりも優れている。そして諸々の結果の間では、或る結果は原因により接近しているのに応じて、それだけより優れている。しかるに、前述のように（第十八問題第五項、第六十一問題第二項）、理性が人間的善の原因であり根元であることは明白である。したがって、理性を完成するところの知慮は、他の諸々の倫理徳――それらは欲求能力が理性を分有するかぎりにおいて、欲求能力を完成するものである――よりも善性においてたちまさっている。そしてこの後者の間においても、一つの徳は、それが理性により接近しているのに応じて、それだけ他の徳よりもより善いものである。ここからして、意志のうちに見出されるところの正義は他の諸々の倫理徳にたちまさっている。そして怒情的な欲求能力 irascibilis のうちに見出される剛毅は、『ニコマコス倫理学』第七巻（1149b1）にあきらかなように、それよりも理性を分有することのより少ない欲情的な欲求能力 concupiscibilis のうちに見出される節制にたちまさっている。

もう一つの仕方では、さきの問いは同一の種に属する徳に関するものとして理解できる。そしてこの場合には、さきに習慣の強度 intensio について考察した際にのべたことにもとづいて(第五十二問題第一項)、徳は二つの意味でより大・より小と言われることが可能である。すなわち、その一つはそれ自体に即してであり、もう一つは(当の徳を)分有する主体との関連で見た場合である。ところで、(徳が)それ自体において考察された場合には、それの大なること、あるいは小なることは、それの力が及ぶところのものに即して評価される。しかるに、何らかの(倫理)徳、たとえば節制を有する者は、当の徳を、節制(という徳のちから)が及ぶところのすべてのものに関して、有しているのである。しかし、こうしたことは学知とか技術に関しては起こらない。というのも、文法学者であればだれでも文法に関することをすべて知っている、というわけではないからである。そして、この意味では、シンプリキウスが『カテゴリー論註解[311]』でのべているように、ストア派の人々が次のように語っているのは正しい。すなわち、徳は、その本質が最大なることに存するがゆえに、学知や技術とはちがって、より大・より小という限定を受けいれないのである。

他方、もし徳が(それを)分有する主体との関連で考察されるならば、その場合には、同一の人間における異なった時点に即してであろうと、あるいは異なった人間においてであろうと、徳がより大、あるいはより小である、ということがありうる。なぜなら、或る人間は他の人間よりも、正しい理性 recta ratio にもとづくところの徳の中庸に到達するのに、より善く秩序づけられている bene dispositus からである。そして、このことはより強力な習慣づけ assuetudo、あるいはより良好な自然本性的状態 dispositio naturae、あるいは理性のより明察的な判断 judicium perspicacius、あるいはさらにより大きな恩寵の賜物《たまもの》 majus donum gratiae——これは『エフェソ人への書翰』第四章(第七節)で言われているように「キリストの賜物の尺度に応じて」各人に与えられる——によるものである。

そして、最高度に徳へと秩序づけられているのでなかったら、なんびとも有徳であると見なされるべきではない、とのべたストア派の人々はこの点において間違っていた。というのも、徳の本質にとっては、ストア派が考えたように、あたかも不可分の点に向かうような仕方で正しい理性の中庸に到達することは必要ではなく、むしろ『ニコマコス倫理学』第二巻(1109b18)で言われているように、中庸に近くあることで充分だからである。さらに、或る人は他の人よりもより正確かつ迅速に同一の不可分な目標点に到達するのであって、これは一定の標的をねらう射手たちにおいてもあきらかに見られる通りである。

㈠については、それゆえ、こう言うべきである。ここで言う等しさは、絶対量 quantitas absoluta の意味においてではなく、比例的な等しさとして理解すべきである。なぜなら、後でのべるように(第二項)、人間においてすべての徳は比例を保って proportionaliter 成長するからである。

㈡についてはこう言うべきである。徳について言われる究極 ultimum は、前述の意味で、より善である、あるいはより善ではないという側面をふくみうる――なぜなら、前述のように(本項主文)、不可分なる究極ではないからである。

㈢についてはこう言うべきである。神は自然の必然性によってではなく、自らの知恵による秩序づけのままに働きを為すのであり、この知恵にもとづいて様々の尺度に即して徳が人々に豊かに配分されるのである――『エフェソ人への書翰』第四章(第七節)に「キリストの賜物の尺度に応じてわれわれのひとりひとりに恩寵が与えられた」と言われているように。

第二項　同一人物のうちに同時に存在する徳はすべて等しいものであるか

第二については次のように進められる。[312]――

ひとりの同一人物において見出されるすべての徳が強度を等しくする aequaliter intensae のではない、と思われる。なぜなら

㈠　使徒パウロは『コリント人への第一書翰』第七章（第七節）において「だれでも神から固有の賜物を得ていて、それぞれに在り方は違う」と語っている。しかるに、だれでも神の賜物として注入されたすべての徳を等しく所有していたならば、一つの賜物が他の者よりもむしろ或る者に固有である、といったことはないであろう。それゆえ、或るひとりの同一人物においてすべての徳が等しくあるのではないように思われる。

㈡　もしひとりの同一人物においてすべての徳が等しい強度のものであったならば、或る人が他の人よりも一つの徳においてぬきんでていた場合、他のすべての徳においてもその人をしのぐということになるであろう。しかるに、これはあきらかに事実に反す

る。なぜなら、アブラハムは信仰に関して、[313] モーセは柔和に関して、[314] ヨブは忍耐に関して[315] というふうに、様々の聖者が様々の徳に関して特別に賛美されているからである。ここからして、教会においては各々の証聖者 confessor について、それぞれが或る徳に関して傑出していたところから、「至高なる者の法を遵守《じゅんしゅ》したかの人にならぶような者は見出されなかった[316]」と歌われるのである。それゆえ、ひとりの同一人物においてすべての徳が等しいわけではない。

㈢　習慣がより強度のものであればあるほど、それだけ人はそれにもとづいてより愉快に、そしてより迅速に行動する。ところが、或る人間が、他の徳の行為よりは或る一つの徳の行為のほうを、より愉快かつ迅速に為すということは経験によってあきらかである experimento patet。それゆえ、ひとりの同一人物においてすべての徳が等しいわけではない。

しかし、その反対に、アウグスティヌスは『三位一体論』第六巻（第四章、PL42, 927）において「剛毅において等しいところの人々は、やはり知慮や節制においても等しい」とのべており、それは他の徳についても同様である。しかるに、ひとりの人間におけるすべての徳が等しいのでなかったならば、こうしたことはなかったであろう。それゆえ、ひとりの人間において見出される徳はすべて等しいものである。

私は答える――。

前述のところからあきらかなように(第一項)、諸々の徳の大きさ quantitas は二つの仕方で考察されることができる。その一つは種的本質 ratio speciei に即してであり、この場合には、たとえば愛徳が信仰や希望よりもより大いなるものであるように、或るひとりの人間のもつ一つの徳が他の徳よりも大いなるものであることは疑いをいれない。

もう一つは、主体が(或る徳を)分有することに即して(当の徳の大・小が)考察される場合であり、すなわち当の徳が主体において増強されるか、あるいは弱減されるかにもとづくものである。そして、この観点から言えば、ひとりの人間のうちのすべての徳は、それらが当の人間において等しく成長するかぎりにおいて、比例的均等 aequalitas proportionis とも言うべきものをもって等しい。たとえば、手の指は(絶対的な)量に即して言えば等しくないが、比例に相応して proportionabiliter 大きくなるところから、比例に即して言えば等しいものであるように。

ところで、こうした等しさについては、(諸々の徳の間の)結びつきについてと同じ仕方でその根拠を理解しなければならない。というのも、等しさ aequalitas とは大きさ

quantitas の観点から捉えられた、諸々の徳の間の結びつきのようなものだからである。しかるにさきに（第六十五問題第一項）諸々の徳の間の結びつきの根拠は二つの仕方で理解されうる、と言われた。その一つは、これら四つの徳は諸々の徳における四つの一般的条件であると解する――いかなることがらにおいても、その中の一つは他のものと同時に見出されるような――人々の見解にもとづくものである[317]。そして、この場合には、いかなることがらにかかわる徳も、こうした条件のすべてを等しくそなえていなければ、等しいとは言われえない。アウグスティヌスが『三位一体論』第六巻（第四章、PL42, 927）で次のようにのべる際に言及しているのは右のような等しさの根拠なのである――「もしあなたが、この者たちは剛毅においては等しいが、あの者は知慮において優っていると言うのなら、この者の剛毅は知慮においてより欠けているということになる。ここからして、かの者の剛毅がより知慮深いものであるかぎり、かれらは剛毅においても等しくあるのではないことになろう。そして、もしあなたがすべての徳について同じ考察を試みたならば、他の徳についても同様であることを見出すであろう」。

もう一つの場合、諸々の徳の間の結びつきの根拠は、こうした徳はそれぞれがかかわる特定のことがらをもつと解する人々（の見解）にもとづいて理解される[318]。そしてこの場合、諸々の倫理徳の間の結びつきの根拠は知慮との関連において、そして注入的徳について言えば愛徳との関連において理解されるのであって、前述のように（第六十五問題第一項）、傾向性――それは主体に属する――との関連においてではない。このようなわけで、諸々の徳の等しさの根拠も、すべての倫理徳における形相的なるもの id quod est formale に関して言うかぎり、知慮との関連において理解されることが可能である。というのも、ひとりの同一人物において理性が等しく完全な状態にあるかぎり、正しい理性に即して比例的に、徳がかかわるいかなることがらにおいても、中庸が確立されるにちがいないからである。

しかし、諸々の倫理徳における質料的なるもの id quod est materiale、すなわち徳の行為へと向かう傾向性そのもの ipsa inclinatio に関して言えば、ひとりの人間が、他の徳の行為にたいしてよりは、むしろ或る一つの徳の行為にたいしてより大きな機敏さをもつということがありうる――それは自然本性 natura、あるいは習慣 consuetudo によることもあろうし、あるいはさらに恩寵《おんちょう》の賜物 donum gratiae に由来することもあろう。

(一)については、それゆえ、こう言うべきである。使徒パウロの言葉は無償の恩寵(319) gratia gratis data の賜物に関するものと理解できるのであって、こうした賜物は万人に共通的でもなければ、またひとりの同一人物におけるすべての賜物が等しいわけでもない。あるいはまた、成聖の恩寵 gratia gratum faciens の尺度に言及しているとも言えるのであって、この尺度にもとづいて、ひとりの人間は他の人間よりもすべての徳においていて豊かになるのであるが、それは知慮、あるいはまた、すべての注入徳がそれにおいて相互に結びつくところの愛徳におけるより豊かな満ちあふれによるものである。

(二)についてはこう言うべきである。ひとりの聖者が特別に一つの徳について、そして他の聖者が他の徳について賞賛されるのは、他の徳の行為にたいしてよりも、或る一つの徳の行為にたいしてより卓越した機敏さ promptitudo を示すことによるのである。

右にのべたことにもとづいて、第三異論にたいする解答もあきらかである。

第三項　倫理徳は知的徳よりも優れているか

第三についてはは(320)次のように進められる。――倫理徳は知的徳よりも優れている、と思われる。なぜなら

(一)　より必要なものであり、かつより恒久的であるところのものがより善いものであ

る。しかるに諸々の倫理徳は、『ニコマコス倫理学』第一巻(1100b14)で言われているように、知的徳たる諸々の学問 disciplinae にもまさってより恒久的であり、また人間生活にとってより必要なものでもある。それゆえ、知的徳よりも優先させるべきものである。

(二)『ニコマコス倫理学』第二巻(1106a15)で言われているように、その持主を善い者たらしめることが徳の本質に属する。しかるに、おそらくはただ知慮の場合を別にすれば、人は知的徳にもとづいてではなく、倫理徳にもとづいて善い者であると言われる。それゆえ、倫理徳が知的徳よりもより善いものである。

(三)目的のほうが、目的へのてだてたるものよりもより高貴である。しかるに『ニコマコス倫理学』第六巻(1144a8)で言われているように、「倫理徳が目的の正しい意図をつくりだすものであるのにたいして、知慮は目的へのてだてたるものに関して正しい選択を為さしめる」。それゆえ、倫理徳のほうが、倫理的なことがらにかかわる知的徳たる知慮よりも、より高貴である。

しかし、その反対に、『ニコマコス倫理学』第一巻(1103a1)で言われているように、倫理徳は(霊魂の)理性的部分のうちに分有によって per participationem 見出されるのにたいして、知的徳は本質によって per essentiam 理性的部分のうちに見出される。しかるに、本質によって理性的なるもののほうが、分有によって理性的なるものよりもより高貴である。それゆえ、知的徳が倫理徳よりもより高貴である。

私は答える――。

或るものは二つの仕方でより大、あるいはより小なるものと言われる。その一つは端的な意味において simpliciter、もう一つは限られた意味において secundum quid である。というのも、『トピカ』第三巻(118a10)で言われているように、或ることが端的な意味においてはより善いことであって――たとえば「知を愛することが金をつくることよりも」より善いことであるように――しかも限られた意味では、つまり「必要に迫られている者にとっては」より善いことではない、ということを妨げるものは何もないからである。ところで、いかなるものも、それの種的な固有本質 ratio propria に即して考察されるときに、端的な意味で考察されるのである。しかるに、前述のところからあきらかなように(第五十四問題第二項、第六十問題第一項)、徳はその対象からして種的に規定される。ここからして、端的に言えば、より高貴な対象をもつところの徳がより高貴である。ところで、理性の対象のほうが、欲求能力の対象よりもより高貴なものであることはあきらかである。というのも、理性が或るものを普遍的に in universali 認識するのにたいして、欲求能力は特殊的存在 esse particulare を有するところの事物へと向かうからである。ここからして、端的に言えば、理性を完成するところの知的徳のほうが、欲求能力を完成するところの倫理徳よりもより高貴である。(321)

だがもし徳が働きとの関連において考察されるならば、欲求能力——それが前述のように(第九問題第一項)他の諸々の能力を働きへと動かすのである——を完成するところの倫理徳がより高貴である。そして、徳がその名を得るのは或る働きの根源たること——なぜなら徳は能力・可能性の完成態 perfectio potentiae であるから——に由来するものであるがゆえに、徳の本質 ratio virtutis をより完全にそなえているのは知的徳よりはむしろ倫理徳である、という帰結が生じる。もっとも、端的な意味では知的徳のほうがより高貴な習慣 habitus なのではあるが。

㈠については、それゆえ、こう言うべきである。諸々の倫理徳が知的徳よりもより恒久的であるのは、それらが共同生活にかかわることがらにおいて習練されることによる。しかし、諸々の学問の対象——それらは必然的であり、常に同一の仕方で存在する——のほうが、倫理徳の対象——それらは何らかの特殊的な為すべきことがらである——よりもより恒久的であることはあきらかである。これにたいして、倫理徳が人間生活にとってより必要であるということは、それらが端的な意味でより高貴であることを示すものではなく、ただこの点に関してのみそうであるにとどまる。じっさい、思弁的な知的徳は、それらがまさしく他のものに——有用なもの utile が目的へと秩序づけられているように——秩序づけられてはいない、ということからしてより高貴なのである。というのも、前述のように、それら(思弁的な知的徳)にもとづいてわれわれのうちに何らかの仕方で至福(第三問題第六項)、——それは真理の認識 cognitio veritatis に存する——の発端が見出されるからである。

(二)についてはこう言うべきである。人間が端的な意味で善いと言われるのは知的な徳にもとづいてではなく、倫理徳にもとづいてであるのは、前述のように(第五十六問題第三項)、欲求能力が他の諸能力をその働きへと動かす、ということによるものである。ここからして、右のことによって立証されるのは、倫理徳は限られた意味でより善いものである、ということだけである。

(三)についてはこう言うべきである。知慮が諸々の倫理徳を導くのは、たんに目的へのてだてたるものを選ぶにさいしてのみでなく、目的を指定するにさいしてもそうするのである。ところで各々の倫理徳の目的は、それぞれに固有のことがらにおいて中庸に到達することである。そして、『ニコマコス倫理学』第二巻(1107a1)および第六巻(1144b21)で言われているように、こうした中庸は知慮の正しい理性の働きにもとづいて確定されるのである。

第四項　正義は諸々の倫理徳の中で主要的なものであるか

第四については次のように進められる。㉜正義は諸々の倫理徳の中で主要的 praecipua であるのではない、と思われる。なぜなら

㈠　或る人に自分に固有のものの中から与えるほうが、かれに負うているものを帰するよりはより偉大である。しかるに前者が寛厚 liberalitas に属することであるのにたいして、後者は正義に属することである。それゆえ、寛厚は正義よりもより大いなる徳であるように思われる。

㈡　いかなるものにおいても、そのものにおいて最も完全であるものが、最も大いなるものであるように思われる。ところが『ヤコボの書翰《しょかん》』第一章(第四節)で言われてい

るように、「忍耐 patientia は完全な業《わざ》を為す」。それゆえ、忍耐が正義よりも大いなるものであるように思われる。

㈢『ニコマコス倫理学』第四巻(1123b30)で言われているように、高邁《こうまい》 magnanimitas はすべての徳において大いなる働きを為す。それゆえ、それは正義そのものをも偉大なものたらしめる。それゆえ、高邁は正義よりもより大いなるものである。

しかし、その反対に、アリストテレスは『ニコマコス倫理学』第五巻(1129b27)において、「正義は諸々の徳のうちで最も卓越したものである」と語っている。

私は答える――。

或る徳は、その種に即して見た場合、端的な意味において simpliciter か、あるいは限られた意味において secundum quid、より大・あるいはより小なるものと言われることが可能である。端的な意味でより大なるものと言われるのは、前述のように(第一項)、その徳において理性のより大いなる善が輝き出るかぎりにおいてである。そしてこの意味において正義は、理性により近接的なものとして、すべての倫理徳の間にあって最も卓越している。このことは、基体 subjectum からしても、また対象 objectum からしてもあきらかである。すなわち、基体から言うと、正義は意志を基体として、そのうちに見出されるものであるが、意志は前述のところからあきらかなように(第八問題第一項、第二十六問題第一項)、理性的な欲求能力だからである。他方、対象あるいは(当の徳がかかわる)ことがら materia に即して言うと、正義がかかわるのは、それによって人間がかれ自ら(の内部)においてのみでなく、他の者との関係においても秩序づけられるところの諸行為 operationes である。ここからして、『ニコマコス倫理学』第五巻(1129b27)で言われているように、「正義は諸々の徳のうちで最も卓越したものである」。

他方、この他の、情念にかかわるところの諸々の倫理徳の間では、欲求能力の運動がより大いなることがらに関して理性に服従するのに応じて、それだけそこにおいて理性の善がより大いなる輝きを発するのである。しかるに、人間に属することがらの中で最大のものと言えば、それに他のすべてのものが依存するところの生命である。したがって、死と生とにかかわることがらにおいて欲求運動を理性に服従せしめるところの剛毅が、情念にかかわる諸々の倫理徳の間にあっては第一の位置を占める——しかし、それは正義の下に秩序づけられるのである。ここからしてアリストテレスは『弁論術』第一巻(1366b3)において次のようにのべている。「仮に徳が有益なことを為す能力であるとすれば、他の人々にとって最も尊重されるもの honoratissimae が最大の徳であるのでなければならない。このゆえに、人々は剛毅の人や正義の人を最も(有難い徳をそなえた人として)賞賛する。前者すなわち剛毅は戦時において、後者すなわち正義は戦時においても平時においても有用なものである。」しかるに、節制は剛毅の後に位置づけられるのであって、それは、同一個体においてであろうと同一種においてであろうと、直接に生命に秩序づけられていることがら、すなわち食物や性的なことがらに関して欲求能力を理性に服従させるのである。こうして、これら三つの徳は知慮ともども、その威厳・価値 dignitas においても主要的なるものと言われるのである。

しかるに、或る徳は主要的なる徳に援助ないし飾りを提供するかぎりにおいて、限られた意味でより大いなるものと言われる。それはあたかも、端的な意味では実体が付帯性 accidens よりもより価値が高い dignior ものであるが、限られた意味では或る付帯性が、或る付帯的存在 esse substantiale において実体を完成するかぎりにおいて、実体よりもより価値が高いとされるようなものである。

㈠については、それゆえ、こう言うべきである。寛厚の行為は正義の行為を基礎とするものでなければならない。というのも『政治学』第二巻(1263b13)で言われているように、「自らに固有のものの中から与えるのでなかったら、贈与は寛厚なものではない」

からである。ここからして、「私のものではないもの」から「私のもの」を判別するところの正義なしには寛厚はありえない。しかるに正義は寛厚なしにもありうる。ここからして、正義は寛厚よりもより共通的であり、後者の基礎をなすものとして、端的な意味では正義が寛厚よりもより大いなるものである。しかし、寛厚は正義の飾りであり、また後者を補完するものであるからして、限られた意味では寛厚が正義よりもより大いなるものである。

(二)についてはこう言うべきである。忍耐が諸々の悪を甘受することにおいて完全な業を為すと言われるのは次の理由による[323]——すなわち、たんに不正な復讐に走らず(正義もやはりそれを排除する)、また憎しみをいだかず(これは愛徳でも同じことをする)、さらに怒りをもやさない(これは穏和の徳が為すことである)といったことにとどまらず、右にのべた(悪《あ》しき)ことがらの根元たる節度なき悲しみ[324] tristitia inordinata をも排除する、ということによる。このように、こうしたことがらにおいて(悪を)根こそぎにするがゆえに、忍耐はより完全で、より大いなるものである。しかし、忍耐は端的な意味で他のすべての徳よりもより完全であるのではない。なぜなら、剛毅は取りみだすことなしに苦難に耐えるだけでなく——これが忍耐に属することである——必要な場合にはそれらに攻撃を加えるからである。ここからして、剛毅な者はだれでも忍耐の徳を有するが、その逆は成立しない。すなわち、忍耐は剛毅の何らかの部分なのである。

㈢については こう言うべきである。『ニコマコス倫理学』第四巻(1124a2)で言われているように、高邁の徳は他の諸徳が先在しているのでなければ成立しえない。ここからして、他の諸徳にたいしてはそれらの飾りという関係に立つものである。したがって、限られた意味においては他のすべての徳よりも大いなるものであるが、端的な意味においてそうなのではない。

第五項　知恵は諸々の知的徳の中で最大の徳であるか

第五については[325]次のように進められる。――知恵 sapientia は諸々の知的徳の中で最大の徳ではない、と思われる。なぜなら

㈠　命令する者が命令される者よりもより大いなるものである。しかるに、知慮は知恵にたいして命令を下すように思われる。というのも『ニコマコス倫理学』第一巻(1094a28)において「政治術――これは知慮に属するものである[326]――は諸々のポリスにお

いていかなる学問が発達させられるべきであり、また各人がいかなる学問を、どの程度まで学ぶべきであるかを確定する」とのべているからである。ところで、諸々の学問disciplinaeの中には知恵もふくまれるのであってみれば、知慮は知恵よりもより大いなるものであるように思われる。

(二) 人間を幸福felicitasへと秩序づけることは徳の本質に属する。というのも、徳とは『自然学』第七巻(246b23)で言われているように、「最善なるものへの、完全なものの秩序づけ」であるからである。しかるに、知慮は、それを通じて人間が幸福へと導かれるような為すべきことがらについての正しい理性であるが、これにたいして知恵は、人間がそれでもって至福beatitudoへと導かれるところの、人間的行為を考察することをしない。それゆえ、知慮は知恵よりもより大いなる徳である。

(三) 認識はそれがより完全であればあるほど、より大いなるものであるように思われる。しかるに、アウグスティヌスが『三位一体論』第十二巻(第十四章、PL42, 1009)においてのべているように、われわれは学知scientiaがそれにかかわるところの人間的なことがらについてのほうが、知恵がそれにかかわるところの神的なことがらについてよりも、より完全な知識をもちうる。なぜなら『ヨブ記』第三十六章(第二十六節)で「見よ、神は大いなる御方で、われわれの知識scientiaを超える」と言われているように、神的なことがらは測りがたい incomprehensibilia からである。それゆえ、学知は知恵よりもより大いなる徳である。

(四)　諸原理の認識のほうが諸結論の認識よりもより価値高いものである。しかるに、他の諸々の学知と同じく、知恵は直知 intellectus がかかわるところの論証不可能な諸原理から結論を導き出す。それゆえ、直知は知恵よりもより大いなる徳である。

しかし、その反対に、アリストテレスは『ニコマコス倫理学』第六巻(1141a19)において、「知恵は諸々の知的徳の間にあっていわば頭のようなものである」と語っている。

私は答える――。

前述のように(第三項)、その種 species に即しての徳の偉大さは対象からして考察される。しかるに、すべての知的徳の対象の中で最も卓越しているのは知恵の対象である。というのも『形而上学』第一巻(981b28)で言われているように、知恵は最高の原因 causa altissima――それは神である――を考察するからである。そして、結果についての判断は原因に照らして為され、また下位の諸原因についての判断は上位の原因に照らして下されるのであるから、知恵は他のすべての知的徳について判断を下し、それはすべての知的徳を秩序づけるという職務をもち、またすべての知的徳にたいしていわば棟梁的な architectonica 徳とも言うべきものである。(327)

㈠については、それゆえ、こう言うべきである。知慮は人間的なことがらにかかわり、これにたいして知恵は最高の原因にかかわるのであってみれば、知慮が知恵よりもより大いなる徳であることは不可能である——『ニコマコス倫理学』第六巻(1141a21)で語られているように「人間が宇宙に存在するものの中で最大のものだというのでないかぎり」。(328)ここからして、同じ書物で言われているように、(329)知慮が知恵にたいして命令するのではなく、むしろその逆である。なぜなら『コリント人への第一書翰』第二章(第十五節)において言われているように、「霊的人間はすべてについて判断し(裁き)、みずからはだれからも判断されることはない」からである。というのも、知慮は、知恵によって考察されるところの最高のことがらにかかわりあうことはせず、むしろ知恵へと秩序づけられていることがらについて、すなわち、人々はいかにして知恵に到達すべきであるかということに関して命令するのである。したがって、この点において知慮、あるいは政治学 politica は知恵に奉仕する者である。というのも、門番が王にたいして為すように、知恵のために道をそなえることによって、知恵へと(人々を)導くからである。

㈡についてはこう言うべきである。知慮が、それによって人が幸福へと到達するところのことがらを考察するのにたいして、知恵は幸福の対象そのもの、すなわち最高の可知的なるものを考察する。したがって、もし知恵がその対象に関して行う考察が完全なものであったならば、知恵の働きのうちに完全な幸福が見出されたであろう。しかるに、知恵の働きは現世においては、その主要的な対象、すなわち神に関して不完全であるがゆえに、知恵の働きは将来の幸福の発端 inchoatio あるいは分有 participatio と言うべきもの（にとどまるの）である。そして、このようなわけで知恵は知慮よりも幸福にたいしてより近接的である。

㈢についてはこう言うべきである。アリストテレスが『霊魂論』第一巻（402a2）でのべているように、「一つの認識が他の知識よりもより優れたものであるのは、それがより高貴なことがらにかかわるものであることか、あるいはその確実性 certitudo による」。したがって、もし諸対象 subjecta が善さにおいても高貴さにおいても等しいものであったならば、より確実な徳がより大いなる徳であるだろう。だが、より高次で偉大なことがらにかかわる、より確実ではない徳のほうが、より低次のことがらにかかわる、より確実な徳よりもより優れたものである。ここからして、アリストテレスは『天界論』第二巻（291b27）において、たとえ脆弱《ぜいじゃく》で蓋然的《がいぜんてき》な根拠によるものであっても、天上的なことがらについて何ごとかを認識しうるのは大いなることである」と語っており、また『動物部分論』第一巻(644b31)においては「高貴なことがらについて僅《わず》かのことを知るほうが、取るにたりぬことがらについて多くのことを知るよりもより楽しい」とのべている[330]。それゆえに、神を認識することにかかわる知恵は、人間にとって、とりわけ現世の状態においては、いわばそれを所有すると言えるほどに、完全に到達されることはありえず、そうしたことは『形而上学』第一巻(982b28)で言われているように、「神にのみ属することである」。とはいえ、知恵を通じて神について獲得されうるこの僅かな認識は、他のすべての認識よりも優れたものなのである。

(四)についてはこう言うべきである。論証不可能な諸原理の真理と認識は名辞の意味ratioに依存するものである。というのも、「全体」が何であり、「部分」が何であるかが認識されると、ただちにすべての全体はその部分よりもより大であることが認識されるからである。しかるに「在るもの」と「在らぬもの」、「全体」と「部分」、および在るものにともなうところの他のことがら——そうした名辞から構成されたものとして論証不可能な諸原理は成立するのであるが——の意味ratioを認識することは知恵に属する。なぜなら共通的なる在るもの ens commune は最高の原因の、すなわち神の固有的な結果だからである。それゆえに、知恵が論証不可能な諸原理——直知はそれらにかかわる——を使用するのは、他の諸々の学知もそうするように、それらから結論をひきだすという仕方においてのみでなく、さらにまた、それらについて判断し、それらを否定する者どもに対抗して討論するという仕方においてでもある。ここからして、知恵のほうが直知よりもより大いなる徳である、という帰結が生じるのである。

第六項　愛徳は諸々の対神徳の中で最大の徳であるか

第六については次のように進められる。㉛——愛徳は諸々の対神徳の間にあって最大の徳ではない、と思われる。なぜなら

(一)　前述のように(第六十二問題第三項)、信仰は知性のうちに見出され、これにたいして希望と愛徳は欲求能力のうちに見出されるところから、信仰は希望および愛徳にたいして、知的徳が倫理徳にたいするような関係に立つと考えられる。しかるに、前述のところからあきらかなように(第三項)、知的徳のほうが倫理徳よりもより大いなる徳である。それゆえ、信仰は希望や愛徳よりもより大である。

㈡　何か他のものに付加が為されることによって成立するもののほうが、もとのものよりもより大である。しかるに希望は愛徳にたいして付加が為されることによって成立するものである。というのも、アウグスティヌスが『エンキリディオン』第八章(PL40, 235)においてのべているように、希望は愛 amor を前提とするものであり、(愛のうえに)愛されたものへ向かっていわば手をのばす運動 motus protensionis を付加するものだからである。それゆえ、希望は愛徳よりもより大である。

㈢　原因は結果よりもより大である。しかるに信仰と希望は愛徳の原因である。というのも『マタイ福音書』第一章(第二節)についての『註釈㉜』で言われているように「信仰は希望を生み、希望は愛徳を生む」からである。それゆえ、信仰および希望は愛徳よりもより大である。

しかし、その反対に、使徒パウロは『コリントへの第一書翰』第十三章(第十三節)において「いまあるのは信仰、希望、愛徳、この三つであるが、それらの中で最大のものは愛徳である」と語っている。

私は答える――。

前述のように(第三項)、種 species に即しての徳の偉大さは、対象からして考察される。

しかるに三つの対神徳は(いずれも)神を固有対象としてこれにかかわるものであるので、その中の一つが、より大いなる対象にかかわるとの理由で、他の徳よりもより大であると言われることはできず、むしろ一つが他のものよりも対象により近接しているとの理由でそのように言われうるのである。そして、この意味で愛徳は他の諸徳よりもより大である。なぜなら、他の諸徳は自らの本質 ratio のうちに対象からの何らかの隔たり distantia をふくんでいるからである——すなわち、信仰は見られざるものに、希望は所有されざるものにかかわっている。これにたいして、愛徳における愛 amor caritatis はすでに所有されたものにかかわっている——というのも、愛されたものは何らかの仕方で愛する者のうちにあり、さらに愛する者もその(愛の)情念を通じて愛されたものと一致すべくひきつけられるからである。このゆえに『ヨハネ第一書翰』第四章(第十六節)において、「愛 caritas にとどまる者は神にとどまり、神もかれのうちにとどまる」と言われている。

㈠については、それゆえ、こう言うべきである。信仰は希望および愛徳にたいして、知慮が倫理徳にたいするようには関係づけられていない。このことは次の二つの理由による。第一に、対神徳は人間霊魂を超えるところの対象をもつものであるが、知慮と諸々の倫理徳は人間以下のことがらにかかわっている。しかるに、人間を超えることがらに関しては、愛 dilectio は認識 cognitio よりもより高貴である。(333) というのも、認識は認識されたものが認識する者のうちにあるかぎりにおいて完成されるのであるが、愛は愛する者が愛されたものへひきつけられるかぎりにおいて完成されるからである。ところが、人間を超えるところのものは、人間においてよりも、それ自身においてのほうがより高貴である――なぜなら、或るものが他のもののうちに見出されるときには、いつでも後者の様相に従ってそのうちに見出されるからである。これにたいして、人間以下のことがらに関しては、逆のことが言える。第二に、知慮は諸々の倫理徳に属するところの欲求的運動を抑制するのにたいして、信仰は神へと向かう欲求的運動――それは対神徳に属する――を抑制することはなく、ただ対象を提示するのみである。しかるに、(この場合の)対象へと向かう欲求的運動は『エフェソ人への書翰』第三章(第十九節)――「(人間の)知識をはるかに超えるキリストの愛(徳)」――によると、人間的認識を超え出ているのである。

(二)についてはこう言うべきである。希望が前提としている愛 amor とは、或る人がみずから手に入れたいと希望するものにたいする愛であって、それは欲情的な愛(334) amor concupiscentiae である――何らかの善いものを欲する者は、この愛によって、何か自分以外のものよりも、むしろ自分をより愛するのである。しかるに、愛徳は友愛的な愛 amor amicitiae を意味するのであって、前述のように(第六十二問題第四項)、ひとは希望によってこの愛へとたどりつくのである。

㈢についてはこう言うべきである。完成するところの原因はその結果よりもより強力であるが、準備・状態づけをする原因 causa disponens はそうではない。もし強力であったならば、霊魂へ向かって素材・質料を状態づけるところの火熱のほうが、霊魂よりもより強力であることになろうが、それはあきらかに事実に反する。ところが、信仰が希望を生み、希望が愛徳を生むと言われるのは、前者が後者へと向かって状態づける、という意味においてなのである。

訳　註

稲垣良典

(1)　本巻において展開されている習慣―徳論は、これだけを独立の論文として取りあげて考察することができるほどのまとまりを見せているが、読者のより正確な理解を助けるため、『神学大全』の中で習慣―徳論がどのように位置づけられるかを概観しておこう。『神学大全』全体の構想については「第一に神について(第一部)、第二には理性的被造物の神への運動について(第二部)、第三にはキリスト――すなわち、人間であり給うかぎりにおいて、われわれにとっての、神に赴くための道なる――について論ずる」(第一部第二問題序言)と言われており、聖書にふくまれている神の教え、すなわち聖教 sacra doctrina への入門書たることをめざす『神学大全』の主題は神であり、すべては神との関係において理解される。

ところで第二部は、ふつう倫理学あるいは倫理神学の諸問題についての論述と見なされているが、トマス自身は、第一部で神とその創造の業《わざ》(その中には人間もふくまれる)について論じたのに続いて、第二部では神のかたどり imago である人間について考察しなければならない、と言う。すなわち、ここで描かれているのは、あくまで神によって創造されたものでありながら、神からの贈り物である自由を行使して、いわば自らの決断にもとづいて自己を形成し、そのことによって神へと還帰しなければならないものとしての人間である。その意味で『神学大全』第二部は神学的人間論であると言えよう。習慣―徳論はこの第二部のうち、人間の究極目的、人間的行為と情念、および人間的行為の諸根源・原理について一般的に考察する第二部の第一部にふくまれている。第二部の第二部はいわば各論として、信仰、希望、愛など、神によって恩寵《おんちょう》として与えられ、神を直接の対象とするような徳、および知慮、正義、剛毅、節制などの倫理徳、さらに観照的生活と実践的生活、修道生活などにかかわる問題を考察する。

一見してあきらかなように、『神学大全』第二部における神学的人間論の具体的・特殊的な展開は習慣―徳論の観点から為されている。トマスの目には、習慣の形成はけっして末梢的、周辺的なことがらとは映っていない。人間は習慣を形成することをもってまさしく自己を形成し、自己を神へと導くべき道を形成しているのである。このことを見てとるとき、『神学大全』の全体の中で習慣が占めている位置を正しく評価することが可能となるであろう。

(2)　トマスが habitus の典型的な例として挙げるのは正義や節制などの倫理徳や幾何学、倫理学などの学知であり、広い意味では健康や病気をふくめることもあるが、いずれにせよそれらはわれわれがこんにち習慣と呼ぶもののうちにはふくまれない。それにもかかわらず、本巻で habitus をもっぱら習慣と訳したのは、「習慣」という言葉の慣用の中には習慣を一種のちからとして捉えているものがあって、トマスの habitus と重なる面もあること、さらに habitus を「習慣」と訳すことによって、逆に習慣のうちにふくまれている豊かさにたいして読者の注意をひきつけ、「習慣」を哲学用語として復活させたい、との意図をもってである。この点に関して次の拙稿を参照されたい。「習慣の概念について」『哲学論文集』第十三輯、昭和五十二年。

（3）Cf. In III Sent., 23, 1, 1; De Verit., 20, 2; In Met., V, lect. 20.

（4）ここの議論は習慣を意味するギリシア語 ἕξις が範疇の一つである所持・所有を指す言葉と同一であることから生じたもので、ラテン語 habitus にも同様な多義性が見出される。

（5）アリストテレスは『カテゴリー論』で質の範疇のうちに熱、冷え、健康、病気など、比較的変りやすい διάθεσις(dispositio)と、徳や学知のようにより恒久的な ἕξις(habitus)とを区別したが、前者は配置、配列をも意味しうるのであり、『形而上学』第五巻における定義はこの意味での διάθεσις についてのものである。

（6）「ポストプラエディカメンタ」は、アリストテレスが『カテゴリー論』において、諸々の範疇について考察した「後で《ポスト》」第十―十五章において論じている、すべての類もしくはいくつかの類にまたがる観念を名づけたものである。cf. J. Gredt, Elementa Philosophiae Aristotelico Thomisticae, Herder, I, p. 164–167.

（7）Simplicius, Commentaire sur les Catégories d'Aristote. Traduction de Guillaume de Moerbeke, ed. A. Pattin, E. J. Brill, Leiden, 1975, Tome II, p. 329.

シンプリキウスは六世紀の新プラトン派哲学者。アレクサンドリア、アテナイのアカデメイアで学んだが、五二九年、アカデメイアの閉鎖にともない、ペルシアに帰ったとされる。

（8）Cf. De Virt. in Com., 1.

（9）Simplicius, op. cit., p. 312–313.

(10) 《quem mensura praefigit》 原文では mensura omni rei modum praefigit (「規準はすべてのものにたいしてその様相・限度を定める」)とある。その意味についてトマスは『神学大全』第一部第五問題第五項で「形相にとってあらかじめ必要とされるのは、(それを生ぜしめる)諸々の根源 principia、すなわち質料的根源ないしは作動的根源が当の形相へと(適当に)確定され、適合 commensuratio せしめられていることであり、様相・限度 modus とはこのことを言いあらわすものである」とのべている。

(11) これはふつうに本質 essentia と呼ばれるものである。トマスはここで本質も(範疇の一つとしての)質(性質)も、ともに様相 modus として捉えることができるとの立場をとって、本質としての様相と質(範疇)としての様相とを区別し、そのことによって質 qualitas の概念を明確にしようと試みているのである。

(12) 「或る意味での種差」と訳したのは、質は(本質とは違って)或る実体を、それとは別の種に属する実体から区別する差別性ではないが、たとえば熱い状態を冷たい状態から、或る徳を或る悪徳から区別する差別性 differentia であるとされているからである。

(13) 「最善なるもの」optimum とは、トマスの註解によると目的・終極であり、働き operatio を指す。すなわち、習慣は「最善なるもの」としての働きへと向けて形成されるのである。

(14) 「完全なるもの」perfectum とは、トマスの註解によると、すでに目的・終極に到達したものを意味するのではなく、本性に即して secundum naturam 秩序づけられ、或る状態に達しているものを指す。

（15）　Simplicius, op. cit., p. 319.

（16）　「下位の類」というのは、上位の類ないし範疇としての質の第一の種を、下位の類と見なし、それの下に属する二つの種として状態 dispositio と習慣 habitus を位置づけているからである。

（17）　トマスは或る実体を他の実体から種的ないし本質的に区別する本質的な差異は、ほとんどの場合、人間理性にとっては不可知であることを強調する。De Ente et Ess., 5; S. T., I, 29, 1; 77, 1, ad 7.

（18）　この言葉は原文にはなく、トマスのパラフレーズである。cf. In De Anima, V, 8, 703.

（19）　Averroes, Commentarium Magnum In Aristotelis De Anima Libros, Medieval Academy of America, Cambridge, 1953, III, 18. アヴェロエス（イブン・ルシュド）（一一二六―一一九八）はスペイン、コルドバ生まれ、イスラムの代表的な思想家。中世スコラ学者はかれを端的に「註釈家」と呼んだ。

（20）　習慣はふつう外にあらわれた動作、働きとの関係においてだけ問題にされるが、トマスがそれを「第一かつ自体的に」事物の本性への関連性をふくむものとして捉えていることは注目にあたいする。本項、第二異論解答に注意。

（21）　この引用は原文に忠実なものではない。

（22）　Cf. In Sent., III, 23, 1, 1; 3, 2; De Verit., 20, 2; De Virt. in Com., 1.

（23）　Cf. In Sent., III, 23, 1, 1.

（24）　Averroes, op. cit., III, 18.

(25)　アリストテレスは『自然学』第五巻第二章(226a29 以下)において、諸々の範疇のうち実体、関係、能動、受動には運動・変化 motus はなく、それが見出されるのは質、量、場所の範疇に関してである、とのべている。そして質に即しての運動・変化は変質 alteratio と呼ばれ、量に即しての変化には増加 augmentum と減少 decrementum があり、場所的変化 motus localis に関してはそれを総称する適当な名称はないとしている。なお実体に関しては生成 generatio と消滅 corruptio が語られる。

(26)　受動的質 qualitas passiva。第四十九問題第二項参照。

(27)　Simplicius op. cit., p. 319.

(28)　アレクサンドロス(アフロディシアスの)は二〇〇年頃アテナイで教えており、アリストテレスの教説の解説家として有名である。

(29)　ut habitus. この箇所の原文を引用しておくと ἦν ἂν τις ἴσως ἕξιν ἤδη προσαγορεύοι.「もしそうであれば、もうそれをおそらく習慣と呼ぶことができよう。」

(30)　Simplicius, op. cit., p. 320-321.

(31)　ポルピュリオスの説が紹介されている箇所は Simplicius, op. cit., p. 321. ポルピュリオス(二三四頃—三〇五以前)はプロティノス(二〇五—二七〇)に師事し、プロティノス思想の解説、プラトン、アリストテレスの研究などで知られる。その著作のうち、とくに『プロティノス伝』および、後にボエティウス(四八〇頃—五二四)のラテン語訳によって中世における哲学の基本的文献の一つとなった『イサゴーゲー』(入門)が有名である。

(32) Cf. In Sent., II, 26, 1, 3, ad 4; ad 5. ただしこの箇所で主題的に考察されているのは恩寵 gratia の基体の問題である。

(33) アリストテレスが『カテゴリー論』(9a13-26)で質の第二の種の例として挙げているのは、拳闘とか競走などを容易に為すことのできる自然《ピュシス》的な能力《デュナミス》である。

(34) ここで natura humana をことさらに「人間的な」自然本性と訳したのは、後で言及される神的本性に参与するかぎりでの人間本性と区別するためである。独訳では「純粋に(人間的な)」rein という言葉を補っており、「恩寵によって高揚された自然本性と区別して」という註がつけられている。

(35) この箇所では「形相」「質料」について語られている。

(36) Cf. In Sent., III, 14, 1, sol. 2; 23, 1, 1; De Virt. in Com., 1.

(37) 栄養(摂取)的能力は、生殖能力 potentia generativa、成長能力 potentia augmentativa と共に、自育・植物的魂 anima vegetativa(あるいは霊魂の自育・植物的部分)に属する能力とされている。cf. Sum. Theol., I, 78, 2.

(38) ふつう「本能」と訳される instinctus の概念はトマスにおいて重要な役割を果たしている。cf. M. Seckler, Instinkt und Glaubenswille nach Thomas von Aquin Matthias-Grünewald, Mainz, 1960.

(39) トマスはこの箇所についての註解(16, 843)で、禁欲 continentia、すなわち、そこにおいては理性的な思慮が情念を制している場合を例にとって、高次の欲求能力が低次の欲求能力を支配することがある、と説明している。

(40) 習慣の基体となりうるのはすでに現実態においてあるものではなく、多様なものへと、多様な仕方で秩序づけられる可能性をふくむものであり、その意味で受動性をそなえたものである、この点から言えば、能動的なものである感覚的認識能力よりも、受動的である感覚的欲求能力のうちに習慣が見出される。

(41) 原文では「この故にわれわれが速やかに想起するのは、われわれがしばしば思考するところのものをである」(副島民雄訳)となっている。

(42) Cf. In Sent., III, 14, 1, sol. 2; ad 2; 3, sol. 3; 23, 1, 1; 4, sol. 1; De Verit., 20, 2; De Virt. in Com., 1.

(43) トマスの人間理解(心身論)によると、霊魂は身体の形相 forma として、身体と合一しており、したがって霊魂は身体の現実態である。しかし人間の場合、身体の形相たる霊魂は、身体という質料 materia のうちに埋没しているのではなく、むしろそれを超越しており、「自らのちからによって物体的質料を超えるその極点において、およそ如何なる仕方においても物体的質料の参与することのない或る働きやちからを所有するにいたっている。そして、こうしたちからこそが知性と呼ばれるものにほかならない」(Sum. Theol., I, 76, 1)。

(44) トマスは習慣を一貫して、可能態と現実態との中間に位置づけ、或る意味で可能態にあると同時に現実態にある、としている。これはかれの言う習慣の形而上学的構造を理解するにさいして重要な点であり、また、かれの可能態—現実態の理論を解釈する際にも重要な意味をもつ。

(45) トマスは註解(19, 483)で、人間はその触覚の優越性のゆえにすべての動物のうちで最も知慮あるものであり、また人間の中にあっても、われわれは他の感覚ではなく、触覚を基準に人々の知能の優劣を判定するのである、とのべている。柔らかい肉体を有する者は触覚が鋭く、したがって精神の働きにおいても優れている、と言うのである。

(46) アヴェロエスがその代表者である。Averroes, op. cit., III, 5. cf. Sum. Theol., I, 76, 2; Tractatus De Unitate Intellectus Contra Averroistas.

(47) Simplicius, op. cit., p. 319–320.

(48) 知性的認識は抽象 abstractio によって成立するというのがトマスの説であるが、その抽象が行われるためには感覚的な認識能力がよく秩序づけられ、よく働きを為すことが必要とされるのである。cf. Sum. Theol., I, 79, 4, ad 3.

(49) Cf. In Sent., II, 27, 1, 1, ad 2; III, 23, 1, 1; De Verit., 20, 2; De Virt. in Con., 1.

(50) 可知的形象は、認識される事物を、認識能力たる知性のうちで表示・再現 repraesentatio するところの、(事物の)類似 similitudo である。これを近世哲学の認識論で語られる観念、表象、概念などとそのまま同一視しないよう注意する必要がある。

(51) トマスによると人間知性は、当初は「何も書かれていない書字板」のように、諸々の可知的なものにたいして可能態においてあり、次第に現実態において認識するものへと移行するところから、受動的な能力であり、その意味で可能的知性と呼ばれる(S. T., I, 79, 2)。しかし、認識の成立はこうした受動的な能力だけでは説明できず、感覚を通じて受けとられた、事物の類似たる表象 phantasma を、現実に可知的なものたらしめる(すなわち、抽象する)能動的な能力が知性のうちになければならないとされ、この能動的な能力が能動知性と呼ばれる(S. T., I, 79, 3)。

(52) トマスは意志のような理性的欲求能力も、物体が落下し、火が上方へ向かう場合のような(認識をふくまない)自然的な運動もふくめて、すべて欲求の働きは一種の傾向性 inclinatio であると解している。したがってトマスの言う傾向性は、カントにおけるように、意志ないし実践理性と対立的な意味に解された傾向性ではない。

(53) Cf. In Sent., III, 14, 1, sol. 2, ad 1; De Virt. Card., 2, ad 16.

(54) 『天上位階論』の他、『神名論』『神秘神学』『教会位階論』および若干の書翰《しょかん》の著者として知られたディオニシウスは、中世においては、使徒パウロの教えによって改宗したアレオパゴスの議員ディオニシオス(『使徒行録』17・34)であると信じられていたが、現在では五世紀の終り頃、シリアで活動した修道士・神学者であろうと推定されている。

(55) コンスタンティノポリスの聖マクシムス・コンフェッソール(五八〇—六六二)。ナジアンズのグレゴリオスや偽ディオニシウスの影響を受けつつ、独創的なキリスト教神学を建設した。

(56) In De Caelesti Hierarchia (PG4, 65)

(57) Ibid.

(58) Simplicius, op. cit., p. 331.

(59) この引用はモルベカのギレルムスによるラテン語訳そのままではない。二つの文の間の一節が省略されているのは別としても、原文では「なぜなら、すべてはそこにおいて神的であり、かつそれ自らで充足的であり、自らそれ自身を超え・それ自身において在るものだからである」となっている。

(60)「習慣」habitusという名辞が同語同義的にではなく、類比的に使用されることが指摘されている。

(61) Simplicius, op. cit., p. 331.

(62) 人間知性が当初は「何も書かれていない書字板」にたとえられるゆえんである。cf. S. T., I, 79, 2; De Verit., 10, 8.

(63)『原因論』Liber de Causisは、十三世紀においてはアリストテレスの著作と信じられていた。トマスも当初はそのように考えていたが、一二六八年、モルベカのギレルムスによるプロクロスの『神学綱要』のラテン語訳が完成するにおよんで、『原因論』がこの新プラトン哲学者の著作の要約であることを見てとった。第八および第十三命題およびそれぞれについてのトマスの註解を参照。cf. Liber de Causis et Sancti Thomae de Aquino Super Librum de Causis Expositio. V・M・プリオット・大鹿一正訳、聖トマス学院、昭和四十二年。

(64)『天上位階論』第七章(PG3, 205B)。

(65) 天使の自然本性に固有的な現実態・完全性としての存在である。

(66) 本質を構成する諸部分は自然的・実在的naturaliterには形相と質料であり、論理的にはlogice類と種差であるが(cf. S. T., III, 90, 2)、天使は純粋形相であって、質料をふくまない。

(67) 可能態に即しての部分、ないし可能的部分pars potentialisとは、或る主要的なものとの関係において、その主要的なものに属する可能態ないし能力を全体的に所有してはいないものどものことである。たとえば霊魂にたいして、その自育的部分や感覚的部分などが霊魂の部分であるとされるのはこの意味においてであり、また知慮 prudentia にたいして思慮深さ eubulia、賢察 synesis、明察 gnome などが可能的部分とされるのも同様である。この他に、壁、屋根、土台などが家の部分であると言われる場合のような構成的部分 pars integralis、および牛や獅子が動物の部分であると言われる場合のような主語的部分 pars subjectiva などが区別される。cf. S. T., II-II, 48, art. uni.

(68) Cf. S. T., I-II, 63, 1.

(69) Averroes, op. cit, III, 18.

(70) トマスによると、天使と呼ばれる上位の知的実体は、人間的知性において見られるように、それによって事物の認識が行われるところの可知的形象を事物から得てくるのではなく、自らに生具的 connaturales なものとして、当初からすべての可知的形象をそなえているのである。cf. S. T., I, 55, 2.

(71) トマスはこの箇所についての註解(第二十講)において、第一原理の認識がどのように感覚、記憶、経験の段階を経て成立するかを詳細に考察している。

(72) トマスが認識能力に関しては自然本性的な習慣を認めつつ、欲求能力に関しては自然本性的な習慣を認めていないことには重要な意味がある。それは人間の自由と、欲求能力における「自然本性的な」習慣とが相容れないことの洞察にもとづく。すなわち、欲求能力がそれぞれ固有の対象——感覚的な善、あるいは善そのもの——への傾向性を有するのは自由以前の問題であるが、具体的な個々の対象に関しては、それらの欲求ないし選択はあくまで自由に為されるのでなければならない。そこに習慣による規定が介在するとしても、そうした習慣は選択行為の結果として形成されたものでなければならず、「自然本性的」ではありえない。もし「自然本性的」であれば、選択が自然本性的に規定されることになり、自由な選択ではなくなるであろう。

(73)　Cf. S. T., I-II, 63, 2; II-II, 182, 4, ad 2; De Malo, 2, 11, ad 4; 4, 2, ad 4-5; De Virt. in Com., 9.

(74)　この議論は、トマスの有名な神の存在論証(五つの道 S. T., I, 2, 3)のうち、運動ないし変化から出発する論証において重要な役割を果たしている。

(75)　習慣が働きをより優れたものたらしめるというのは、たとえば正義の徳(すなわち習慣)を身につけている者が為すところの正義にかなった行為が、正義の徳を有しない者がたまたま為すところの正義の行為よりも優れている——前者は当の人間の内的根源から出てくる行為であるかぎりにおいて——という意味においてである。

(76)　習慣が働き(通常はその反復)を通じて形成されることは、経験によって確かめられることであるが、トマスは習慣の形成を、何らかの受動的な根源ないしは能力が、たんに働きかけを被るだけではなく、働きかけを被ることを通じてそうした能力のうちに一種の質あるいは形相が生じることとして、説明している。習慣を質のカテゴリーに属するものと考えることの根拠は、働きを通じて獲得された習慣が、こんどは働きの根源となることは確かであり、そして働きの根源たるものは何らかの意味での形相(質は事物の形相にもとづいて理解される)である、ということに存する。

(77) Cf. In Sent., I, 17, 2, 3, ad 4; III, 18, 1, ad 5; De Virt. in Com., 9, ad 11.

(78) トマスは内的感覚 sensus interior について共通感覚 sensus communis、想像ないし表象能力 vis imaginativa、記憶能力 vis memorativa、評価能力 vis aestimativa の四つを区別した。このうち、評価能力は、たとえば羊が狼を見ると逃走するように、動物が自らにとって有害あるいは好都合なものを評価、識別する能力であるが、人間においてはこうした評価の働きが一種の比量 collatio でもって為されるところから、当の能力は思考能力とも、また特殊的理性とも呼ばれる。cf. S. T., I, 78, 4.

(79) Cf. S. T., I-II, 63, 3.

(80) ヴルガタ聖書では「満たすであろう」adimplebit となっている。

(81) Cf. S. T., I-II, 66, 1; In Sent., I, 17, 2, 1; In Eth., II, 3; De Virt. in Com., 11; De Virt. Card., 3.

(82) ここでトマスは白さ、健康、学知などの形相が、プラトン派の哲学者たちが主張しているように、質料ないし基体から離れて存在するという説を否定している。

(83) Simplicius, op. cit., p. 391–392.

(84) プロティノスは新プラトン派と呼ばれる哲学派の創始者。その著作は『エネアデス』六巻にまとめられている。ここで言及されている箇所は、VI, 3. 20 に見出される。

(85) 前三世紀のはじめ、キプロス生まれのゼノンによって創始され、約五世紀にわたって存続した哲学派。初期のクリュシッポス、中期のパナイティオス、ポセイドニオスなどの名前がよく知られているが、ローマ帝政期に属する後期のセネカ、エピクテトス、マルクス・アウレリウスについては、その著作が伝えられたこともあって、とくに有名であり、また影響力が大きい。

(86) Simplicius, op. cit., p. 293.

(87) Cf. S. T., I-II, 66, 1; II-II, 24, 5; In Sent., I, 17, 2, 2; De Virt. in Com., 11; De Virt. Card., 3.

(88) ここで言う「付加による増強」は、たとえば生物の細胞が増加する場合のように、新しく量的な部分が付加されるという仕方での増強を意味する。

(89) 「単純なる質」とは熱、冷のようなものを意味する。

(90) Cf. S. T., II-II, 24, 6; In Sent., I, 17, 2, 3, ad 4.

(91) トマスはここで、働き・行為が習慣の増強・弱減にたいして有する関係について経験的な説明を与えている。心理学の分野におけるこの問題の考察に関しては、次を参照。K. Dunlap, Habits. Their Making and Unmaking Liverlight, N. Y., 1972.

(92) Cf. S. T., I, 89, 5; I-II, 67, 2, ad 2; In Sent., II, 24, 2, 3, ad 5; 39, 3, 1; De Verit., 16, 3; In Eth., II, 2; 3.

(93) 自体的な運動とは、或るものが場所的、量的、あるいは質的に変化することを指す。これにたいして、それ自身はこうした変化をしないものであっても、他のものが変化することによって自らも変化する場合には、付帯的な運動と呼ばれる。

(94) ここで「理性」ratio は、「知性」intellectus から区別された意味で用いられている。「理性」と「知性」は別の能力ではないが、知性が推論を通じてではなく、端的に真理を捉えるかぎりでの認識能力を指すのにたいして、理性は推論を用いて真理に到達するものとしての認識能力を指す。cf. S. T., I, 79, 8.

(95) 理性の可知的な運動・変化とは、本項主文で言われているような、真あるいは虚偽の推論を行う働きを指すものであり、これによって学知の習慣がたんに一時的にではなく、永続的・根元的に消滅させられることが可能だとされている。これにたいして、身体的運動・変化——たとえば酩酊《めいてい》が学知の習慣にたいして与える影響は、たんに一時的・表面的なものにすぎない。

(96) たとえば、ソクラテスやプラトンについて、いずれかがより多く・あるいはより少なく人間(=種)である、と言明することは意味がなく、人間であるか、人間でないか、でなければならない。この異論は、もし習慣それ自体について強化・弱化を認めたならば、右のような不合理な帰結が生じる、というふうに論を進めている。

(97) 合体とは、切り離し abstractio, separatio にたいして、或る付帯有ないし形相が、それの基体に内存することを意味する。付帯有はこうした(基体への)内存においてはじめて付帯有として成立するのである。

(98) Cf. S. T., II-II, 24, 10; In Sent., I, 17, 2, 5.

(99) 「受動的」なる質が「働き」を為す、とは矛盾をふくむような言葉であるが、アリストテレスが『カテゴリー論』(9b1-9)で説明しているように、甘さ、温かさなどが受動的なる質と呼ばれるのは、それらを受け入れているものが自ら何らかの受動をしていることによってではなく、むしろこうした質が感覚に関して受動を作り出すことのできるものであることによる。

(100) Cf. In Sent., III, 33, 1, 1, 1; De Verit., 15, 2, ad 11; De Virt. in Com., 12, ad 4.

(101) 一つの知性が、幾何学、論理学、倫理学など、数多くの学知 scientiae という習慣の担い手であることが可能である。

(102) Cf. S. T., I-II, 60, 1; 63, 4; In Sent., III, 9, 2, 2; 24, 1, 1; 27, 2, 4, 2; 33, 1, 1, 1.

(103) 知慮という徳ないし習慣がかかわる対象が agibile, agibilia と呼ばれ、技術(知)という習慣がかかわる対象が factibile, factibilia と呼ばれるように、学知 scientia という習慣がかかわる対象が scibile と呼ばれるのである。

(104) 習慣は受動的な能力が、働きかけ(その反復)を受けることを通じて、或る特定の仕方で働きを為すように秩序づけられることを通じて形成されるのであるが、厳密に言えば、こうした働きかけがたんに受動 passio という仕方で受けとられるだけではなく、受動的な能力のうちに何らかの永続的な形相がつくりだされる、という仕方で受けとられるときに習慣が形成されるのである。cf. In Sent., III, 14, 1, 1; 23, 1, 1.

(105) ここでの説明においてもあきらかなように、トマスは「対象」objectum を、それ自体において考察された事物についてではなく、そうした事物にかかわる何らかの能力(認識的にせよ欲求的にせよ)との関連において捉えられた事物を指すのに用いている。

(106) Cf. In Sent., III, 33, 1, 1, 1.

(107) 「善は有と置きかえられる」bonum convertitur cum ente とは、或るものはそれが有たるかぎりにおいて善である、との意味である。そのことをトマスは、或るものはそれが完全性に達しているかぎりで善いと言われるが、ものが完全であるのはそれが現実態 actus においてあるかぎりにおいてであり、しかるに、すべての現実性の中で最高の現実性たるものが存在 esse にほかならないところから、すべてのものは存在を有するかぎりにおいて、つまり有 ens たるかぎりにおいて善である、と説明している。cf. S. T., I, 5, 1.

(108) ここでは concupiscentia を簡単に「欲望」と訳したが、トマスは感覚的レベルでの欲求能力について、感覚にとって好ましい対象へと端的ないし自然に傾くところの欲情的能力 concupiscibilis と、何らかの困難という要素をふくむ怒情的能力 irascibilis とを区別しており、concupiscentia は、厳密には、欲情的能力に属する諸々の情念 passio のうちの一つである欲望 desiderium と同一視される。cf. S. T., I-II, 23, 1; 25, 4.

(109) ここで「不節制」「無感動」と訳したのは、節制 temperantia と呼ばれる徳に反対・対立する悪徳を名づけたものである。cf. S. T., II-II, 142, 1; 2.

(110) Cf. S. T., I, 1, 3.

(111) キケロ（前一〇六—前四三）はローマ共和制末期の偉大な政治家、弁論家、思想家。ここでの引用は『弁論術』De Inventione, II, liv, 162–165.

(112) Cf. In Sent., II, 27, 1, 1; III, 23, 1, 3, 1; 23, 1, 3, 3; De Virt. in Com., 1; In Eth., II, 5.

(113) これはアウグスティヌスの原文そのままの引用ではない。ここでアウグスティヌスは神への愛 amor Dei の在り方として四つの枢要徳を定義している。

(114) これもアウグスティヌスの原文そのままの引用ではない。原文では「徳と呼ばれるところの、人間の完全な理性は、まず、神を知解するために自己そのものを使用する――まさしく自己を創造してくださった神を享受せんがために」とある。

(115) Cf. In Sent., III, 23, 1, 3, 1; 23, 1, 3, 3.

(116) 霊魂のみではなく、霊魂と身体との合成体を担い手とするような諸能力のことであり、営養、身体運動、感覚的な認識や欲求などの働きを営む諸能力がその例である。

(117) 働き・作用の様相は存在の様相に従う eo modo aliquid operatur, quo est (S. T., I, 75, 2) similiter unumquodque habet esse et operationem (S. T., I, 75, 3) というのがトマスの基本的な考え方である。

(118) たとえば、神においては、知性認識する働き intelligere は、そのまま神の本質 essentia であり、存在 esse であり、その意味で神の実体 substantia である、とされる。S. T., I, 14, 4.

(119) Cf. In Sent., III, 23, 1, 3, 1; 23, 1, 3, 3; 26, 2, 1; In Eth., II, 6.

(120) Cf. S. T., I-II, 68, 1, ad 3; In Sent., II, 27, 1, 2; De Virt. in Com., 2.

(121) Petrus Lombardus, Sententiae In IV Libris Distinctae, Ed. Collegii S. Bonaventurae ad Claras Aquas, Grottaferrata, 1971, dist. 27, cap. 1, Tom. I, p. II, p. 480. この定義はアウグスティヌスの著作から集成されたものであり、アウグスティヌスの定義と見なされてきたものであるが、おそらくポワティエのペトルスに由来するものと推定される。

(122) 『ニコマコス倫理学』第二巻(1106a15)。

(123) これはアウグスティヌスの原文そのままの引用ではない。原文では「われわれが非理性的動物と共通に有するのではないような何ものかが現われはじめるところにおいて、そこにおいて内的人間がすでに認識されうるところの、理性が始まるのである」となっている。

(124) アウグスティヌスの第二一一書翰(PL33, 960)にもとづき、ふつう「アウグスティヌスの会則」と呼ばれる。

(125) 『説教』第百六十九、第十一章(PL38, 923)および『ヨハネ福音書講解』第七十二(PL35, 1823)。

(126) 「(人は)徳によって正しく生きる」「なんぴとも徳を悪用することはない」などの言葉がこの箇所で見出される。

(127) 「注入的なる」徳についてはI-II, 63, 3を参照。

(128) この点に関しては、De Verit., 1. 1を参照。

(129) この点に関しては、De Verit., 21, 4を参照。

(130) 「精神」mensという言葉の用法に関しては、De Verit., 10, 1を参照。

(131) 神が第一原因あるいは第一動者として、意志をも、また働きの根源としての自然本性をも動かすということは、意志や自然本性を空洞化することではなく、トマスによると、神がすべての働きを為すものの最深の内奥において働きを為していることが、それらのものを(第二次)原因として確立しているのである。cf. S. T., I, 105, 5.

(132) 原文をそのまま訳すと「徳は、霊魂の能力のうちに、基体のうちにあるものとして見出されるか」となる。

(133) Cf. In Sent., III, 33, 2, 4, 1; De Virt. in Com. 3.

(134) 『対異教徒大全』第二巻第五十七章でも「生きるという働きは生あるものの何らかの存在である」Vivere (autem) est quoddam esse viventis (1336)、「生きる働きは生あるものの存在である」Vivere (enim) est esse viventis と言われている。さらに定期討論集『霊的被造物について』第十一項第十四異論解答においては「《認識する》という言葉は、或る場合には、働きの意味に解される。そして、その場合には、それの根源は能力ないし習慣である。だが、或る場合には知的本性の存在そのもの ipsum esse の意味に解される。そして、この場合には認識することの根源は知的霊魂の本質そのもの ipsa essentia である」と言われている。

(135) Cf. S. T., I-II, 60, 5; In Sent., IV, 14, 1, 3, 1; De Verit., 14, 4, ad 7.

(136) ここで知慮の徳が「正しい理性」recta ratio と呼ばれているが、「理性」が能力 potentia としての理性を指すものではないことは言うまでもない。むしろ、知慮は理性(厳密には実践的知性 intellectus practicus)をして、行為的なことがらに関して、正しい働きを為さしめる習慣であるとの意味で「正しい理性」と呼ばれるのである。この場合の理性の働きには、思案をめぐらす consiliari、判断する judicare、命令する praecipere の三つが数えられるが、知慮の主要な働きは第三の「命令する」働きであるとされている。cf. S. T., II-II, 47, 8.

(137) Cf. S. T., I-II, 66, 3; 3, ad 2; In Sent., III, 23, 1, 4, 1; De Virt. in Com., 7.

(138) これはアウグスティヌスの原文そのままの引用ではない。

(139) 「精神」が「知性」と同じ意味で用いられることについては、De Verit., 10, 1 を参照。

(140)『ニコマコス倫理学』第二巻(1106a15)。

(141) トマスによると、実践的知性と思弁的知性は別個の能力ではなく、思弁的知性はそれが捉えるところのものを、ただ真理の考察へと秩序づけるのみで、行動 opus へと秩序づけることはないのにたいして、実践的知性はその捉えるところのものを行動にまで秩序づける、という点において区別される。S. T., I, 79, 11.

(142) これは対神徳 virtus theologica の一つとしての信仰である。その詳しい考察はS. T., II-II, 1-16 において為されている。

(143)「信じる」行為、ないし信仰の徳における意志の役割が強調されていることに注意。cf. S. T., II-II, 2, 1, ad 3; 2, 9; 4, 1; 2.

(144) ここからして知的徳としての知慮は、倫理徳に依存するものであることが理解される。cf. I-II, 58, 5.

(145) 引照された箇所でトマスが主張しているのは、諸々の情念 passiones のうち第一のものは愛 amor である、ということであるが、愛を広い意味に解した場合には意志の第一の働きを「愛」と名づけることも可能である。

(146) 本問題、第五項第一異論解答、In Sent., III, 33, 2, 4, 2; De Verit., 24, 4, ad 9; De Virt. in Com., 4; 10, ad 5 を参照。

(147) 言いかえると、この場合は支配される側にも何らかの能動性が見出されるのである。

(148) ここで intentio は、意志の働きを意味するものと解されている。cf. S. T., I-II, 12, 1. しかし、広い意味では intentio は認識および欲求の全領域を指すのに用いられる。トマスにおける intentio 概念についての優れた研究として次を参照。A. Hayen, L'intentionnel selon Saint Thomas, Desclée de Brouwer, Paris, 1954.

(149) Cf. I–II, 50, 3, ad 3; In Sent., III, 33, 2, 4, 2, ad 6; De Virt. in Com., 4, ad 6.

(150) 「内的に」interius という副詞形が用いられている。S. T., I, 78, 4 において内的な感覚的認識能力が説明された際には sensus interiores という形容詞形が用いられていた。文字通りに訳せば「内的に把捉するところの感覚的能力」となろう。

(151) 「習慣 consuetudo は第二の天性(自然本性)」という言葉はこれに由来する。

(152) たしかに表象像に関するかぎり、知性の働きは感覚によって生ぜしめられるが、だからといって感覚的認識が全体的かつ完全な意味で知的認識の原因であるとは言えず、むしろ或る意味で原因の素材 materia causae であるというのがトマスの立場である。cf. S. T., I, 84, 6.

(153) Cf. S. T., II–II, 48, art. uni.

(154) Cf. In Sent., III, 23, 1, 4, 1; 27, 2, 3, ad 5; De Verit, 24, 4, ad 9; De Virt. in Com., 5; De Carit., 2.

(155) 「意志性」(随意性、自発性) voluntarium とは、単純に言えば「意志から出てくること」quod est a voluntate を意味するが(S. T., I–II, 6. 3)、より厳密には、「行為の根源が、目的についての何らかの認識をともないつつ、(行為者の)内部にあること」(Ibid., 6, 2)を意味する。cf. Ibid., 6, 1.

(156) たとえば神的善や隣人の善にかかわる徳は、意志を基体としてそのうちに見出される。

(157) Cf. In Sent., III, 23, 1, 4, 1; De Virt. in Com., 7.

(158) すなわち、学知は徳にたいして、種が類にたいするような仕方で下属 subalternare しているのではない、という議論である。

(159) 適当な訳語がないところから「功徳」と訳したが、厳密には meritum とは「それのゆえに、その行為を為す者にたいして何らかのものが与えられることが正しいとされるような行為」(In Sent., IV, 15, 1, 3, 4)を意味する。

(160) 『道徳論』第十巻(第三十七章、PL75, 764)。グレゴリウス(五四〇頃—六〇四)は教皇グレゴリウス一世であり、大グレゴリウスと称せられる。『道徳論』は旧約聖書『ヨブ記』の解説の形をとっているが、教義、倫理・修徳、および神秘思想の集大成であり、創造から救済にいたるキリスト教教義の全体をふくみ、後世長く神学のハンドブックとしての役割を果たした。

(161) Cf. In Sent., I, Prol., 1, 3, 3; S. C. G., III, 44; S. T., I, 14, 1, ad 2; I-II, 58, 4; 68, 7, II-II, 4, 8; 47, 5; In Met., I, 1; In Eth., VI, 3; 5; In Ana Pos., I, 44; De Virt. in Com., 12; 13.

(162) Cf. In Eth., VI, 3; De Virt. in Com., 7.

(163) ars はトマスにおいては、本項主文において説明されているように、もっぱら何かをつくりだすことと関係づけられており、美の創造ないし表現をめざす芸術 Beaux-Arts, Fine Arts という意味はない。

(164) Cf. S. T., II-II, 47, 4, ad 2; 47, 5; In Eth., VI, 4; De Virt. in Com., 12.

(165)『ニコマコス倫理学』第六巻(1140b26)の τὸ δοξαστικόν の訳。

(166) Cf. S. T., II-II, 51, 3, ad 3; De Virt. in Com., 6.

(167) 制作者が善く働きを為すのは制作者の完全性に属することであり、制作されたものが善く働きを為すのは制作されたものの完全性に属する。そして、前述のように、技術の善とは制作されたものの完全性に存するのである。

(168) トマスはここで本来的な意味で「働きを為す・行為する」agere と言えるのは、自らの行為にたいして支配力を有するような主体、すなわち自由な行為者のみであって、道具は本来的な意味で「働きを為す・行為する」とは言えない、と主張している。

(169) すなわち実践的真理。トマスが、実践的真理は事物にたいする知性の合致ではなく、むしろ正しい欲求への合致であるとしているのは、かれの倫理思想の基本的性格を示すものであり、注目にあたいする。

(170) Cf. S. T., II-II, 48; 51; In Sent., III, 33, 3, 1, 1; 33, 3, 1, 4; In Eth., VI, 8; 9; De Virt. in Com., 12, ad 26.

(171) Macrobius, Commentarius ex Cicerone in Somnum Scipionis からの引用。アンブロシウス・テオドシウス・マクロビウスは四世紀のギリシア系の文法学者であり、おそらく異教徒であったと思われる。

(172) 中世、とくにトマスにおける「権威」auctoritas の意味については次を参照。M.-D. Chenu, Introduction a l'étude de Saint Thomas d'Aquin, J. Vrin, Paris, 1974, p. 106–125. とくに注意しな

ければならないのは、中世スコラ学者の「権威」にたいする態度は、一見想像されるように権威主義的ないし盲従的ではけっしてなく、きわめて弾力性に富んでいることである。権威への訴えはしばしば議論を展開するためのきっかけであり、また、たんに修辞的効果のために為されることもある。トマス自身、人間理性にもとづく権威からする議論は「最も虚弱」であると認めていた。cf. S. T., I, 1, 8, ad 2.

(173) 全体―部分については、S. T., I, 76, 8; 77, 1, ad 1 を参照。

(174) Cf. In Sent., III, 23, 1, 4, 2; In Eth., I, 20; II, 1; De Virt. in Com., 10, ad 18.

(175) この訳語は高田三郎訳による。トマスの引用におけるラテン語は mores である。

(176) ヴルガタ聖書では solitarios「孤独な者ども」となっている。七十人訳聖書では μονοτρόπους となっており、やはり「孤独な者ども」と訳されるが、μόνος-τρόπος と分ければ unus-mos（一つの習性）という訳にもなりうるわけである。

(177) トマスのギリシア語の知識については、若干の専門用語を除いては、ギリシア語には通じていなかったというのが定説である。cf. J. A. Weisheipl, Friar Thomas d'Aquino, Doubleday, N. Y., 1974, p. 163. なお、この点に関する資料として R. A. Gauthier がレオ版『ニコマコス倫理学講解』Sententia Libri Ethicorum, Roma, 1969 につけた序言 p. 264–265 を参照。

(178) Cf. In Sent., III, 23, 1, 4, 2; In Eth., I, 20; De Virt. in Com., 12.

(179) 原文では「善く、そして正しく生きるための技術そのもの」ipsa ars bene recteque vivendi となっている。

(180) Andronicus, Liber De Affectibus からの引用。ロドスのアンドロニコスは前一世紀の人で、アリストテレスの学校リュケイオンの最後の学頭であり、アリストテレス著作の編集者として有名である。

(181) Cf. S. T., II-II, 47, 7.

(182) Cf. In Eth., II, 1.

(183) 本問題第五項を参照。

(184) S. T., II-II, 137, 1; 155, 1 であきらかにされているように、自制および堅忍はそれぞれ徳ではあるが、節制 temperantia および剛毅 fortitudo という主要的で完全な徳に従属するところの第二次的な徳なのである。

(185) Cf. S. T., I-II, 65, 1; In Eth., VI, 10; 11; De Virt. Card., 2; Quodl., XII, 15, 1.

(186) 『ニコマコス倫理学』第六巻(1144b19)。

(187) ここで「プラトン派の人々」Platonici と言われているのはトマスの推量であり、アリストテレスはそれをかれの同時代人の見解として紹介しているにとどまる。

(188) Cf. S. T., I-II, 65, 1; In Eth., VI, 10; De Virt. Card., 2; Quodl., XII, 15, 1.

(189) これはトマスが「親和性(自然本性的な適合)」connaturalitas による認識について語っている重要な箇所の一つである。拙稿「親和性(connaturalitas)による認識」『トマス・アクィナス哲学の研究』創文社、昭和四十五年、第五章を参照。

(190) Cf. In Sent., III, 23, 1, 3, 2; In Eth., II, 5.

(191) Cf. In Eth., II, 3.

(192) Sallustius, In Conjuratione Catilinae, 51 からの引用。サルスティウス（前八六―前三四頃）はキケロと同時代のローマの著名な歴史家。

(193) Aulus Gellius, Noctes Atticae, XIX, 1 からの引用。『神国論』第九巻（第四章、PL41, 259）。ゲリウス（一二三頃―一七〇頃）は文法学者。

(194) 情念の倫理性の問題に関しては、S. T., I-II, 24, 1-4 を参照。

(195) 『ニコマコス倫理学』第二巻（1104b24）。

(196) Cf. In Eth., II, 3.

(197) この問題に関しては、S. T., I-II, 37, 3 を参照。

(198) Cf. In Eth., V, 8.

(199) 正義（という徳）の基体は感覚的な欲求能力ではなく、意志であることに関しては、S. T., II-II, 58, 4 を参照。

(200) Cf. S. T., I-II, 60, 2.

(201) 情念が行為の倫理性にたいして有する関係については、S. T., I-II, 24, 3 を参照。この箇所でトマスは、人はたんにその意志に即して善へと動かされるよりも、感覚的欲求能力に即しても善へと動かされるほうが、道徳的に言ってより完全である、と論じている。

(202) Cf. In Sent., III, 33, 1, 1, 1.

(203) ここでトマスが行っている同義的な作動原因 agens univocum と同義的ならざる作動原因

agens non univocum——類比的 analogicum と呼ばれることもある——との区別は、かれの形而上学および神学思想を理解する上できわめて重要である。なぜなら、神が第一「原因」であると語られる際の「原因」は、同義的な作動原因としてではなく、類比的なそれとして理解しなければならないからである。cf. S. T., I, 4, 3; 13, 5.

(204) Cf. In Eth., II, 8; V, 1.

(205) トマスにおける法的正義 justitia legalis は、その名称から想像されがちなように、法を厳格かつ斉一的に適用することを通じて実現されるべき正義を意味するのではなく、共通善 bonum commune を対象とする正義である。cf. S. T., II-II, 58, 5; 6. 拙著『法的正義の理論』成文堂、昭和四十七年、を参照。

(206) 敬神 religio の徳についてはS. T., II-II, 81 を、とくにそれが正義という主要的な徳と結びつきつつも、一つの特殊的な徳であることについては、同問題第四項を参照。

(207) 孝養と訳した pietas の徳は、両親および祖国 patria にたいして負うているものを帰することにかかわる徳であり、正義に属する特殊な徳である。cf. S. T., II-II, 101, 3.

(208) この点に関しては、S. T., II-II, 58, 8 を参照。

(209) トマスは「正」jus を「正義」justitia の対象として規定している。S. T., II-II, 57, 1.

(210) 正義の徳は、或る意味ですべての徳とその範囲をひとしくするような一般的な徳であるという見方は、プラトン、アリストテレスから受けついだものである。

(211) 節制の徳の詳細な考察については、S. T., II-II, 141–169 を参照。

(212) 剛毅については、S. T., II-II, 123-140を参照。
(213) 高邁の徳は、剛毅という主要的な徳に属するとされており、とくに大いなる名誉 honor magnus にかかわる。cf. S. T., II-II, 129.
(214) 穏和は節制を主要的な徳とするところの特殊的な徳である。cf. S. T., II-II, 157.
(215) Cf. In Eth., II, 8; 9.
(216) eutrapelia は eu-trepo、つまり「よく回転する」ひと、頭や動作の回転が早いひとにそなわった徳を意味する。アリストテレスは『ニコマコス倫理学』第二巻(1108a24)および第四巻(1128a10)においてこの徳にふれている。トマスがこの徳について論じている箇所は S. T., II-II, 168, 2である。
(217) 貞潔は本来的な意味では節制の徳に属する部分的な徳であるが、時として一般的な徳と解されることもある。cf. S. T., II-II, 151, 2.
(218) 禁欲は節制の徳に属する部分的な徳である。cf. S. T., II-II, 151, 3.
(219) 欲情的 concupiscibilis および怒情的な欲求能力 irascibilis である。
(220) 寛厚は正義の徳と何らかの似通ったところがある徳として、主要的な徳たる正義と結びつけられている。S. T., II-II, 117, 5.
(221) 豪気は剛毅を主要的な徳として、それとの結びつきにおいて考察される。S. T., II-II, 134, 4.
(222) 『ニコマコス倫理学』第二巻(1107b32)。功名心は控え目な名誉 honor mediocris にたいする抑制された愛を意味する。S. T., II-II, 129, 2.

(223) Cf. S. T., II-II, 129, 1-8.

(224) 『ニコマコス倫理学』第二巻(1108a28)。トマスによると、友愛は主要的な徳たる正義に属する特殊な徳である。S. T., II-II, 114, 1-2.

(225) 『ニコマコス倫理学』第二巻(1108a20)。真実は、正義を主要的な徳とするところの、第二次的な徳である。S. T., II-II, 109, 3.

(226) 『ニコマコス倫理学』第二巻(1108a24)および第四巻(1128a10)。

(227) 『ニコマコス倫理学』第二巻(1107a33 以下)においてこれらの一覧表がのべられている。

(228) S. T., II-II, 157, 1-4.

(229) S. T., II-II, 123-140.

(230) Cf. S. T., I-II, 66, 4; In Sent., III, 33, 2, 1, 2; De Virt. in Com., 12, ad 24; De Virt. Card., 1.

(231) 「枢要的」cardinalis は cardo(「ちょうつがい」)から派生した言葉であり、倫理徳を、扉の運動を支え、確定するちょうつがいになぞらえて、「枢要的」と呼ぶことになったものである。なお一つの説明によると、扉は人がそれを通って家の内部へと導かれるものであるところから、「枢要的」と呼ばれる徳は、その先に何らかのものを予想する種類の徳に限られるのであり、ここからして対神徳や知的徳は重要ではあっても、「枢要的」とは呼ばれない。cf. In Sent., III, 33, 2, 1, 2.

(232) アンブロシウス(三三三頃—三九七)はミラノの司教。アウグスティヌスは『告白』第五巻(第十三章以下)でアンブロシウスとの出会いについて語っている。引用は Super Lucam, V,

PL15, 1653.

(233) トマスは枢要的をもっぱら主要的の意味に解し、問題を人間的徳のみに限定した上で、主要的な徳、すなわち徳の完全な意味に即して語られる徳は倫理徳であると論じている。

(234) Cf. S. T., I-II, 66, 4; In Sent., III, 33, 2, 1, 3; In Eth., II, 8; De Virt. in Com., 12, ad 25; De Virt. Card., 1.

(235) Cf. In Sent., III, 33, 2, 1, 4; In Eth., II, 8; De Virt. in Com., 12, ad 26; De Virt. Card., 7.

(236) すなわち、人間的徳 virtus humana のことである。

(237) ここでトマスは四個のいわゆる枢要徳が「枢要的」ないし「主要的」と呼ばれる際の意味を厳密に規定している。

(238) ここで「教師たち」とはキリスト教信仰を教える者たちを意味する。たとえばバシリウス、ヨハネス・クリソストモス、ダマスコのヨハネ、アンブロシウス、アウグスティヌス、ヒエロニムス、グレゴリウス、などの教父 patres ecclesiae がそれにあたる。時としてたんに「聖者たち」sancti と呼ばれ、次第に「神学者たち」theologi という言葉で置きかえられる。

(239) 哲学者 Philosophus と単数で語られるときはアリストテレスを指すが、哲学者たち Philosophi と複数のときはキリスト教信者ではない異教の思想家たちを指す。

(240) ここでトマスは徳が枢要的—主要的と言われる際の、もう一つの意味をあきらかにしている。

(241) Cf. In Sent., III, 33, 1, 1, 3; In Eth., II, 8; De Virt. in Com., 12, ad 23; De Virt. Card., 1, ad 1.

(242) たとえばフィリップス・カンケラリウス(一二三六没)がこの見解をとっていたとされる。

(243) アリストテレス『ニコマコス倫理学』第二巻(1107a33)。アルベルトゥス・マグヌスもこの見解をとったと言われる。

(244) Cf. In Sent., III, 33, 1, 4, ad 2; 34, 1, 1, ob. 6; De Verit., 26, 8, ad 2.

(245) トマスはアリストテレス、およびキケロの考え方に従って、人間は自然本性的に社会的存在であるのみでなく、また国家社会的存在でもある、としている。これにたいしてアウグスティヌスは人間が自然本性的に社会的存在であることは肯定したが、かれにおいて国家は人間の人間による支配、あるいは人間にたいする人間の隷属の制度と見なされ、罪の結果であると考えられたところから、人間が自然本性的に国家社会的存在であることは否定された。cf. R. A. Markus, Saeculum: History and Society in the Theology of St. Augustine, Cambridge, 1970.

(246) すなわち、これまで徳はもっぱら人間的な徳として考察されてきた。これにたいして次の第六十二問題で考察される対神徳においては、徳はもはや人間的な徳としてではなく、人間に固有的な自然本性を超えるものとして考察されている。その意味で本項はもっぱら『ニコマコス倫理学』の枠の中で考察されてきたこれまでの徳論から、神学的な徳論への橋渡しの役割をおびている。

(247) トマスはこのような情念についての捉え方をストア派に帰している。cf. S. T., I-II, 24, 2.

(248) Cf. In Sent., III, 23, 1, 4, 3; De Virt. in Com., 10; 12.

(249) Cf. S. T., I-II, 96, 3; 100, 2.

(250) Cf. In Sent., III, 23, 1, 4, 3, ad 4; De Verit., 14, 3, ad 9; De Virt. in Com., 12.

(251) 神がわれわれの理性による認識を超え出る nostrae rationis cognitionem excedit ということは、神はいかなる仕方においても認識されることができない nullo modo cognosci potest ことを意味するのではない。cf. S. T., I, 12, 1, ad 3. なお、この問題に関して『神学大全』第一部第十二および第十三問題を参照。

(252) 「把握する」comprehendere とは、ものが可認識的 cognoscibile であるまさしくそのかぎりを尽くして認識することを意味する。cf. S. T., I, 12, 7.

(253) Cf. S. T., II-II, 17, 6; In Sent., III, 23, 1, 5; 26, 2, 3, 1; In Cor., 13, 2, 4; De Virt. in Com., 10; 12.

(254) 信仰は明白な直視 manifesta visio によって完成されていないかぎりにおいて、疑い、推測、臆見などと共通の側面をもつとされる。cf. S. T., II-II, 2, 1.

(255) 怒情的な欲求能力 irascibilis に属する情念の一つに希望 spes がある。cf. S. T., I-II, 23, 2.

(256) 「信ずべきこと」credibile は「論証可能なこと」demonstrabile と「知りうること」scibile との対立において語られる。ただし、それ自体として「知りうること」であっても、論証を理解できない者にとっては「信ずべきこと」であることが可能である。cf. S. T., I, 2, 2, ad 1. なお「信ずべきこと」と信仰箇条との関係については、S. T., II-II, 1, 6を参照。

(257) 欲求能力のうちには自然本性的習慣が見出されないことについては、次を参照。S. T., I-II, 51, 1. 拙稿「トマス・アクィナスにおける習慣と自由」哲学年報第三十八輯、昭和五十四年。

(258) Cf. S. T., II-II, 4, 7; 7, 7; 7, 8, In Sent., III, 23, 2, 5; 26, 2, 3, 2; De Spe., 3.

(259) 愛徳が信仰の形相であることについては、S. T., II-II, 4, 3を参照。希望が愛徳によって完成されることに関しては、S. T., II-II, 17, 8を参照。

(260) Cf. S. T., I, 79, 12; 117, 1; I-II, 10, 1; 51, 1; 62, 3, ad 1; In Sent., I, 17, 1, 3; II, 34, 2, 1; III, 23, 3, 2, ad 1; 33, 1, 2, 1; De Verit., 8, 15; 11, 1; 16, 1; S. C. G., II, 83; In Ana. Pos., II, 11; In Eth., II, 1; De Virt. in Com., 8.

(261) ダマスコのヨハネス(六五〇頃—七五〇頃)はギリシア教父のひとり、司祭。引用は『正統信仰論』De Fide Orthodoxa 第三巻(第十四章、PG94, 1045)。なお、トマスはこの書物から『神学大全』において五十回以上引用している。

(262) アントニウス(二五一頃—三五六頃)はエジプトのコマで富裕なキリスト教の家庭に生まれたが、二十歳の頃、教会で聞いた『マタイ福音書』第十九章(第二十一節)の言葉そのままに、財産を放棄して隠遁《いんとん》生活に入り、後に多くの弟子たちを集めて修道院制度の創始者となった。その生涯はアタナシウス『聖アントニウス伝』によって知られる。引用はアタナシウス『聖アタナシウス伝』(PG26, 873)より。

(263) 『註釈』Glossaとは、後に『正規註釈』Glossa Ordinariaと呼ばれるようになった、十二・十三世紀における標準的な聖書註釈である。その著者(複数)はあきらかではないが、編著において中心的な役割を果たしたのはランのアンセルムス(一〇五〇—一一一七)とその弟子たちである。すなわち、ラテン語聖書は古くから何らかの註釈つきのものが流布していたが、十二世紀半ば以降になると、通常、同一の(細部において相違は見られても)序言および註釈を付したものが流布するようになった。この「註釈」はパリから始まってラテン・キリスト教世界全域に広まり、このため十二・十三世紀においてはたんに「註釈」Glossaと呼ばれる標準的著作となったのである。「ラテン教父全集」一一三―一一四巻(七五二まで)において『正規註釈』がヴァラフリドゥス・ストラブス(八〇九頃―八四九)の著とされているのは、歴史的には根拠がない。中世における聖書研究に関しては、Beryl Smalley, The Study of the Bible in the Middle Ages, University of Notre Dame Press, 1970 (1st ed. 1952)を参照。とくに『註釈』に関しては四六―六六頁を参照。

(264) ピオ版では「(諸々の)徳」virtutesとなっているが、レオ版に従う。なおピオ版では次に来る「貞潔」と「正義」の順序が逆になっている。

(265) これは諸々の形相が事物の質料のうちにあらかじめ端的に――たんに可能態においてではなく――先在する、とする説であり、トマスはこの説をアナクサゴラスに帰している。cf. De Pot., 3, 8. そのよりどころとしているのは『自然学』第一巻(187a12-b7)におけるアリストテレスの叙述である。cf. S. T., I, 45, 8.

(266) こうした形相の賦与者dator formarumを説いた者として、トマスはプラトン、アヴィセンナの名前を挙げている。cf. De Pot., 3, 8.

(267) これはアリストテレスの説である。cf. De Verit., 11, 1.

(268) ここで言う能動知性は、トマスの場合のように霊魂の能力としてではなく、個々の霊魂から離在的なものと解されている。

(269) Cf. S. T., I-II, 51, 2; In Sent., III, 33, 1, 2, 2; In Eth., II, 1; De Virt. in Com., 9.

(270) Glossa Lombardi(PL191, 1520). このテキストは Prosperus Aquitanus(PL51, 441)に由来するものである。

(271) 『神学大全』第一部第五問題第五項における説明を参照。

(272) Cf. S. T., I-II, 55, 4, ob. 1. 註(121)を参照。

(273) レオ版では複数形 virtutibus、ピオ版では単数形 virtute になっている。

(274) Cf. S. T., I-II, 71, 4; 73, 1, ad 2.

(275) Cf. S. T., I-II, 51, 4; In Sent., III, 33, 1, 2, 3; De Virt. in Com., 10.

(276) この言葉は『ガラテヤ人への書翰』第一章(第十五節)についてのヒエロニムスの註釈から取られている。PL26, 351.

(277) Cf. S. T., I-II, 100, 12; In Sent., III, 33, 1, 2, 4; De Virt. in Com., 10, ad 7; 8; 9; De Virt. Card., 4.

(278) Cf. S. T., II-II, 17, 5, ad 2; In Sent., III, 33, 1, 3, 1; In Eth., II, 6; 7; De Virt. in Com., 13; De Spe., 1, ad 7.

(279) 高邁については第四巻 1123a34; 1123b13 以下。豪気については 1122a21–23; 1123a16–18.

(280) 状況とは人間的行為の付帯性 accidens にあたるものであって(S. T., I-II, 7, 1)、「誰が」「何を」「何をめぐって」「何を用いて」「何のために」「どのように」「いつ」などがそうした状況として枚挙される(『ニコマコス倫理学』第三巻(1111a3)および S. T., I-II, 7, 3)。

(281) Cf. S. T., II-II, 58, 10; In Sent., III, 33, 1, 3. 2; In Eth., II, 6; De Virt. in Com., 13.

(282) 「正義(の徳)の中庸は外的な人にたいする外的事物の対比の何らかの均等さ quaedam proportionis aequalitas に存する」とされる。S. T., II-II, 58, 10.

(283) Cf. In Sent., III, 33, 1, 3, 3; De Virt. in Com., 13; De Spe., 1, ad 7.

(284) さきに(S. T., I-II, 57, 5, ad 3)実践的知性の真について語られたことを参照。

(285) Cf. De Verit., 1, 2.

(286) Cf. S. T., II-II, 17, 5, ad 2; In Sent., III, 33, 1, 3, 4; De Virt. in Com., 13; De Carit., 2, ad 10; ad 13; De Spe., 1, ad 7; In Rom., 12, 1.

(287) ボエティウス(四八〇頃—五二四)は有名な『哲学の慰め』の他、いくつかの神学小論文を著わしてカトリック正統信仰の擁護につとめた。トマスが引用している著作は「ラテン教父全集」では『キリストにおけるペルソナと二つの本性について』De Persona et Duabus Naturis in Christo, PL64, 1352となっているが、Loeb Classical Library 版では『エウティケスとネストリウスを駁す』Contra Eutychen et Nestorium という表題である。引用は Loeb 版の一二〇頁より。

(288) ネストリウス(三八一頃—四八一以降)はコンスタンティノポリス総主教。ネストリウス派は四三一年のエフェソス公会議において異端と定められた。

(289) エウティケス(三七八—四五一以後)はコンスタンティノポリス付近の修道院長。cf. S. T., III, 2, 6.

(290) 第三異論解答で言われているように、信仰や希望は或る意味で中庸と見なされることが可能である。

(291)　Cf. In Sent., III, 36, 1; IV, 33, 3, 2, ad 6; In Eth., VI, 11; De Virt. Card., 2; Quodl., XII, 15, 1.

(292)　これは徳に属する行為を為さしめる傾向性であるが、この場合の行為は「徳からして」為されるのではない。

(293)　Cf. S. T., I-II, 58, 5.

(294)　Cf. S. T., II-II, 23, 7; In Sent., III, 27, 2, 4, 3, ad 2; 36, 2; De Virt. Card., 2.

(295)　プロスペルス・アクィタヌス(四〇三頃—四四〇)はアウグスティヌスと文通のあった聖者。引用は Liber Sententiarum Prosperi, 7 (PL51, 428).

(296)　この本文は「ラテン教父全集」ではロンバルドゥスの Glossa Ordinaria, PL191, 1520 にふくまれているが、実はプロスペルス・アクィタヌスの Liber Sententiarum, 106 (PL51, 441) からの引用である。

(297)　さきに(S. T., I-II, 56, 3)、たんに善い行為を為す技能 facultas のみを生ぜしめる徳と、たんにそのような技能を生ぜしめるだけでなく、当の技能を正しく行使せしめる徳とが区別され、後者が徳の完全な本質をそなえているとされた(cf. S. T., I-II, 61, 1)。ここでその議論がさらに展開され、徳の完全な本質をそなえているのは注入的徳だけであると主張されている。

(298)　『ニコマコス倫理学』第二巻(1106a15)。cf. S. T., I-II, 55, 3, sed contra.

(299)　Cf. In Sent., III, 36, 2; De Virt. Card., 2.

(300)　ベーダ・ヴェネラビリス(六七三頃—七三五)は『英国民教会史』五巻の著者として有名であるが、トマスはしばしばベーダの聖書註釈に言及する。ここでの引用は In Lucam, V (PL92,

541)から為されている。

(301) Epistola CLXVII(PL33, 738).

(302) 大罪 peccatum mortale と小罪 peccatum veniale との相違については、S. T., I-II, 72, 5 を参照。

(303) Cf. S. T., II-II, 23, 7, ad 1; In Sent., III, 23, 3, 1, 2; 26, 2, 3, 2; In I Cor., 13, 1.

(304) 『行間註釈』(PL162, 1230)。

(305) 「神を信じる」という行為は credere Deo の他、credere Deum, credere in Deum という言葉で言いあらわされる。それらは別々の行為ではなく、「神を信じる」という一つの行為がそれら三つの側面から構成されているのである。cf. S. T., II-II, 2, 2.

(306) 信仰における承認 assensio が確固不動のものとなるのは意志によって確定されることによるものである。cf. S. T., II-II, 2, 1.

(307) Cf. In I Cor., 13, 4.

(308) 本項でも強調されているように、トマスは愛徳 caritas を何よりも友愛 amicitia として理解している。友愛は好意 benevolentia をもってする愛 amor であり、さらに相互的な愛 mutua amatio をふくむ愛である。かかる相互的好意は何らかのものを共有すること communicatio にもとづくのであるが、愛徳は、まさしく神が人間をして自らの至福を共有せしめることにもとづいて成立する。cf. S. T., II-II, 23, 1.

(309) Cf. In Sent., III, 36, 4; De Malo, 2, 9, ad 8; De Virt. Card., 3.

(310)『正規註釈』(PL114, 747)。
(311) シンプリキウス、前掲書、三二五、三九二頁。
(312) Cf. In Sent., II, 42, 2, 5, ad 6; III, 36, 4; De Malo, 2, 9, ad 8; De Virt. Card., 3.
(313)『ローマ人への書翰』第四章(第一節以下)。
(314)『民数記』第十二章(第三節)。
(315)『ヨブ記』第二章(第三節)。
(316)『集会書』第四十四章(第二十節)。この言葉はドミニコ会のミサ典礼書の中の「ミサ《スタトゥイト》」において用いられている。
(317) Cf. S. T., I-II, 61, 4.
(318) Cf. S. T., I-II, 65, 1; 2.
(319) 無償の恩寵とは、それによってひとりの人間が、他の人間に——後者が神へと導かれるようにと——協力するところの恩寵であり、それが「無償の」gratis と呼ばれるのは自然本性の能力とか当人の功徳を超えて授けられるものだからである。これにたいして成聖の恩寵は、それによってひとりの人間自身が神に結びつけられるところの恩寵である。cf. S. T., I-II, 111, 1.
(320) Cf. S. T., II-II, 23, 6, ad 1; In Sent., IV, 33, 3, 3; De Virt. in Com., 12.
(321) これと同様な知性優位の議論に関しては、S. T., I, 82, 3を参照。
(322) Cf. S. T., II-II, 58, 12; 123, 12; 141, 8; In Sent., IV, 33, 3, 3; De Virt. Card., 3.
(323) 忍耐については、S. T., II-II, 136を参照。

(324) 節度なき悲しみが諸悪の根元であるという考え方は奇妙に響くかもしれないが、トマスは諸々の情念の間にあって悲しみは理性の善を阻害するものと受けとっており、『コリント人への第二書翰』第七章(第十節)「世の悲しみは死をもたらす」を引用している。cf. S. T., II-II, 136, 1.

(325) Cf. S. T., I-II, 57, 2, ad 2; In Eth., VI, 6.

(326) 『ニコマコス倫理学』第六巻(1141b21)。

(327) ここで知恵について語られたことは、知恵と呼ばれるにふさわしい学である形而上学についても妥当する。cf. In Met., prooemium.

(328) トマスは、人間が(神との対比においてはもとより)宇宙に存在するものの中でも最大、最高のものではない、ということを自明的と見なしている。

(329) 『ニコマコス倫理学』第六巻(1145a6)。

(330) Cf. S. C. G., I, 5.

(331) Cf. S. T., II-II, 23, 6.

(332) 『行間註釈』(PL162, 1230)。

(333) この議論は前に言及した、端的な意味での(意志にたいする)知性の優位を論ずる箇所においても見出される。そこにおいても、神への愛はその認識よりもより善きものであることが主張されている。cf. S. T., I, 82, 3.

(334) 欲情的な愛と友愛的な愛の区別および関係については、S. T., I-II, 26, 4 を参照。

解　説

山本芳久

『神学大全』の文庫化という快挙

多くの人が名前を聞いたことがあるにもかかわらず、ほとんど誰も読んだことのない書物というものがある。トマス・アクィナスの『神学大全』は、そのような書物の代表格と言っても過言ではないだろう。『神学大全』は、一九六〇年から二〇一二年まで、文字通り半世紀の時間をかけて日本語に訳されており、創文社から全四十五冊に及ぶ邦訳が刊行されている。創文社が二〇二〇年に解散してからも、講談社が版権を引き継ぎ、オンデマンド方式での販売が行われている。

だが、古今東西の古典を文庫で読むことのできる我が国において、『神学大全』については、これまで文庫ではまったく刊行されてこなかった。プラトンやアリストテレスなどの古代ギリシア哲学やカントやヘーゲルなどの近現代哲学についての実に豊富なラインナップを備えている岩波文庫においても、『神学大全』は一度も刊行されたことがなかった。

いや、それだけではない。トマスだけではなく、西洋中世の哲学については、数えるほどしか岩波文庫に入っていない。他社の文庫においてもほぼ同様である。こうした事実は、「中世哲学」という分野が、我が国においていかに閑却されてきたかをありありと示していると言っていいだろう。

だが、このように閑却された分野のうちにこそ、新鮮な発想が埋もれていることがしばしばある。そして、どのような新鮮な発想が埋もれているかということは、様々な関心を有する多様な読者の目に触れて初めて浮き彫りになってくるという面が大きい。その意味において、今回、岩波文庫という、「知」を求める多くの読書人の目に触れやすい形で『神学大全』が刊行されたことには、とても大きな意義がある。『神学大全』からそれぞれの読者が受けうる刺激は実に多様だと思われるが、この短い「解説」においては、『神学大全』に初めて触れる読者が『神学大全』を読み解いていくためのごく基本的な導入を行いたいと思う。

「トマス的総合」

トマス・アクィナスの生涯について、詳しくは、本巻の訳者である稲垣良典氏の様々な著作、とりわけ『トマス＝アクィナス』（清水書院、一九九二年）を参照されたい（『精選神学大全』の第2巻の解説においてより詳しく言及する予定である）。ここでは『神学大全』を読み解いていくために必要なごく基本的なことのみを紹介しておきたい。

トマスは、一二二五年（一二二四年という説もある）に生まれ、一二七四年に亡くなった。師であるアルベルトゥス・マグヌス（一二〇〇年頃―一二八〇）が八十年に及ぶ生涯を送ったことからも分かるように、当時としても決して長い人生ではなかったが、その残した著作群は実に巨大である。

体系的著作としては、『神学大全』以外に、日本語には未だ部分的にしか訳されていない『対異教徒大全』がある。その他にも、聖書やアリストテレス（前三八四―三二二）についての多数の註釈書や、『定期討論集　真理について』『定期討論集　愛について』のような多数の「討論集」などを残している。

キリスト教の修道者であり神学者であったトマスが聖書についての註釈を残していることには何の不思議もないが、特徴的なのは、元来キリスト教とは直接関係のない古代ギリシアの哲学者アリストテレスについての多数の註釈書を残していることである。

トマスがどのような思想家であったのかを考察するさいに、この事実に着目することは極めて重要なことである。トマスは、聖書に由来する伝統的なキリスト教神学と、古代ギリシアに由来する哲学の伝統を緊密に結びつけ、統合した人物なのである。

十二世紀半ばに至るまで、ラテン・キリスト教世界(現在の西ヨーロッパにあたる地域)においては、アリストテレスの著作群はほとんど知られていなかった。他方、イスラーム世界においては、アリストテレスの著作群が活発にアラビア語に翻訳され、多数の注釈書が執筆され、多大な影響を与えていた。十二世紀半ば以降、イスラーム世界を経由してアリストテレスの著作群がラテン・キリスト教世界に流入してくると、アリストテレスの著作をキリスト教神学に積極的に取り入れようとする人々と、異教世界の哲学者の発想をキリスト教神学のなかに取り入れることに対する強い警戒心を抱く人々の双方が現れてきた。

トマスは、アリストテレスをキリスト教神学に取り入れることに積極的な立場を代表する神学者であり、トマスによって達成された両者の統合は「トマス的総合」と呼ばれ、現代に至るまで、哲学・神学において多大な影響を与え続けている。

アリストテレスは、人間の理性と経験に基づいて、この世界のあらゆる事象について探究した哲学者である。動物論、自然学、宇宙論から論理学、倫理学、形而上学にまで至る壮大な哲学体系を築き上げた。このようなアリストテレス哲学を本格的にキリスト教神学に導入するということは、「理性の立場」を神学に導入することにほかならない。

神学とは、「神」について論じる学問であり、もしも「神」というものが実在するとしたならば、原理的に人間をはるかに超えた存在と考えざるをえない。そのような神については、信じるか否かしか人間にできることはないのであり、頭でいろいろと考えても意味はないという発想もあるが、トマスはそうは考えない。

理性を超えた事柄（理性のみに基づいては確実にそうだともそうではないとも言えないような事柄）を「聖書」に基づいて受け入れる「信仰の立場」と、理性に基づいてこの世界の様々な事柄を冷静に探究していく「理性の立場」とを相反するものとして捉えるのではなく、絶妙な仕方で統合していこうとする立場、それがトマスの立場にほかならない。

そして、実は、『神学大全』のなかでも、本巻に収められている「徳論」は、このような「トマス的総合」の特徴を最も顕著な仕方で表している箇所だと言っても過言ではない。以下、このような観点から、本巻を読み解くためのいくつかの手がかりを提供していきたい。

『神学大全』の構造

『神学大全』を読み解いていくためには、内容に触れる前に、まずはその形式に触れる必要がある。『神学大全』は、第一部「神論」、第二部「人間論」、第三部「キリスト論」の全三部から構成されている(第二部の「人間論」は、更に、第二部の第一部「一般倫理」と第二部の第二部「特殊倫理」に分かれる)。そして、そのそれぞれの部が百個程度の「問題」に分かたれる。更に、それぞれの「問題」が「項」という最小単位に分けられる。問題がどんどん細分化されていく形式となっているのである。

このように問題を細分化していくと、いわゆる「木を見て森を見ない」状態になってしまうのではないかという懸念を抱く人がいるかもしれないが、事態はむしろ正反対である。「神とは何か」とか「人間とは何か」とか「キリストとは何か」といった大問題に対していきなり解決を与えようとしても、雲をつかむような話になってしまい、読者には何も伝わらないということにもなりかねないだろう。

それに対して、問題をうまく細分化し、取り組みやすくなった小さな問題の一つ一つに対する解決を積み重ねていくことによって、最初はどこから手をつけていいかわからなかった大きな問題に対する見通しを少しずつ形成していくことができる。いわば、「木を見るからこそ森が見えてくる」ということがあるのである。

『神学大全』は二千七百個程度の「項」から構成されているが、そのすべての「項」が同一の形式を有している。まず、それぞれの「項」のタイトルが来る。たとえば、本巻所収の第二部の第一部第六十問題第一項については、まず、「ただ一つの倫理徳があるだけか」というタイトルが来る。タイトルは、「〜は〜であるか」という問いの形で与えられる。

次に来るのは「異論」である。「異論」とはトマスの見解とは異なる論のことであり、たいてい三つの「異論」が提示される。

それらの「異論」に対立する形で次に提示されるのが「反対異論」である。「反対異論」とは、文字通り、「異論」に反対する「異論」ということである。論理的に考えれば、トマスとは異なる「異論」に対立する「反対異論」もトマスの見解とは全く異なるということがありうるが、『神学大全』においては、「反対異論」は、トマスの見解と近い誰かの論が紹介され、次に述べられる「主文」の議論の方向性を示唆するものとなっている。

「主文」は、トマス自身の見解がまとめて述べられる、一つ一つの「項」の中心部分である。そこにおけるトマスの解決は、「〜は〜であるか」という問いに対して単純にイエスかノーで答えるものではなく、言葉の意味や起こりうる事柄の「場合分け」に基づいて、「こういう場合にはこうであるが、ああいう場合にはああである」といった多面的な考察に基づいたものとなっていることが多い。

「主文」における解決に基づいて、最初に挙げられた「異論」に答える「異論解答」によってそれぞれの「項」は締めくくられる。「異論解答」においては、基本的に、「異論」の見解が一刀両断に全否定されるということはなく、「異論」の見解のうちのよいところを十分に汲み取ったうえで、その一面的な点を補ったり、部分的に修正したりして、よりバランスの取れた見解が提示されている。

「引用」の豊富さ

「異論」「反対異論」「主文」「異論解答」のすべてにおいて目立つのは、「引用」の多さである。トマスのテクストは、トマス自身の言葉のみによって構成されているのではなく、聖書やアリストテレス、アウグスティヌス（三五四—四三〇）など、トマス以前に書かれたテクストからの豊富な引用によって織り成されているのである。

とりわけ注目に値するのは、「異論」における「引用」である。「異論」においては、かなりの頻度で、聖書やアリストテレス、アウグスティヌスなどからの引用が行われている。「異論」の議論を補強するような仕方でこれらの引用が行われているのを目にすると、トマスはアリストテレスやアウグスティヌスがこれらの引用文において述べていることを否定しているように見えるかもしれないが、そうではない。

たいていの場合、トマスは、「異論」において引用されているこれらのテクストに関する「異論」とは異なる解釈を、「異論解答」において提示している。引用されているテクストについて、「異論」とは異なる解釈を提示することによって、引用されているテクストの真理性を確保しつつ、「異論」の立場を批判的に克服しているのである。

このような仕方で豊かな引用に満ちているトマスのテクストに触れることによって、読者は、トマスの見解に触れることができるのみではなく、それぞれの問題について聖書やアリストテレスやアウグスティヌスなどにおいてどのように論じられているのかにも触れることができる。トマスによる引用を手がかりとしながら、引用元のテクストへと遡って、より深い理解を確立していくことができる。トマスのテクストは、そのような豊かな読解へと開かれているのである。

「習慣」と「徳」

本巻には、『神学大全』第二部の第一部の第四十九問題から第六十六問題までが含まれている。前半の第四十九問題から第五十四問題までは「習慣論」であり、後半の第五十五問題から第六十六問題までが「徳論」になっている(実際には、「徳論」は第七十問題まで続いているが、本巻においては頁数の関係で第六十七問題から第七十問題は割愛されている)。

「習慣論」と「徳論」がこのような仕方で結びついているのがなぜか一言で言えば、「徳(virtus《ヴィルトゥス》)」は善い「習慣(habitus《ハビトゥス》)」であると考えられているからである。反対に、「悪徳(vitium《ヴィティウム》)」とは悪い「習慣」であり、「悪徳」(および「罪」)については、「徳論」の直後の第七十一問題から第八十九問題において論じられている。すなわち、「善い習慣」である「徳」と「悪い習慣」である「悪徳」について論じるために、まずは「習慣」について論じるというのが、『神学大全』第二部の第一部の第四十九問題から第八十九問題までの構成になっているのである。

徳が善い習慣であるという見解は、トマス独自の見解ではなく、アリストテレスに由来するものである。いや、それだけではない。本巻に含まれるどの項を見てもアリストテレスに由来する発想が見出されない箇所はないと言ってもいいほどに、トマスの徳論はアリストテレスの影響に充ち満ちている。

だが、トマスの徳論はアリストテレスの徳論の単なる焼き直しにすぎないのかと言えば、そうではない。アリストテレスには出て来ないキリスト教的な徳がトマスには出てくるからである。そのことは、本巻に含まれている『神学大全』第二部の第一部の第六十一問題が「枢要徳について」となっており、直後の第六十二問題が「対神徳について」となっていることからも見て取ることができる。

「枢要徳」とは、古代ギリシアとりわけアリストテレスに由来する「徳」の中でも中心的な重要性を有する「徳」であり、具体的には「賢慮」「正義」「勇気」「節制」の四つの「徳」である。それに対して、「対神徳」または「神学的徳」とは、聖書に由来する「信仰」「希望」「愛(愛徳)」の四つである。トマスは、アリストテレスにおいては全く言及されていないキリスト教的な「対神徳」を付加することによって、アリストテレスに由来する徳論を新たな仕方で発展させることに成功しているのである。

トマス人間論の中核的な構成要素としての「枢要徳」と「対神徳」

「枢要徳」と「対神徳」が『神学大全』においていかに重要な位置を占めているか、もう少し詳しく見てみよう。

前述のように、『神学大全』第二部の第一部は「一般倫理」であり、第二部の第二部は「特殊倫理」である。そして、この「特殊倫理」は、「一般倫理」で概論的に述べられたテーマのうち、重要なテーマが詳しく述べ直されるものとなっている。そして、実は、この「特殊倫理」の大半が、「枢要徳」と「対神徳」の話になっているのである。

具体的に言うと、全百八十九問題から構成される『神学大全』第二部の第二部の第一―十六問題は「対神徳」である「信仰」について論じられている。そして第十七―二十二問題は同じく「対神徳」である「希望」について論じられている。続く第二十三―四十六問題で「愛徳」について論じられ、「対神徳」についての論が締めくくられる。次に、第四十七―五十六問題においては、「枢要徳」である「賢慮」について論じられ、第五十七―百二十二問題は「正義」、第百二十三―百四十問題は「勇気」、第百四十一―百七十問題は「節制」について論じられ、「枢要徳」に関する論が締めくくられる。

このように見てくると、実に、全百八十九問題から構成される『神学大全』第二部の第二部のうちの約九割が「枢要徳」と「対神徳」に割かれているのである。しかもその際、キリスト教的な「対神徳」は、アリストテレスに由来する「枢要徳」の単なる付け足しのような仕方で論じられているのではなく、むしろ『神学大全』の徳論全体の一番の中心としての位置づけを与えられているのである。

このように、第二部の第二部で詳しく論じられる内容の基礎論が述べられているのが、本巻に含まれている第二部の第一部の習慣論・徳論なのである。本巻に収められている部分の重要性は、このような観点からも明らかであろう。

習慣論・徳論の構成について

『神学大全』を読み解くために大切なことの一つは、一つ一つの「項」をバラバラに読み解くだけではなく、「項」がどのようにまとまって一つの「問題」を構成しているのか、俯瞰して見る目を持つことである。

同様に、一つ一つの「問題」をバラバラに読み解くだけではなく、「問題群」とも呼ぶべきまとまりのもとに読み解いていく必要がある。

本巻に収められている部分について言えば、具体的には、次のとおりである。

上述のように、第四十九問題から第五十四問題までは「習慣論」である。すなわち、「習慣論」の「問題群」である。まず、第四十九問題は「習慣一般について――その本質に関して」と題されている。このように、まず問題となっているテーマの「本質」について論じるのは、「習慣論」のみではなく、他の問題群においても同様である。本巻所収の範囲で言っても、「徳論」の「問題群」の冒頭の第五十五問題は「徳の本質について」と題されているのである。

「習慣論」の問題群の二つ目の問題は「習慣の基体について」と題されている。ここで「基体」と訳されているのは、subiectum《スブィエクトゥム》というラテン語である。この語は、語源的に言えば、「下に投げられてあるもの」という意味であるが、哲学・神学においては、

「何らかの性質や働きを担っているもの」という意味で使用される。「習慣の基体について」とは、「習慣」を担っているものは何かという問いであり、もっと嚙み砕いて言えば、「習慣」というものはどこにあるのかが問題となっているのである。

実は、この問題に関しても、「習慣論」と「徳論」には共通点がある。すなわち、「徳論」においても、二つ目の問題は、「徳の基体について」となっているのである（第五十六問題）。問題群相互のあいだのこのような響き合いが見えてくると、トマスがいかに細部と全体の双方に目配りしながら『神学大全』という一つの建築物を作り上げているかが見えてくるだろう。

そのうえで、「基体」という言葉の意味するところに関してイメージをつかんでいただくために、「基体」についての説明をいま少し続けてみたい。

トマスが第五十六問題で述べていることを要約的に述べると、次のようになる。すなわち、「賢慮」は「知性」を基体としており、「正義」は「意志」を基体としている。また、「勇気」と「節制」は「感覚的能力」を基体とする。言い換えると、「賢慮」は「知性」のうちにあり、「正義」は「意志」のうちにある。また、「勇気」と「節制」は「感覚的能力」のうちにある。

それでは、「勇気」と「節制」は、どのような仕方で「感覚的能力」のうちにあるのだろうか。一言で言うと、「勇気」と「節制」は、「感覚的能力」を「完成させる」ような仕方で、「感覚的能力」のうちにある。「感覚的能力」を「完成させる」というのは、「感覚的能力」を「鍛える」という言い方で捉え直すとより分かりやすくなるかもしれない。

「感覚的能力」とは、視覚・聴覚・味覚・触覚・嗅覚の五感に基づいてこの世界の様々なものを感受し、それらと関わっていく能力のことであり、人間を含めた諸動物が有しているものである。そして、人間の場合には、「理性」に基づいて、この「感覚的能力」を方向づけていくことができる。

たとえば、健康診断を受けて、甘いものを控えるように注意を受けているにもかかわらず、甘いものを目にするとどうしても食べたくなってしまう人がいるとしよう。この人が、あらためて医師からの忠告を受け、帰宅したところ、家族が買ってきたと思われる美味《おい》しそうなお菓子が机の上に置いてあった。「珍しいお菓子だし、今日くらいは食べていいだろう」という思いと、「医師からあらためて忠告されたばかりなのだからやめておこう」という思いが交互に湧き上がってくる。

その葛藤のなかで、「食べない」という選択肢を選び取るとしよう。その場合、その人は、単に一回限り、たまたま善い選択ができたというだけではない。一度「食べない」という選択肢を選んでみると、思ったよりも大変ではなかったし、これまでのように、「また食べてしまった」という後悔の念にさいなまれることもなく、明るい気持ちで眠りにつくことができた。こうして、次に似たような状況に直面したさいに、再び善い選択肢を選びやすくなるような何かが、その人のうちに形成されてくる。そして、次に似た状況に直面したさいにも、「食べない」という選択肢を選ぶことができれば、ますます善い選択肢を選びやすくなるような何かがその人のうちに形成されてくる。その「何か」こそ、食べ物や飲み物に関わる善い「習慣」であり、「節制」という徳にほかならない。

反対に、「今回だけは食べよう」という思いのもとに食べてしまうと、その人のなかには、似た状況に直面したさいに、また食べてしまいやすくなる何かが形成されてきてしまう。「今回だけ」を毎回してしまうようなあり方が形成されてきてしまうのである。すなわち、「不節制」という悪い習慣＝「悪徳」が形成されてしまうのである。

このように、善い選択肢を選び続けることによって、我々は「感覚的能力」を「鍛える」ことができるのであり、それが「節制」という徳の形成にほかならないのである。

続く第五十一問題「習慣生成の原因について」、第五十二問題「習慣の増強について」、第五十三問題「習慣の消滅および弱滅について」においては、「習慣」がどのような仕方で生まれてきたり、増強させられたり、消滅させられたりといった、「習慣」の生成消滅についての議論が展開されている。そのうえで、最後に、第五十四問題「習慣の区別について」において、習慣がどのような仕方で区別されるかが論じられて習慣論は閉じられている。

この「区別」というのは、トマスのキーワードの一つであり、続く「徳論」においても、様々な徳の「区別」が問題となっている。トマスにおいて、何らかの物事を的確に理解するとは、そのものと他のものとの「区別」を理解することにほかならず、その意味において、様々な文脈において「区別」が行われているのである。

「徳論」に関して言うならば、第五十七問題から第六十二問題まで、徳の「区別」に関わる問題が続いている。タイトルを列挙してみると、第五十七問題「諸々の知的徳の区別について」、第五十八問題「倫理徳と知的徳との区別について」、第五十九問題「倫理徳と情念との関係について」、第六十問題「倫理徳相互の区別について」、第六十一問題「枢要徳について」、第六十二問題「対神徳について」となっている。

ここにおいては、「知的徳」「倫理徳」「枢要徳」「対神徳」といった、徳に関わる様々な「区別」が体系的に行われているのである。そのなかでも、トマスの思想体系を的確に理解するためにおさえておく必要があるのは、「枢要徳」と「対神徳」の区別である。

以下において「枢要徳」と「対神徳」はどのようなものなのかを概説して、この「解説」の結びとしたい。

「枢要徳」と「対神徳」の内実

「徳」と訳される virtus というラテン語は、「力」とも訳すことができる言葉であり、トマスのテクストに「徳」という言葉が出てくるさいには、このような意味の広がりを自覚しておくことが大切である。以下、このような観点から「枢要徳」と「対神徳」について概観してみたい。

まず、第一の「枢要徳」である「賢慮(prudentia《プルーデンティア》)」は、一言で言うと、「判断力」である。人間は、日々、一回限りの状況を生きている。これまでに似たような状況に直面したことがあっても、一回一回の状況は微妙に異なっている。そうした一回一回直面する変動常なき状況において何を為すべきかを的確に見て取り判断する知性の力こそが、「賢慮」という徳にほかならない。

第二の「枢要徳」である「正義」は、一言で言うと、自分のことのみではなく、他者のことを、そして自らがその中において生きている共同体全体のことを配慮することができる意志の力のことである。人間は、余裕がなかったり、自己中心的であったりすると、自らのことのみしか考えられないような状態になってしまうが、「正義」を身につけている人は、自らのことのみではなく、他者や共同体全体のことを配慮する開かれた在り方を体現することができるのである。

第三の「枢要徳」である「勇気」は、困難に立ち向かう力である。人生においては、日々、大きいものから小さいものまで、様々な困難が降り掛かってくる。そうした困難によって簡単に押しつぶされてしまったり困難から目を背けたりするのではなく、困難に正面から立ち向かっていく力こそ、「勇気」という徳にほかならない。

第四の「枢要徳」である「節制」は、自らの欲望をコントロールする力である。我々が人生において日々直面する「問題」というものは、外から降り掛かってくるものとはかぎらない。むしろ、自らの内なる欲望そのものが、厄介な問題を引き起こすことがしばしばある。そうした欲望を適切にコントロールする力こそ、「節制」という徳にほかならない。

上述のように、こうした「節制」のような徳は、習慣づけ、すなわち同じような行為の繰り返しによって身についてくる。他方、「対神徳」は、同じような行為の積み重ねによって形成されるものではない。たとえば、「信仰」という徳は、「信じよう」、「信じよう」という決断を繰り返すことによって身につくものではない。人間の努力のみによって身につくものではなく、神によって人間に与えられるものとして「信仰」は捉えられている。

キリスト教の「信仰」を有する人と話をするとしばしば耳にするものとして、「神様のお恵みで信仰を与えられました」というような言葉がある。神が存在するか否か、聖書に書かれていることが真理なのか否か、といった類《たぐい》のことに関しては、人間の理性の力のみで簡単に結論を出すことはできない。簡単に結論を出すことはできないが、「神」の存在を認めるか否かということは、人生を生き抜いていくうえで、大きな違いを生むことであり、神に対する信仰は、人生を生き抜く大きな「力」となりうる。そうした目に見えない神を信じる「力」としての「信仰」は、人間の力のみによって獲得されるのではなく、神の恵み(恩寵)によってはじめて与えられるものだと、キリスト教では捉えられているのである。

事情は残りの「対神徳」についても同様である。困難の中においても将来に「希望」を抱くことは、揺れ動きやすい人間の意志の強さのみによって実現するのではなく、神の導きに対する深い信頼によってはじめて実現するのであり、その神に対する信頼そのものが神の恵みによって与えられる。その意味において、「希望」もまた、神の恵みによって与えられる徳なのである。

最後の「対神徳」である「愛徳」についても事情は同様である。「愛徳」とは、神の愛、自己愛、隣人愛に関わる「徳」である。人間が自分の力のみで自己自身を愛するのが困難だということは、「自己肯定感」を持つことができずに苦しんでいる多くの人々のことを考えると、わかりやすいかもしれない。自分の存在そのものが創造者である神によって与えられたものであり、自分に存在が与えられているということそのものが神の愛に基づいたものであり、自分の存在全体が神によって受容され肯定されているという自覚によってこそ、真の自己愛は生まれてくる、とキリスト教においては捉えられている。そして、そのような仕方で自分を肯定的に受け入れてはじめて、他者のことをも肯定的に受け入れるとともに、すべての愛の源である神のことを愛し返していくこともできるようになる。こうした「愛徳」という「対神徳」も、神の恵みに基づいたものであり、そうした恵みに依拠してこそ、人間は愛しぬく「力」を獲得することができるのである。

要するに、「対神徳」は、「習慣づけ」によって身につくものではない。それでは、「徳＝善い習慣(habitus)」という徳の定義は、「対神徳」には当てはまらないのだろうか。トマスの見解を一言で言うと、「対神徳」は habitus である。だが、「対神徳」の文脈においては、この語を「習慣」と訳すことは、必ずしも適切ではないであろう。訳者の稲垣教授は、日本語の「習慣」という語に新たな意味を込めるということも視野に入れながらhabitusという語を一貫して「習慣」と訳しておられ、そこには学ぶべき見識が見出されることは間違いない(詳しくは、稲垣良典『習慣の哲学』創文社、一九八一年、を参照されたい)。

だが、「対神徳」の文脈においては、「在り方」とか「態勢《たいせい》」といった他の訳語の可能性も検討すべきであろう。すなわち、「対神徳」とは、神の恵みによって人間に与えられた「善い在り方(habitus)」「善い態勢(habitus)」なのである。他方、「節制」などの場合には、習慣づけによって獲得された「善い在り方(habitus)」「善い態勢(habitus)」だと理解すれば、「枢要徳」の文脈と「対神徳」の文脈において一貫した訳語を確立することも可能かもしれない。とはいえ、西洋キリスト教の神学において形成された用語をどのように日本語に訳すべきかという問題は、一朝一夕に解決可能な問題ではなく、今後の大きな課題と言えよう。

上記の解説は、あくまでも、トマスの述べていることに関する荒削りな紹介にすぎない。トマスのテクストの醍醐味は、上述のように、問題を細分化し、詳細に議論を詰めて論を展開していくところにこそ見出される。この「解説」において提示された大きな見通しを手がかりにしながら、トマスのテクストの大海原へと、ぜひ読者の一人ひとりが漕《こ》ぎ出していっていただきたい。

本巻訳者の稲垣良典教授について

本巻訳者の稲垣良典教授(一九二八―二〇二二)は、残念ながら昨年一月にお亡くなりになられたが、我が国を代表するトマス・アクィナスの研究者であった。創文社版の『神学大全』全訳も、半分ほどは稲垣教授によるものであった。

稲垣教授の翻訳は、ラテン語の読解において正確であるのみでなく、日本語の表現としても明快であり、また、翻訳というものはどうしても「解釈」を含み込んでくるが、トマス解釈としてもバランスの取れた極めて優れたものである。そのなかでも、本巻に含まれている習慣論・徳論は、教授が最も深い関心を抱いていたテーマの一つであり、翻訳も大変こなれた日本語になっている。その意味において、『精選 神学大全』の記念すべき第1巻にまことにふさわしいものと言えよう。稲垣教授が遺された数々の優れたお仕事――著書、論文、翻訳からエッセイまで――に感謝を込めてあらためて思いを馳《は》せつつ、擱筆《かくひつ》したい。

二〇二三年五月

精選《せいせん》 神学大全《しんがくたいぜん》1 徳論《とくろん》 〔全4冊〕
トマス・アクィナス著

2023年7月14日 第1刷発行

編 者 稲垣良典《いながきりょうすけ》 山本芳久《やまもとよしひさ》

訳 者 稲垣良典

発行者 坂本政謙

発行所 株式会社 岩波書店
〒101-8002 東京都千代田区一ツ橋 2-5-5
案内 03-5210-4000 営業部 03-5210-4111
文庫編集部 03-5210-4051
https://www.iwanami.co.jp/

印刷・三陽社 カバー・精興社 製本・中永製本

ISBN 978-4-00-336213-6 Printed in Japan

読書子に寄す

——岩波文庫発刊に際して——

岩波茂雄

真理は万人によって求められることを自ら欲し、芸術は万人によって愛されることを自ら望む。かつては民を愚昧ならしめるために学芸が最も狭き堂宇に閉鎖されたことがあった。今や知識と美とを特権階級の独占より奪い返すことはつねに進取的なる民衆の切実なる要求である。岩波文庫はこの要求に応じそれに励まされて生まれた。それは生命ある不朽の書を少数者の書斎と研究室とより解放して街頭にくまなく立たしめ民衆に伍せしめるであろう。近時大量生産予約出版の流行を見る。その広告宣伝の狂態はしばらくおくも、後代にのこすと誇称する全集がその編集に万全の用意をなしたるか。千古の典籍の翻訳企図に敬虔の態度を欠かざりしか。さらに分売を許さず読者を繋縛して数十冊を強うるがごとき、はたしてその揚言する学芸解放のゆえんなりや。吾人は天下の名士の声に和してこれを推挙するに躊躇するものである。このときにあたって、岩波書店は自己の責務のいよいよ重大なるを思い、従来の方針の徹底を期するため、すでに十数年以前より志して来た計画を慎重審議この際断然実行することにした。吾人は範をかのレクラム文庫にとり、古今東西にわたって文芸・哲学・社会科学・自然科学等種類のいかんを問わず、いやしくも万人の必読すべき真に古典的価値ある書をきわめて簡易なる形式において逐次刊行し、あらゆる人間に須要なる生活向上の資料、生活批判の原理を提供せんと欲する。この文庫は予約出版の方法を排したるがゆえに、読者は自己の欲する時に自己の欲する書物を各個に自由に選択することができる。携帯に便にして価格の低きを最主とするがゆえに、外観を顧みざるも内容に至っては厳選最も力を尽くし、従来の岩波出版物の特色をますます発揮せしめようとする。この計画たるや世間の一時の投機的なるものと異なり、永遠の事業として吾人は微力を傾倒し、あらゆる犠牲を忍んで今後永久に継続発展せしめ、もって文庫の使命を遺憾なく果たさしめることを期する。芸術を愛し知識を求むる士の自ら進んでこの挙に参加し、希望と忠言とを寄せられることは吾人の熱望するところである。その性質上経済的には最も困難多きこの事業にあえて当たらんとする吾人の志を諒として、その達成のため世の読書子とのうるわしき共同を期待する。

昭和二年七月

《哲学・教育・宗教》〔青〕

- ソクラテスの弁明・クリトン　プラトン　久保勉訳
- ゴルギアス　プラトン　加来彰俊訳
- 饗宴　プラトン　久保勉訳
- テアイテトス　プラトン　田中美知太郎訳
- パイドロス　プラトン　藤沢令夫訳
- メノン　プラトン　藤沢令夫訳
- 国家　全二冊　プラトン　藤沢令夫訳
- プロタゴラス ―ソフィストたち　プラトン　藤沢令夫訳
- パイドン ―魂の不死について　プラトン　岩田靖夫訳
- アナバシス ―敵中横断六〇〇〇キロ　クセノポン　松平千秋訳
- アリストテレス　ニコマコス倫理学　全二冊　高田三郎訳
- アリストテレス　形而上学　全二冊　出隆訳
- アリストテレス　弁論術　戸塚七郎訳
- アリストテレース　詩学　ホラーティウス　詩論　松本仁助・岡道男訳
- 物の本質について　ルクレーティウス　樋口勝彦訳
- エピクロス ―教説と手紙　出隆・岩崎允胤訳

- 生の短さについて　他二篇　セネカ　大西英文訳
- 怒りについて　他二篇　セネカ　兼利琢也訳
- エピクテトス　人生談義　全二冊　國方栄二訳
- 人さまざま　テオプラストス　森進一訳
- マルクス・アウレーリウス　自省録　神谷美恵子訳
- 老年について　キケロー　中務哲郎訳
- 弁論家について　全二冊　キケロー　大西英文訳
- キケロー書簡集　高橋宏幸編
- 平和の訴え　エラスムス　箕輪三郎訳
- 方法序説　デカルト　谷川多佳子訳
- 哲学原理　デカルト　桂寿一訳
- 情念論　デカルト　谷川多佳子訳
- パンセ　全三冊　パスカル　塩川徹也訳
- スピノザ　神学・政治論　全二冊　畠中尚志訳
- 知性改善論　スピノザ　畠中尚志訳
- スピノザ　エチカ（倫理学）　全二冊　畠中尚志訳
- スピノザ　国家論　畠中尚志訳

- スピノザ往復書簡集　畠中尚志訳
- デカルトの哲学原理 ―附 形而上学的思想　スピノザ　畠中尚志訳
- スピノザ　神・人間及び人間の幸福に関する短論文　畠中尚志訳
- モナドロジー　他二篇　ライプニッツ　谷川多佳子・岡部英男訳
- 市民の国について　全二冊　ヒューム　小松茂夫訳
- 自然宗教をめぐる対話　ヒューム　犬塚元訳
- エミール　全三冊　ルソー　今野一雄訳
- 人間不平等起原論　ルソー　本田喜代治・平岡昇訳
- ルソー　社会契約論　桑原武夫・前川貞次郎訳
- 言語起源論 ―旋律と音楽的模倣について　ルソー　増田真訳
- ディドロ　絵画について　佐々木健一訳
- 道徳形而上学原論　カント　篠田英雄訳
- 啓蒙とは何か　他四篇　カント　篠田英雄訳
- 純粋理性批判　全三冊　カント　篠田英雄訳
- カント　実践理性批判　波多野精一・宮本和吉・篠田英雄訳
- 判断力批判　全二冊　カント　篠田英雄訳
- 永遠平和のために　カント　宇都宮芳明訳

プロレゴメナ　カント　篠田英雄訳
学者の使命・学者の本質　フィヒテ　宮崎洋三訳
シュライエルマッハー 独白　木場深定訳
ヘーゲル 政治論文集　全二冊　金子武蔵訳
哲学史序論　—哲学と哲学史　ヘーゲル　武市健人訳
歴史哲学講義　全二冊　ヘーゲル　長谷川宏訳
法の哲学　—自然法と国家学の要綱　ヘーゲル　上妻精・佐藤康邦・山田忠彰訳
学問論　シェリング　西川富雄・藤田正勝監訳
自殺について　他四篇　ショウペンハウエル　斎藤信治訳
読書について　他二篇　ショウペンハウエル　斎藤忍随訳
知性について　他四篇　ショーペンハウエル　細谷貞雄訳
不安の概念　キェルケゴール　斎藤信治訳
死に至る病　キェルケゴール　斎藤信治訳
体験と創作　全二冊　ディルタイ　柴田治三郎・小牧健夫訳
眠られぬ夜のために　全二冊　ヒルティ　草間平作・大和邦太郎訳
幸福論　全三冊　ヒルティ　草間平作・大和邦太郎訳
悲劇の誕生　ニーチェ　秋山英夫訳

ツァラトゥストラはこう言った　全二冊　ニーチェ　氷上英廣訳
道徳の系譜　ニーチェ　木場深定訳
善悪の彼岸　ニーチェ　木場深定訳
この人を見よ　ニーチェ　手塚富雄訳
プラグマティズム　W・ジェイムズ　桝田啓三郎訳
宗教的経験の諸相　全二冊　W・ジェイムズ　桝田啓三郎訳
日常生活の精神病理　フロイト　高田珠樹訳
純粋現象学及現象学的哲学考案　全二冊　フッセル　池上鎌三訳
デカルト的省察　フッサール　浜渦辰二訳
愛の断想・日々の断想　ジンメル　清水幾太郎訳
ジンメル宗教論集　深澤英隆編訳
笑い　ベルクソン　林達夫訳
道徳と宗教の二源泉　ベルクソン　平山高次訳
時間と自由　ベルクソン　中村文郎訳
ラッセル教育論　安藤貞雄訳
ラッセル幸福論　安藤貞雄訳
存在と時間　全四冊　ハイデガー　熊野純彦訳

学校と社会　デューイ　宮原誠一訳
民主主義と教育　全二冊　デューイ　松野安男訳
我と汝・対話　マルティン・ブーバー　植田重雄訳
アラン 幸福論　神谷幹夫訳
アラン 定義集　神谷幹夫訳
天才の心理学　E・クレッチュマー　内村祐之訳
英語発達小史　H・ブラッドリ　寺澤芳雄訳
日本の弓術　オイゲン・ヘリゲル述　柴田治三郎訳
ことばのロマンス　—英語の語源　ウィークリー　寺澤芳雄・出淵博訳
ヴィーコ 学問の方法　上村忠男・佐々木力訳
国家と神話　全二冊　カッシーラー　熊野純彦訳
天才・悪　ブレンターノ　篠田英雄訳
人間の頭脳活動の本質　他一篇　ディーツゲン　小松摂郎訳
プラトン入門　R・S・ブラック　内山勝利訳
反啓蒙思想　他二篇　バーリン　松本礼二編
マキアヴェッリの独創性　他三篇　バーリン　川出良枝編
ロシア・インテリゲンツィヤの誕生　他五篇　バーリン　桑野隆編

岩波文庫の最新刊

グレゴリー・ベイトソン著／佐藤良明訳
精神の生態学へ (中)
コミュニケーションの諸形式を分析し、精神病理を「個人の心」から解き放つ。中巻は学習理論・精神医学篇。ダブルバインドの概念、アルコール依存症の解明など。(全三冊)〔青N六〇四-三〕 定価一二一〇円

イーディス・ウォートン作／河島弘美訳
無垢の時代
二人の女性の間で揺れ惑う青年の姿を通して、時代の変化にさらされる〈オールド・ニューヨーク〉の社会を鮮やかに描く。ピューリッツァー賞受賞作。〔赤三四五-一〕 定価一五〇七円

バジョット著／宇野弘蔵訳
ロンバード街 ―ロンドンの金融市場―
一九世紀ロンドンの金融市場を観察し、危機発生のメカニズムや「最後の貸し手」としての中央銀行の役割について論じた画期的著作。改版。(解説＝翁邦雄)〔白一二二-一〕 定価一三五三円

道籏泰三編
中上健次短篇集
中上健次(一九四六-一九九二)は、怒り、哀しみ、優しさに溢れた人間のあり方を短篇小説で描いた。『十九歳の地図』『ラプラタ綺譚』等、十篇を精選。〔緑二三〇-一〕 定価一〇〇一円

……今月の重版再開……

井原西鶴作／横山重校訂
好色一代男
定価九三五円〔黄二〇四-一〕

ヴェブレン著／小原敬士訳
有閑階級の理論
定価一二一〇円〔白二〇八-一〕

岩波文庫の最新刊

兵藤裕己編注

説経節 俊徳丸・小栗判官 他三篇

大道・門付けの〈乞食芸《こつじき》〉として行われた説経節から、後世の文学・芸能に大きな影響を与えた五作品を編む。「山椒太夫」「愛護の若」「隅田川」の三篇も収録。〔黄二八六-一〕 **定価一二一〇円**

三木 清著

構想力の論理 第二

三木の探究は「経験」の論理的検討に至る。過去を回復し未来を予測する構想力に、新たな可能性を見出す。（注解・解説＝藤田正勝）（全二冊）〔青一四九-三〕 **定価一一五五円**

トマス・アクィナス著／稲垣良典・山本芳久編／稲垣良典訳

精選 神学大全1 徳論

西洋中世最大の哲学者トマス・アクィナス（一二二五頃-一二七四）の集大成。初めて中核のテーマを精選。1には、人間論から「徳」論を収録。（全四冊）（解説＝山本芳久）〔青六二一-三〕 **定価一六五〇円**

カール・ポパー著／小河原誠訳

開かれた社会とその敵

第二巻 にせ予言者―ヘーゲル、マルクスそして追随者（上）

全体主義批判の本書は、ついにマルクス主義を俎上にのせる。階級なき社会の到来という予言論証の方法論そのものを徹底的に論難する。（全四冊）〔青N六〇七-三〕 **定価一五七三円**

泉 鏡花作

日本橋

紅燈の街、日本橋を舞台に、四人の男女が織り成す恋の物語。愛の観念を謳い上げた鏡花一代の名作。改版。（解説＝佐藤春夫・吉田昌志）〔緑二七-七〕 **定価七七〇円**

……今月の重版再開……

魯 迅著／松枝茂夫訳

朝花夕拾

定価五五〇円〔赤二五-三〕

トマス・アクィナス著／柴田平三郎訳

君主の統治について

―謹んでキプロス王に捧げる―

定価九三五円〔青六二一-二〕